utb 4765

Eine Arbeitsgemeinschaft der Verlage

Böhlau Verlag · Wien · Köln · Weimar
Verlag Barbara Budrich · Opladen · Toronto
facultas · Wien
Wilhelm Fink · Paderborn
A. Francke Verlag · Tübingen
Haupt Verlag · Bern
Verlag Julius Klinkhardt · Bad Heilbrunn
Mohr Siebeck · Tübingen
Ernst Reinhardt Verlag · München · Basel
Ferdinand Schöningh · Paderborn
Eugen Ulmer Verlag · Stuttgart
UVK Verlagsgesellschaft · Konstanz, mit UVK/Lucius · München
Vandenhoeck & Ruprecht · Göttingen · Bristol
Waxmann · Münster · New York

***Roland Wenzlhuemer** ist Professor für Neuere Geschichte an der Universität Heidelberg (Foto: Oliver Fink)*

Roland Wenzlhuemer

Globalgeschichte schreiben

Eine Einführung in 6 Episoden

UVK Verlagsgesellschaft mbH · Konstanz
mit UVK/Lucius · München

Online-Angebote oder elektronische Ausgaben sind erhältlich unter www.utb-shop.de.

Bibliografische Information der Deutschen Bibliothek
Die Deutsche Bibliothek verzeichnet diese Publikation in der Deutschen Nationalbibliografie; detaillierte bibliografische Daten sind im Internet über <http://dnb.ddb.de> abrufbar.

Einbandgestaltung: Atelier Reichert, Stuttgart
Einbandmotiv: Edward Whymper. Escalades dans les alpes. 1873, Seite 67 (Übersetzung aus dem Englischen)
Druck: CPI · Ebner & Spiegel, Ulm

UVK Verlagsgesellschaft mbH
Schützenstr. 24 · D-78462 Konstanz
Tel.: 07531-9053-0 · Fax 07531-9053-98
www.uvk.de

UTB-Band Nr. 4765
ISBN 978-3-8252-4765-2 (Print)
ISBN 978-3-8463-4765-2 (EPUB)

Inhaltsverzeichnis

Danksagung

In diesem Buch kommen Gedanken und Vorarbeiten aus ganz unterschiedlichen Forschungs- und Diskussionskontexten zusammen. Es ist über viele Jahre gewachsen, mal langsamer und mal schneller. Während dieser Zeit haben sich zu meinem großen Glück eine Menge kluger, kreativer und duldsamer Menschen in das Projekt mithineinziehen lassen. Martin Dusinberre musste sich viele meiner frühen Ideen anhören und hat mich vor so mancher bewahrt. Andreas Hilger, Christoph Streb und Benedikt Stuchtey haben das Manuskript aufmerksam kommentiert und mir wertvolle Blickwinkel eröffnet. Unser hervorragendes Team an der Professur für Neuere Geschichte der Universität Heidelberg hat weder sich noch mich geschont. Uta C. Preimesser vom UVK -Verlag hat Autor und Idee auch zu Zeiten vertraut, als dazu wenig Anlass bestand. Ihnen und vielen anderen gilt mein bester Dank.

Die Grundlage für meine Arbeit ist meine Familie. Ihr widme ich dieses Buch.

Roland Wenzlhuemer *März 2017*

Globalgeschichte …

Was kann Globalgeschichte?

Globalgeschichte wird gemeinhin überschätzt – und zwar in ihren Möglichkeiten. Mit dem schnell wachsenden Zuspruch, den die Globalgeschichte im breiteren Feld der historischen Forschung findet, haben sich auch die Erwartungen, die an sie herangetragen werden, vervielfacht. Wie unter anderem Sebastian Conrad in seiner jüngsten, bestens gelungenen Einführung in die Globalgeschichte festhält, ist das ursprüngliche Interesse an einem globalhistorischen Ansatz aus der Überzeugung vieler Historikerinnen und Historiker hervorgegangen, dass die bekannten Analyseinstrumente für eine adäquate Interpretation der Geschichte im Zeitalter der Globalisierung nicht mehr ausreichen. Conrad sieht vor allem zwei Defizite, mit denen sich die Globalgeschichte nicht abfinden wollte: die Festlegung auf den Nationalstaat als primären (mitunter einzigen) Beobachtungsrahmen und den damit einhergehenden „methodologischen Nationalismus“[1] sowie einen tief sitzenden Eurozentrismus, der für die Geschichtswissenschaft einen unverrückbaren Blickpunkt und festen Maßstab darstellte. Für Conrad war und ist die Globalgeschichte zuallererst ein Versuch, diese beiden „Geburtsfehler“ der modernen Geschichtswissenschaften zu adressieren.[2]

1 Dieser Begriff wurde unter anderem vom Soziologen Ulrich Beck aufgenommen und problematisiert. Er bezeichnet die in den Kultur- und Sozialwissenschaften weit verbreitete Neigung, den Nationalstaat als primäre Untersuchungseinheit zu setzen bzw. die zentralen Analysekategorien aus einer nationalstaatlichen Organisation abzuleiten. Vgl. *Ulrich Beck*, Macht und Gegenmacht im globalen Zeitalter. Neue weltpolitische Ökonomie. (Edition Zweite Moderne.) Frankfurt am Main 2002, 81ff.

2 Sebastian Conrad spricht korrekterweise eigentlich von Defiziten der modernen Sozial- und Geisteswissenschaften insgesamt. Aus Gründen der Klarheit des Arguments konzentriere ich mich hier auf die Geschichtswissenschaften. *Sebastian Conrad*, What is Global History? Princeton 2016, 3–4.

Das ist ein überaus ehrenvoller, aber schon einmal kein kleiner Anspruch für ein im Entstehen begriffenes Feld. Und mit der festen Etablierung der Globalgeschichte im historischen Feld sind kontinuierlich neue Aufgaben und Herausforderungen dazugekommen. So hat beispielsweise Patrick O'Brien in seinem Prolegomenon zur ersten Ausgabe des *Journal of Global History* angemerkt, dass Globalhistorikerinnen und -historiker sich dafür entscheiden würden, sich frei zu machen von „disciplinary boundaries, established chronologies and textual traditions for the construction of European, American, Indian, Japanese, Chinese or other national histories."[3] Martin Dusinberre hat kürzlich auf eindrucksvolle Weise davon gesprochen, dass die Globalgeschichte eine Pluralität von verschiedenen Stimmen zulassen müsse.[4] Und nicht zuletzt wird auch darauf hingewiesen, dass all dies mit einer Internationalisierung der Forschungspraxis einhergehen müsse.[5]

Aus all diesen jeweils völlig berechtigten Forderungen, die allesamt schwerwiegende Lücken und Unwuchten der Geschichtswissenschaft ansprechen, ergibt sich in ihrer Gesamtheit ein dermaßen anspruchsvolles theoretisch-methodisches Programm, dass die Einlösung desselben zu einer schweren Last auf den Schultern der Globalgeschichte wird. Die Defizite, die es durch die Globalgeschichte zu überwinden gilt, verweisen im Kern auf die grundlegenden theoretisch-methodischen Probleme der Geschichte als Wissenschaft: auf Fragen der Standortgebundenheit, der Möglichkeit oder Unmöglichkeit von Objektivität, auf den Zuschnitt von Beobachtungsrahmen und Fächergrenzen. Konsequent zu Ende gedacht ergibt sich aus diesem Programm das Verlangen nach einer grundlegenden Neuperspektivierung der Geschichtswissen-

3 *Patrick O'Brien,* Historiographical Traditions and Modern Imperatives for the Restoration of Global History, in: Journal of Global History 1/1, 2006, 3–39, 4.

4 *Martin Dusinberre,* Japan, Global History, and the Great Silence, in: History Workshop Journal, im Druck 2017.

5 *Andreas Eckert,* Globalgeschichte und Zeitgeschichte, in: APuZ 62/1–3, 2012, 28–32.

schaft, die letztlich auch mit neuen Organisations- und Arbeitsformen einhergehen muss. Aus einem solchen Anspruch heraus kann es auch nicht genügen, wenn die Globalgeschichte alleine sich müht zu dezentrieren,[6] den nationalen Rahmen aufzubrechen oder Disziplinengrenzen zu überwinden. Ihr Beispiel muss von der Geschichtswissenschaft insgesamt aufgenommen werden.

Es ist nicht verwunderlich, dass aus einem solchen Anspruch – oder tatsächlich eigentlich aus einem Bündel von Ansprüchen – schnell eine grundlegende Überforderung folgen kann. Stellt sich doch sofort die Frage, auf welchem Wege und mit welchen Werkzeugen man dies auch nur ansatzweise einlösen kann. Wie genau kann es die Globalgeschichte schaffen, die von ihr identifizierten Defizite und Problemlagen zu adressieren und darüber hinaus auch noch eine grundlegende Rekalibrierung der Geschichtswissenschaft insgesamt anzuschieben? Man könnte nochmals zuspitzen und fragen: Was will die Globalgeschichte eigentlich wissen? Was ist ihr eigenes Erkenntnisinteresse? Und wichtiger noch, wie will sie aus dem gewonnen Wissen, aus der neuen Erkenntnis heraus, zur Überwindung zum Beispiel des Eurozentrismus oder eines methodologischen Nationalismus beitragen? Insbesondere die Frage nach dem Erkenntnisinteresse der Globalgeschichte ist in Wort und Schrift bereits auf vielfältige Weise diskutiert worden, die Rückbindung an die größere Zielsetzung des Feldes ist dabei üblicherweise aber kaum vollzogen worden. Dominic Sachsenmaier hat auf die „notwendige Unmöglichkeit“, Globalgeschichte zu definieren, hingewiesen.[7] Diese Unmöglichkeit verweist auf die Lücke, die sich in der globalhistorischen Forschung zwischen geschichtstheoretischer Zielsetzung und geschichtswissenschaftlichem Erkenntnisinteresse auftut. Es ist viel darüber nachgedacht und auch geschrieben worden, was die Globalgeschichte eigentlich

---

6 *Natalie Zemon Davis*, Decentering History. Local Stories and Cultural Crossings in a Global World, in: History and Theory 50/2, 2011, 188–202.

7 *Dominic Sachsenmaier*, Global Perspectives on Global History. Theories and Approaches in a Connected World. Cambridge 2011, 70.

ist – und mitunter ist diese gemeinsame Frage sehr unterschiedlich beantwortet worden.[8] Viel weniger explizit wurde bisher danach gefragt, was die Globalgeschichte eigentlich innerhalb des breiten Ensembles der Geschichtswissenschaft leisten kann, was in diesem Zusammenhang ihre Mittel sind und wie sie mit ihrem Blick, mit ihrem Instrumentarium letztlich dazu beitragen kann, ihre eigenen Ansprüche einzulösen.

Daraus ergeben sich die Leitfragen dieses Buches: Was kann Globalgeschichte leisten und wie kann sie das? Die oben skizzierten Ansprüche einlösen zu wollen, überfordert das Forschungs- und Lehrprogramm der Globalgeschichte insofern, als sich daraus kein klarer Zugang, keine Fragestellung ableiten lässt. Schon deshalb sollte man globalhistorische Forschung nicht als Lösungsweg verstehen, sondern als Problematisierung und kritische (Selbst)Reflexion, die im Idealfall zu einer Teillösung werden kann. Ein gutes Beispiel findet sich in Andrea Komlosys Einführung in die Globalgeschichte. Hinsichtlich etwa des Eurozentrismus sieht Komlosy die Aufgabe des Feldes zunächst einmal in der Freilegung eurozentrischer Bilder und Denkmuster. „Globalhistoriker bemühen sich, regional bedingte Weltsichten in ihrem jeweiligen Kontext zu verstehen."[9] Der Globalgeschichte fällt aus dieser Warte eine aufzeigende, nicht unbedingt eine überwindende Funktion zu. Es sollte darum gehen, mithilfe einer klaren und operationalisierbaren Fragestellung die persistenten Unwuchten historischen Denkens jenseits einfacher Generalisierungen deutlich aufzuzeigen, den Blick der Geschichtswissenschaften dahin zu lenken, wo etablierte Interpretationsmuster zu kurz greifen. Ein solcher Anspruch ist für die Globalgeschichte, die heute zumeist als spezifische Per-

8 Vgl. beispielsweise die gänzlich unterschiedliche Argumentation in den beiden Büchern mit dem Titel *What is Global History?* von Crossley und Conrad; *Pamela Kyle Crossley*, What is Global History? Cambridge 2008; *Conrad*, What is Global History.

9 *Andrea Komlosy*, Globalgeschichte. Methoden und Theorien. (UTB Geschichte, Bd. 3564.) Wien/Köln/Weimar 2011, 14.

spektive auf die Geschichte gesehen wird,[10] auch einzulösen. Ein Perspektivenwechsel oder eine Perspektivenerweiterung können den Blick auf die oben skizzierten Probleme freigeben, können so Standort- und Maßstabsgebundenheit immer wieder kritisch in Erinnerung rufen. Das kann die Globalgeschichte als Perspektive leisten. Überwinden aber kann sie diese grundlegenden Bedingungen historischen Denkens nicht – nicht einmal durch die Multiplikation von Standorten und Maßstäben.

Globalgeschichte als Perspektive

Es bleibt die Frage, wie die Globalgeschichte das leisten kann. Welches Erkenntnisinteresse liegt ihr zugrunde? Was soll sie zeigen? Aber auch, welche Mittel stehen ihr dafür zur Verfügung und wie lassen sich ihre Fragen an die Geschichte operationalisieren? Dieses Buch wird versuchen, diese und andere Fragen zu adressieren. Es ist natürlich nicht das erste Werk, das sich damit auseinandersetzt. Historikerinnen und Historiker machen sich bereits seit einigen Jahren darüber Gedanken, was die Globalgeschichte eigentlich genau wissen will. Und auch über die Ansätze und Methoden der Globalgeschichte gibt es mittlerweile eine rege Diskussion. Selten aber werden diese beiden Teile – also die Frage nach dem globalhistorischen Erkenntnisinteresse und die Frage nach dem diesbezüglichen Vorgehen – direkt miteinander in Abstimmung gebracht. Oft stehen sie eigenartig separiert voneinander. Es mangelt an der Operationalisierung globalhistorischer Fragestellungen, an der Brücke zwischen theoretischem Anspruch und empirischer Umsetzung. In diesem Buch möchte ich Bausteine für genau diese Brücke zur Verfügung stellen, ohne dabei aber

---

10 Z.B. *Komlosy*, Globalgeschichte, 8 oder *Sebastian Conrad*, Globalgeschichte. Eine Einführung. (Beck'sche Reihe, Bd. 6079.) München 2013, 12 und ders., What is Global History, 11–14. Wobei Conrad v.a. in *What is Global History* explizit sagt, dass Globalgeschichte sowohl Perspektive sei wie auch einen eigenen Gegenstand habe.

der Illusion zu verfallen, auf den wenigen Seiten und mit einer Handvoll Konzepten und Fallstudien diese bereits fertig bauen zu können.

Vielmehr will ich aufzeigen, wie die Globalgeschichte einzelne ihr bereits zur Verfügung stehende Begriffe und Konzepte so anwenden kann, dass die Wirkmächtigkeit eines globalen Handlungs- und Bezugsrahmens für das Denken und Handeln historischer Akteure nicht nur deutlich wird, sondern dieser in seiner Bedeutung auch in einen breiteren historischen Kontext eingebettet werden kann. Dieses Buch bringt dabei verschiedene Konzepte zur Anwendung, auf die im Folgenden noch näher einzugehen sein wird. Allesamt verweisen sie im Kern aber auf den Begriff der Verbindung – im Zusammenhang der Globalgeschichte im Sinne einer globalen oder transregionalen Verbindung –, der den konzeptuellen Dreh- und Angelpunkt der vorliegenden Überlegungen bildet. Nun ist der Begriff der Verbindung in der Globalgeschichte alles andere als neu oder ungewöhnlich. Im Gegenteil, er gehört zum meistverwendeten Vokabular des Feldes und ist nicht zuletzt deshalb zu einer Art terminologischem Passepartout geworden. Will man den Begriff aber nicht nur als gefälliges Label nutzen, sondern wissenschaftlich produktiv machen, so steht seine analytische Zuspitzung an. Was ist eine globale Verbindung und wie können wir sie theoretisch-methodisch fassen? Was unterscheidet globale Verbindungen von anderen Verbindungsarten? Wie können solche Verbindungen geschichtsmächtig werden? Letztlich, welche Rolle spielen sie hinsichtlich des Erkenntnisinteresses der Globalgeschichte? Verschiedene Verständnisse globalhistorischer Forschung warten mit jeweils unterschiedlichen Antworten auf diese Fragen auf. Eine Auseinandersetzung mit diesen Antworten lohnt, um das dieser Arbeit zugrundeliegende Verständnis von Verbindung nachvollziehbar herzuleiten.

Sebastian Conrads in den letzten Jahren vorgelegte Einführungen in die Globalgeschichte stellen die im Moment wohl gelehrtesten und umsichtigsten Arbeiten in diesem Zusammenhang dar. Daher bilden seine Systematisierungsversuche und Zusammenführungen einen wesentlichen Referenzpunkt für viele der im Folgenden skizzierten Überlegungen. Entsprechend oft werde ich auf den nächsten Seiten auf sein Verständnis von Globalgeschichte Bezug nehmen und versuchen, darauf aufzusetzen.

Conrad identifiziert in der deutschsprachigen,[11] noch ausführlicher aber in der englischsprachigen[12] Einführung drei Hauptvarianten globalhistorischer Forschung, in denen globale Verbindungen jeweils unterschiedliche Rollen und Gewichtungen haben. Der ersten von ihm vorgestellten Variante liegt ein Verständnis globalhistorischer Forschung als Syntheseleistung zugrunde. Die Globalgeschichte, so Conrad, würde aus diesem Blickwinkel heraus als Weltgeschichte im wörtlichen Sinn verstanden. Sie umfasse alles, was jemals weltweit passiert sei. Die Versuche, diesen größtmöglichen Rahmen auszufüllen, können aber unterschiedlich ausfallen. So gibt es Großsynthesen, die tatsächlich versuchen, die wesentlichen historischen Entwicklungen einer bestimmten Zeit oder Epoche weltweit zu erfassen und integrativ darzustellen. Solche Darstellungen müssen notwendigerweise stark auswählen, welche Phänomene sie für relevant halten. Sie bleiben an der Oberfläche, sind sehr selektiv. Auf ein ähnliches Verständnis der Globalgeschichte bauen auch jene unzähligen Studien auf, die einem bestimmten Gegenstand durch Zeit und Raum der Weltgeschichte folgen. Für Pamela Crossley stellt diese Form der Globalgeschichte in ihrer Gesamtheit sogar den ultimativen Zugang dar. In ihrer Einführung in das Feld verwendet sie die Metapher eines *context spinners*, also eines natürlich nur hypothetischen Instruments, das die globale Geschichte jeweils aus der Warte eines bestimmten Materials, Produkts, Konzepts oder Naturphänomens sequenzieren könnte. Entstehen würden dabei jeweils integrierte globale Darstellungen zum Beispiel der Geschichte der Seide oder der Auswirkungen von Erdbeben, um nur zwei der von Crossley genannten Beispiele wiederzugeben.[13] Die Kontextspinnmaschine

11 *Conrad*, Einführung, 10–12.

12 *Conrad*, What is Global History, 6–11.

13 Ebd., 4–5.

würde uns anhand einzelner Themen durch die Geschichte der Welt führen und so eine Globalgeschichte ermöglichen. Dass ein solcher Ansatz überaus interessante Arbeiten hervorbringen kann, ist unbestritten. Aus globalhistorischer Warte handelt es sich aber auch hier um eine Syntheseleistung. Conrad weist schließlich auch darauf hin, dass Studien zu einzelnen, klar umrissenen Themen – er nennt die Geschichte der Arbeiterklasse in Buenos Aires, Dakar oder Livorno als Beispiel – aus dem skizzierten Verständnis heraus ebenfalls zu einer Globalgeschichte – in diesem Fall jener der Arbeit – beitragen können, ohne selbst den globalen Horizont ihres Gegenstandes zu untersuchen.[14] Auch das ist eine Form der Synthese, und zwar einer arbeitsteiligen. All diesen Einzelansätze innerhalb dieses synthetischen Verständnisses von Globalgeschichte ist gemein, dass ihre Geschichten von gemeinsamen großen Rahmen zusammengehalten werden, nicht aber von einer inneren Kohärenz. Globale Verbindungen kommen in dieser Variante von Globalgeschichte natürlich vor, allerdings üblicherweise nicht als erkenntnisleitende Elemente.

In der zweiten von Conrad skizzierten Variante von Globalgeschichte spielen globale Verbindungen eine ganz zentrale Rolle. Dieses Verständnis des Feldes baut auf der Annahme auf, dass keine Kultur, keine Gesellschaft in völliger Isolation existiert, und Austauschprozesse eine wesentliche Bedeutung für ihre historische Entwicklung haben.[15] In dieser Hinsicht gehört ein Fokus auf Verbindungen zu den wenigen wirklich konsensfähigen Eigenschaften der jüngeren Globalgeschichte. Die meisten Autorinnen und Autoren, die sich über die theoretisch-methodische Ausrichtung des Feldes Gedanken gemacht haben, verweisen an irgendeiner Stelle darauf, dass die Globalgeschichte sich mit der Rolle globaler oder transregionaler Verbindungen und den auf ihnen

14 *Conrad*, What is Global History, 8.

15 Vgl. beispielsweise Sanjay Subrahmanyams Idee von „connected histories". *Sanjay Subrahmanyam*, Connected Histories: Notes towards a Reconfiguration of Early Modern Eurasia, in: Modern Asian Studies 31/3, 1997, 735–762.

beruhenden, sich wechselseitig beeinflussenden Prozessen in der Geschichte beschäftigen soll.[16] Allerdings wird dies nur selten in einer Form weiter ausgeführt, die es erlauben würde, daraus Rückschlüsse über die tatsächliche analytische Bedeutung von globalen Verbindungen zu ziehen. Was ein solcher Fokus auf Verbindungen konkret heißt, was die Globalgeschichte in dieser Hinsicht genau wissen will, welchen Erkenntnisgewinn sich das Feld davon erhoffen kann oder selbst die scheinbar simple Frage danach, was eigentlich als globale Verbindung zu werten ist – all das sind Fragen, auf die kaum einmal explizit eingegangen worden ist. Darum ist der Verweis auf die zentrale Bedeutung von Verbindungen, um abermals einen Gedanken von Sebastian Conrad zu borgen, unter Globalhistorikern als eine Art Schibboleth zu verstehen,[17] das jenseits seiner Rolle als Zugehörigkeitszeichen relativ leer und vage bleibt, dadurch aber von jedem nach Gusto gefüllt und interpretiert werden kann. Für die globalgeschichtliche Forschung muss das ein nicht zufriedenstellender Zustand sein. Denn einerseits schiebt der stete Verweis auf die grundlegende Bedeutung von globalen Verbindungen diese ins Rampenlicht. Auf ihnen ruht der forschende Blick der Globalgeschichte. Gleichzeitig bleibt aber zumeist unklar, was damit konkret gemeint ist und wie man mit Verbindungen in der Forschungspraxis umgehen könnte. Damit

16 Für Patrick O'Brien ist der Fokus auf Verbindungen eine von zwei dominanten Stilrichtungen in der Globalgeschichte. Die andere wäre geprägt durch den Vergleich. Ein ähnliches Verständnis globalhistorischer Forschung wird auch im Untertitel von Christopher Baylys prägendem Werk über die Geburt der modernen Welt deutlich. Und auch Andrea Komlosy verweist sowohl auf Verbindungen als auch auf den Vergleich. Die Passgenauigkeit dieser Kombination von Verbindung und Vergleich wird zu Beginn des nächsten Kapitels kurz diskutiert. *O'Brien*, Historiographical Traditions; *Christopher Bayly*, The Birth of the Modern World, 1780-1914. Global Connections and Comparisons. Oxford 2004; *Komlosy*, Globalgeschichte, 9.

17 Conrad zielt mit seiner Verwendung des Terminus „Schibboleth" nicht nur auf den Begriff der Verbindung allein, sondern vor allem auf die bereits erwähnte Kombination mit dem Vergleich („connections cum comparison"). *Conrad*, What is Global History, 64.

werden Verbindungen zwar einerseits als zentraler Gegenstand der Globalgeschichte identifiziert, sie können zugleich aber keine erkenntnisleitende Funktion entfalten. Das ist bedauerlich, weil die analytische Konzentration auf globale Verbindungen und ihre Bedeutung in der Geschichte der globalgeschichtlichen Forschung gute Dienste leisten kann, wie im weiteren Verlauf dieses Buches ausführlich argumentiert wird.

Globalgeschichte als Verbindungsgeschichte

Kehrt man zu Sebastian Conrads Diskussion der drei Hauptvarianten von Globalgeschichte zurück, so zeigt sich dort ein ähnliches Unbehagen mit der Vagheit des Verbindungsbegriffs. Conrad zweifelt nicht grundsätzlich an der Wichtigkeit eines Fokus auf Verbindungen, für ihn kann das aber nur der Ausgangspunkt globalhistorischer Forschung sein.[18] Vor allem aber müsse es der Globalgeschichte um die Bedingungen und beständigen Strukturen gehen, unter denen Verbindungen entstehen und wirken. „Exchange, in other words, may be a surface phenomenon that gives evidence of the basic structural transformations that made the exchange possible in the first place."[19] Conrad verweist darauf, dass die ersten beiden von ihm skizzierten Varianten der Globalgeschichte – also die Synthese und der reine Fokus auf Verbindungen – prinzipiell auf alle Zeiten und alle Orte,[20] und man möchte ergänzen: alle Gegenstände, angewandt werden können. Die Globalgeschichte ist in diesem Zusammenhang eine Perspektive. Sie sei – und das ist Conrads dritte Variante – aber eben auch ein Gegenstand. Die sinnvolle Anwendbarkeit der Perspektive hängt aus dieser Sicht unter anderem von den strukturellen Bedingungen globaler Integration ab, also im Kern von der Frage, ob globale

---

18 Ebd., 69.
19 Ebd., 70.
20 Ebd., 9.

Verbindungen sich bereits strukturell verfestigt haben.[21] In Conrads Argumentation macht nur eine solche Kombination von Perspektive und Gegenstand einen differenzierten analytischen Umgang mit globalen Verbindungen möglich. Ausgeführt wird dies unter anderem anhand des Beispiels der Einführung westlicher Uhren in Japan. Als dies im 17. Jahrhundert erstmals geschah, hätte dies praktisch keine Auswirkungen auf das soziale Zeitregime gehabt. Vielmehr wären die Uhren in das lokale Zeitregime integriert worden. Ganz anders im 19. Jahrhundert: Durch den höheren Grad globaler struktureller Verflechtung wären westliche Zeitmessungsinstrumente nun zu Symbolen der Modernisierung geworden. Das lokale Zeitregime hätte sich dramatisch verändert.[22]

Dieses und andere Beispiele für die Bedeutung struktureller globaler Integration sind in vielerlei Hinsicht instruktiv. Insbesondere, weil sie tatsächlich unterschiedliche Bedingungen von Verflechtung und Austausch aufzeigen und damit völlig zu Recht auf die Notwendigkeit einer Kontextualisierung von globalen Verbindungen hinweisen. Allerdings zeigt sich hier auch, welche konzeptuellen Schwierigkeiten sich aus der Gleichzeitigkeit von Perspektive und Gegenstand für eine analytische Schärfung der Globalgeschichte ergeben. Während Conrad in dieser dritten Variante den ergiebigsten Pfad globalhistorischer Forschung sieht und darauf hinweist, dass die meisten differenzierten Studien der letzten Zeit einen solchen Weg verfolgen würden,[23] argumentiere ich in diesem Buch, dass es dadurch schwierig wird, ein Erkenntnisinteresse und damit auch einen konzeptuellen Kern der Globalgeschichte zu formulieren.

Prinzipiell ist Sebastian Conrad zuzustimmen, dass globale Verbindungen nicht alles erklären, nicht der Dreh- und Angelpunkt jeder Argumentation sein können. Wie jedes andere historische Phänomen sind sie in ihren Kontext einzubetten und in ihrer Be-

21 Ebd., 11–12, 67–72.
22 Ebd., 68–69.
23 Ebd., 10.

deutung zu gewichten. Die Frage ist in diesem Zusammenhang daher vielmehr, wie eine solche sorgfältige Einordnung der Geschichtsmächtigkeit und damit verbunden die Herausarbeitung der spezifischen Qualität von globalen Verbindungen am besten erreicht werden kann. Eine Schwerpunktsetzung auf das, was Conrad „globale Integration" nennt, erscheint mir in dieser Hinsicht nur bedingt hilfreich, weil dadurch analytischer Kern und interpretativer Kontext miteinander vermischt werden und sofort neue Ungewissheiten auftauchen. So stellt sich unmittelbar die Frage nach der Schwelle, an welcher Globalgeschichte zum Gegenstand wird. Wie sehr müssen sich globale Verbindungen verfestigen, wie dicht und tragfähig müssen globale Strukturen sein, damit wir von einem globalhistorischen Gegenstand sprechen können? Nehmen wir das ansonsten instruktive Beispiel westlicher Uhren in Japan. An welchem Punkt im 19. Jahrhundert ist Meiji-Japan genügend dicht mit der (westlichen) Welt integriert, dass wir fortan einen globalhistorischen Sachverhalt vor uns haben? Waren westliche Uhren in Japan vor diesem Punkt kein Fall für die Globalgeschichte, danach aber schon?

Die Frage nach der (im Übrigen schwer zu fixierenden) Schwelle mag banal klingen. Sie zeigt aber, wie sehr ein Fokus auf Integration, Verfestigung und Strukturbildung von der analytischen Schärfung globaler Verbindungen selbst ablenkt. Im Kern sollte es der Globalgeschichte darum gehen, wie durch das Handeln von Menschen globale Verbindungen entstehen und wie diese wiederum auf das Denken, Fühlen und Handeln von Menschen zurückwirken. Das kann innerhalb und außerhalb von strukturell verfestigten Bedingungen stattfinden. Diese zählen daher zu einem multifaktoriellen Kontext, in den das Wechselspiel zwischen menschlichen Akteuren und globalen Verbindungen selbstverständlich einzubetten ist. Das Erkenntnisinteresse und damit der analytische Fokus der Globalgeschichte sollte aber nicht auf diesem Kontext ruhen, sondern sich auf die Schnittstelle zwischen menschlichem Handeln und globalen Verbindungen konzentrieren.

Conrad, so kann man an dieser Stelle annehmen, würde hier entgegenhalten, dass globale Verbindungen natürlich entscheidende Elemente sind und in der Globalgeschichte immer eine zentrale Rolle einnehmen werden, ihre Absolutsetzung einem Erkenntnisgewinn aber nicht zuträglich ist. Er sieht in diesem Zusammenhang die Gefahr der Nivellierung und Gleichsetzung gänzlich unterschiedlicher Verbindungszusammenhänge und nennt auch ein Beispiel dafür. So hätte der gewaltsame Tod des letzten Maurya-Königs im Jahr 185 BCE und der damit verbundene Zusammenbruch seines Reiches zwar dramatische Auswirkungen auf Südasien und die hellenistische Welt gehabt, mit den Folgen des Attentats auf Franz Ferdinand im Jahr 1914 sei das aber nicht zu vergleichen, weil die Welt mittlerweile einen gänzlich anderen Integrationsgrad erreicht hätte.[24] Dem Befund selbst kann man natürlich nur zustimmen. Aber auch hier handelt es sich letztlich um eine Frage der Einordnung und Gewichtung globaler Verbindungen und nicht um einen fundamentalen analytischen Unterschied hinsichtlich ihrer Geschichtsmächtigkeit. Man kann den gänzlich unterschiedlichen Grad globaler Integration in den beiden Vergleichsfällen nicht leugnen. Aber wer würde das überhaupt versuchen? Die wirklich spannende Frage ist doch, wie ein Ereignis – hier jeweils ein Attentat – sich über globale bzw. transregionale Verbindungen auf das Denken und Handeln anderer Menschen auswirkt.

Conrad, so kann man seine wohlüberlegte Argumentation zusammenfassen, meint, die Globalgeschichte hätte sich bisher zu viel mit bloßen Verbindungen auseinandergesetzt und zu wenig mit deren strukturellen Verfestigungen. Er plädiert dafür, die Globalgeschichte als Perspektive um die Globalgeschichte als Gegenstand zu erweitern. Das vorliegende Buch hingegen behauptet, dass die Globalgeschichte sich bisher viel zu wenig mit globalen Verbindungen auseinandergesetzt hat; und zwar zu wenig genau, zu wenig analytisch differenziert. So hat die Globalgeschichte bis-

24 Ebd., 90–91.

her eine der wichtigsten Fragen in diesem Zusammenhang praktisch völlig übergangen: Was macht globale oder transregionale Verbindungen eigentlich besonders? Was hebt sie von lokalen oder regionalen Verbindungen, die formgebende Elemente jeder Gemeinschaft sind, analytisch ab? Inwiefern funktionieren sie unterschiedlich? Wo liegt ihre besondere Qualität, die es rechtfertigt, überhaupt von der Globalgeschichte als eigenständiger Perspektive zu sprechen? Auch diese Fragen mögen auf den ersten Blick selbstevident erscheinen, sind es aber in keiner Weise.

Im Gegenteil, nimmt man sie ernst, so stellen sie sich als ungewöhnlich schwierig zu erörtern und zu beantworten heraus. Die konsequente Auseinandersetzung mit ihnen hat aber für die globalhistorische Forschung zumindest zwei hilfreiche Effekte. Erstens verweist die Frage nach dem analytisch Besonderen globaler Verbindungen automatisch auch auf andere Faktoren und deren Einfluss auf das Denken, Fühlen und Handeln von Menschen. Eine weitreichende Kontextualisierung und differenzierte Gewichtung der untersuchten Phänomene ist die Folge. Globale Integrations- und Strukturbildungsprozesse und letztlich auch die Frage nach der Wirkmächtigkeit globaler Strukturen, die in diesem Buch in einem eigenen Kapitel ausführlich erörtert wird, müssen in diesem Zusammenhang als einer unter vielen Faktoren berücksichtigt werden. Zweitens schafft die Konzentration auf die Qualität der Verbindung selbst ein konzeptuelles Abstraktum, das den Kern des Erkenntnisinteresses der Globalgeschichte umfasst, diesen aus seinen spezifischen Kontexten zuerst einmal isoliert, um ihn dann wieder einbetten zu können. Dieses Abstraktum soll für die Globalgeschichte forschungsleitend sein. Es macht das Feld konzeptuell eigenständig und erlaubt es ihm, einen genuinen Beitrag zur Geschichtswissenschaft zu leisten, der über eine weltgeschichtliche Synthese oder ein reines Aufnehmen des Erkenntnisinteresses anderer Forschungsfelder – wie zum Beispiel der *postcolonial studies* oder der *area studies* – hinausgeht.

Eine solche Konzentration auf globale Verbindungen stellt keine Einengung der globalhistorischen Perspektive dar, sie unterschlägt nicht die Gegenständlichkeit globaler Integrationsprozesse, sondern ermöglicht es im Gegenteil, den globalhistorisch geschulten Blick in ganz unterschiedlichen Bereichen schweifen zu lassen und dennoch eine stete Rückbindung an das grundlegende Explanandum zu spüren. Wie und warum schaffen Menschen in ganz unterschiedlichen Lagen und Kontexten globale oder transregionale Verbindungen? Und wie wirken diese auf den Menschen zurück? Diese simple Fragestellung hat es in sich. Es geht um das Ausloten der Geschichtsmächtigkeit globaler Verbindungen. Dass dabei das Lot irgendwann den Grund berührt, dass die Grenzen des Einflusses von Transfer und Austausch in vielen Fällen vielleicht sehr schnell erreicht sind, das gehört zum Prozess der Gewichtung dazu. Das Ziel muss die Einordnung von globalen Verbindungen in ein Faktorenensemble sein, auch wenn das manchmal bedeutet, dass sie kaum eine oder keine Rolle spielten.

Um auf die eingangs angeführten Aufgaben der Globalgeschichte zurückzukommen, so erlaubt es ein durch ein Abstraktum geschärfter und geführter Fokus auf globale Verbindungen der Globalgeschichte vielleicht klarer als anderen Forschungsfeldern aufzuzeigen, dass eine Engführung auf die Nationalgeschichte zu kurz greift, dass ein eurozentrischer Blick der Geschichte nicht gerecht wird, das viele Stimmen schweigen oder überhört werden. Letztlich sind dies aber keine globalhistorischen Problemlagen, sondern Herausforderungen jeder historiografischen Arbeit. Aufgenommen werden müssen diese Einsichten daher von der Geschichtswissenschaft insgesamt.

Globalgeschichte und Globalisierung

Dieses Buch ist keine typische Einführung in die Globalgeschichte. Es ist nicht der Versuch einer systematischen Erschließung des globalhistorischen Forschungsfeldes, wie ihn viele namhafte Autorinnen und Autoren in den letzten Jahren unternommen haben. Dieses Buch bietet keinen Überblick über die Geschichte der Globalgeschichtsschreibung.[25] Es diskutiert auch keine spezifischen Methoden der Globalgeschichte[26] oder stellt in geordneter Weise mögliche Themen globalhistorischer Forschung vor.[27] Noch weniger setzt es sich mit der Institutionalisierung der Globalgeschichte und der damit verbundenen Forschungslandschaft auseinander.[28] Letztlich lotet es nicht einmal systematisch die Potentiale und Stolperfallen globalhistorischer Ansätze aus.[29] Stattdessen versteht sich dieses Buch als Einführung in die Forschungspraxis – und zwar in der Form einer konzeptuellen Schärfung des Feldes und durch den Versuch, Theorie und Empirie soweit wie möglich zusammenzubringen.

Theorie meint in diesem Zusammenhang vor allem die Schaffung eines konzeptuellen Abstraktums und damit den Versuch, begrifflich über eine reine Oberflächenbeschreibung globalhistorisch relevanter Phänomene hinauszukommen. Ausgehend von

25 Vgl. z.B. *Sachsenmaier*, Global Perspectives (insb. Kapitel 1); *O'Brien*, Historiographical Traditions; *Patrick Manning*, Navigating World History. Historians Create a Global Past. New York 2003 (insb. Part I); *Conrad*, Einführung (insb. 29–52); *Conrad*, What is Global History, (insb. 17–36); *Sebastian Conrad/Andreas Eckert*, Globalgeschichte, Globalisierung, multiple Modernen. Zur Geschichtsschreibung der modernen Welt, in: ders./Ulrike Freitag (Hrsg.), Globalgeschichte. Theorien, Ansätze, Themen. Frankfurt am Main 2007, 7–49.

26 Vgl. z.B. *Komlosy*, Globalgeschichte.

27 Z.B. in der zweiten Buchhälfte von *Conrad/Eckert/Freitag* (Hrsg.), Globalgeschichte. Theorien, Ansätze, Themen; *Conrad*, Einführung (insb. 193–247); *Cátia Antunes/Karwan Fatah-Black* (Hrsg.), Explorations in History and Globalization. London 2016; *Wolfgang Schwentker*, Globalisierung und Geschichtswissenschaft. Themen, Methoden und Kritik der Globalgeschichte, in: ders./Margarete Grandner/Dietmar Rothermund (Hrsg.), Globalisierung und Globalgeschichte. (Globalgeschichte und Entwicklungspolitik, Bd. 1.) Wien 2005, 36–59, 39.

28 Vgl. z.B. *Sachsenmaier*, Global Perspectives (insb. Kapitel 2–4).

29 Das ist etwa der explizite Anspruch der im von *Boris Barth*, *Stefanie Gänger* und *Niels P. Petersson* herausgegebenen Band *Globalgeschichten* vereinten Fallstudien. *Boris Barth/Stefanie Gänger/Niels P. Petersson* (Hrsg.), Globalgeschichten. Bestandsaufnahme und Perspektiven. (Reihe „Globalgeschichte", Bd. 17.) Frankfurt am Main 2014.

einem verallgemeinerbaren Erkenntnisinteresse der Globalgeschichte will dieses Buch in theoretischer Hinsicht Leitfragen entwickeln, entlang derer in den Sozial- und Geisteswissenschaften bereits eingeführte analytische Begriffe in globalhistorischen Zusammenhängen fruchtbar gemacht werden können. Durch Adaption dieser Begriffe erfolgt die notwendige Operationalisierung der Forschungsfragen. Sie schließen die Lücke zwischen Theorie und Empirie, die sich in der Globalgeschichte erfahrungsgemäß immer wieder auftut. Ihre empirische Anwendung finden die so weiterentwickelten Konzepte in konkreten, jeweils klar umrissenen Fallstudien.

In den Fallstudien, die den zentralen Teil dieses Buches ausmachen, spielt auch der Begriff der Globalisierung immer wieder eine wichtige Rolle. Zwar gehört er nicht zu den sechs im Rahmen dieser Einführung exemplarisch ausgewählten Konzepten, die in den Fallstudien ihre Anwendungen finden, er schließt aber in vielerlei Hinsicht an diese an und verleiht ihnen Dynamik. Darüber hinaus eignet sich der Begriff der Globalisierung in besonderem Maße, um hinleitend zu den sechs ausgewählten Konzepten schon einmal zu zeigen, wie hilfreich es ist, solche Leitbegriffe vom Deskriptiven ins Analytische zu heben, vom Speziellen ins Allgemeine. Der Begriff der Globalisierung ist in globalhistorisch informierten Studien allgegenwärtig. In vielen Fachdiskussionen wird die Globalgeschichte implizit hauptsächlich als eine Geschichte von Globalisierungsprozessen verstanden.[30] Manche Fachvertre-

30 Vgl. z.B. *Barth/Gänger/Petersson*, Einleitung: Globalisierung und Globalgeschichte, in: dies., Globalgeschichten, S. 7–18.; *Grandner/Rothermund/Schwentker*, Globalisierung und Globalgeschichte, darin v.a. *Dietmar Rothermund*, Globalgeschichte und Geschichte der Globalisierung, 12–35 und *Schwentker*, Globalisierung und Geschichtswissenschaft; *Antunes/Fatah-Black* (Hrsg.), Explorations; *Christopher A. Bayly*, ‚Archaic' and ‚Modern' Globalization in the Eurasian and African Arena, *c.* 1750-1850, in: Anthony G. Hopkins (Hrsg.), Globalization in World History. New York 2002, 47–73; *Anthony G. Hopkins*, Introduction: Globalization – An Agenda for Historians, in: ders. (Hrsg.), Globalization in World History. New York 2002, 1–10.

ter gehen über diese implizite Schwerpunktsetzung hinaus und fordern, dass sich globalhistorische Forschung explizit mit der Geschichte der Globalisierung beschäftigen soll.[31] Trotz dieses offensichtlich engen Verhältnisses zwischen Globalgeschichte und Globalisierung gibt es im Feld kein auch nur halbwegs einheitliches Verständnis des Begriffs. Dies ist nicht der Ort, um die unzähligen, teilweise miteinander konkurrierenden Interpretationen wiederzugeben oder zu bewerten. Einen Eindruck von der Spannweite der Ansätze vermittelt aber zum Beispiel die bekannte Debatte zwischen Dennis Flynn und Arturo Giráldez auf der einen Seite[32] und Kevin O'Rourke und Jeffrey Williamson auf der anderen.[33] Erstere sehen Globalisierung als die Zunahme nachhaltiger Interaktion zwischen allen besiedelten Kontinenten. Letztere verstehen den Begriff als die globale Integration von Märkten. Beide Seiten schauen aus einer hauptsächlich wirtschaftshistorischen Perspektive auf die Geschichte der Globalisierung und kommen dennoch zu grundlegend unterschiedlichen Auffassungen des Begriffs. Erweitert man dies um Einschätzungen, zum Beispiel aus einer politik-, sozial- oder kulturwissenschaftlichen Richtung,[34] so

31 Insbesondere Bruce Mazlish in seinen verschiedenen Umrissen einer New Global History. Vgl. z.B. *Bruce Mazlish*, The New Global History. New York/Abingdon 2006; *Bruce Mazlish/Akira Iriye*, Introduction, in: dies. (Hrsg.), The Global History Reader. New York/Abingdon 2005, 1–15.

32 *Dennis O. Flynn/Arturo Giráldez*, Born with a „Silver Spoon": The Origin of World Trade in 1571, in: Journal of World History 6/2, 1995, 201–221.; *Dies.*, Born Again: Globalization's Sixteenth Century Origins (Asian/Global Versus European Dynamics), in: Pacific Economic Review 13/3, 2008, 359–387.

33 *Kevin H. O'Rourke/Jeffrey G. Williamson*, When Did Globalisation Begin?, in: European Review of Economic History 6/1, 2002, 23–50; *Dies.*, Once more: When Did Globalisation Begin?, in: European Review of Economic History 8/1, 2004, 109–117.

34 Ein recht guter erster Überblick über die verschiedenen möglichen Zugänge findet sich etwa in Jürgen Osterhammels und Niels Peterssons kleinem, aber feinen Büchlein zur Geschichte der Globalisierung. *Jürgen Osterhammel/Niels P. Petersson*, Geschichte der Globalisierung. Dimen-

entsteht bald ein bunter Strauß von Definitionsangeboten. Um diese Spannweite zu illustrieren, weist Lynn Hunt in ihrem Aufsatz über Globalisierung und Zeit beispielhaft auf die Vorschläge von Jan Scholte oder Robert Keohane und Joseph Nye hin.[35] Während Scholte in der Globalisierung nichts anderes als den Aufstieg von Supraterritorialität sieht,[36] verweisen Keohane und Nye vor allem auf die globalisierende Wirkung neuer Technologien, die Entfernungen jeglicher Art schmelzen lassen.[37]

Nun ist das Fehlen eines eindeutig geklärten Begriffsverständnisses, einer gemeinsamen Definition in den Geistes- und Sozialwissenschaften ein hinreichend bekannter Sachverhalt. Hinsichtlich des Begriffs der Globalisierung halten Bruce Mazlish und Akira Iriye explizit fest, dass uns das Fehlen einer klaren Definition in keiner Weise beunruhigen sollte.[38] Und auch Barry Gills und William Thompson eröffnen ihren Versuch, das Verhältnis von Globalgeschichte und Globalisierung zu klären, mit der Feststellung, dass sie, was unterschiedliche Ansätze und Begriffsverständnisse angeht, grundsätzlich „ecumenical and tolerant" seien.[39] Diese begriffliche Offenheit ist insgesamt sicherlich eine Stärke der Geistes- und Sozialwissenschaften und soll hier nicht prinzipiell in Frage gestellt werden. Ich will lediglich darauf hinweisen, dass die Art und Weise, wie der Globalisierungsbegriff in der Globalgeschichte benutzt wird, zumindest zwei klare

sionen, Prozesse, Epochen. (Beck'sche Reihe, Bd. 2320.) 4. Aufl. München 2007, 10–15.

35 *Lynn Hunt*, Globalisation and Time, in: Chris Lorenz/Berber Bevernage (Hrsg.), Breaking up Time: Negotiating the Borders between Present, Past and Future. (Schriftenreihe der FRIAS School of History, Bd. 7.) Göttingen 2013, 199–215, 201.

36 *Jan Aart Scholte*, Globalization. A Critical Introduction. 2. Aufl. New York 2005.

37 *Robert O. Keohane/Joseph S. Nye*, Globalization: What's New? What's Not? (And So What?), in: Foreign Policy 118/1, 2000, 104–119.

38 *Mazlish/Iriye*, Introduction, 2.

39 *Barry K. Gills/William R. Thompson*, Globalizations, Global Histories and Historical Globalities, in: dies. (Hrsg.), Globalization and Global History. New York/Abingdon 2006, 1–15, 4.

analytische Nachteile hat. So macht es die große definitorische Schwankungsbreite erstens schwer, sich in der Geschichtswissenschaft über Epochen- oder Perspektivengrenzen hinweg über Globalisierungsprozesse austauschen zu können. Ein Beispiel dafür ist die immer wieder gerne geführte Diskussion, ab wann man in der Geschichte denn überhaupt von Globalisierung sprechen kann. Um diese Frage dreht sich nicht nur die bereits erwähnte Debatte zwischen Flynn/Giráldez und O'Rourke/Williamson im Kern. Sie verhindert häufig auch eine produktive Zusammenarbeit zwischen globalhistorisch interessierten Kolleginnen und Kollegen aus verschiedenen Epochen, die hier oft gänzlich unterschiedliche Auffassungen vertreten. Letztlich ist die Frage, wann Globalisierung beginne, nur eine Funktion der Frage, was Globalisierung eigentlich ist. Ein geteiltes Begriffsverständnis könnte demnach helfen, einen breiteren Dialog zu globalhistorischen Fragen zu ermöglichen. Ein zweites Defizit des momentanen, offenen Begriffsgebrauchs in der Globalgeschichte liegt in der Tatsache, dass die meisten Definitionen situativ gemeint sind und auf relativ eng umrissene Fragestellungen und Themengebiete zugeschnitten sind. Sie bleiben dadurch oft sehr deskriptiv, sind gleichzeitig aber außerhalb ihres eigentlichen Geltungsbereichs schwer zu operationalisieren. Dadurch ist es schwierig, Globalisierungsprozesse in der Globalgeschichte genau zu verorten – über die Beobachtung hinaus, dass sie darin eine wichtige Rolle spielen. Auch hier kann ein klareres, gleichzeitig aber auch abstrakteres Verständnis des Begriffs helfen.

Wie aber könnte das aussehen? Jürgen Osterhammel und Niels Petersson erkennen in den vielen verschiedenen Ansätzen zumindest einen gemeinsamen Bedeutungskern. „In den meisten Definitionsangeboten spielen die Ausweitung, Verdichtung und Beschleunigung weltweiter Beziehungen eine zentrale Rolle", sagen sie.[40] Anthony Giddens geht mit seiner mittlerweile über 25 Jahren alten Definition in eine grundsätzlich ähnliche Richtung, setzt die Betonung aber anders. Globalisierung ist für Gid-

40 *Osterhammel/Petersson*, Geschichte der Globalisierung, 10.

dens „the intensification of worldwide social relations which link distant localities in such a way that local happenings are shaped by events occurring many miles away and vice versa."[41] Will man den Begriff weiter abstrahieren, so könnte man auf Osterhammel/Petersson und Giddens aufsetzend sagen, dass Globalisierung im Kern nichts anderes ist, als der Prozess der Loslösung sozialer Interaktion von räumlicher Nähe. Für diesen Prozess gibt es jeweils einen abstrakten Anfangs- und Endpunkt. Der Anfangspunkt ist, dass jede Form sozialer Interaktion zwischen Menschen nur in unmittelbarer räumlicher Nähe stattfindet. Der Endpunkt ist, dass zwischen sozialer Interaktion und räumlicher Nähe überhaupt kein Zusammenhang mehr besteht. Beides sind natürlich fiktive Punkte, die so in der menschlichen Lebenswelt nicht vorkommen. Sie können uns als Vorstellung aber dabei helfen, den Prozess dieser Loslösung, für den der Globus den Möglichkeitsraum darstellt, besser zu greifen.

Will man es etwas weniger abstrakt formulieren und trotzdem die Breite der Definition erhalten, so könnte man Folgendes sagen: Globalisierung ist ein Prozess, in welchem sich in die Interaktionsmuster von Menschen zunehmend mehr Verbindungen über lange Distanzen und damit indirekt über Grenzen ganz unterschiedlicher Art einfügen. In einem solchen Verständnis sagt der Begriff der Globalisierung erst einmal noch nichts über die Intensität und Wirkmächtigkeit dieser Verbindungen, sondern verweist lediglich auf eine Zunahme derselben, die aber natürlich auch sehr gering und graduell ausfallen kann. Globalisierung verweist hier also letztlich auf eine Veränderung in Verbindungs- und Interaktionsmustern.

41 *Anthony Giddens*, The Consequences of Modernity. Stanford 1990, 64.

Zur Forschungspraxis der Globalgeschichte

Dieses Abstraktum hat meiner Meinung nach zumindest zwei Vorteile. Erstens macht es einen über Epochen und Perspektiven übergreifenden Dialog erheblich einfacher. Es handelt sich nicht nur um die Betonung der Prozesshaftigkeit. Behält man die abstrakten Anfangs- und Endpunkte als Orientierungshilfen im Kopf, so wird deutlich, dass dieser Prozess ganz unterschiedlich stark oder schwach ausgeprägt sein kann, aber einen gemeinsamen qualitativen Kern hat. Das Abstraktum verweist darauf, dass Globalisierung als Prozess nicht zu verwechseln ist mit zum Beispiel einem Zeitalter der Globalisierung. Letzteres verweist auf eine Zeit oder Epoche, für welche Globalisierungsprozesse eine gesamtgesellschaftlich prägende Rolle einnehmen. Für welche Gesellschaften das zu welcher Zeit der Fall gewesen ist, darüber können Historikerinnen und Historiker vortrefflich streiten. Darüber verliert man aber häufig aus dem Blick, dass auch außerhalb solcher gesamtgesellschaftlich prägenden Zusammenhänge Globalisierungsprozesse für das Denken und Handeln von vielen Menschen hochrelevant gewesen sind.

Darüber hinaus trägt ein dergestalt heruntergebrochenes Begriffsverständnis auch zur Klärung des Verhältnisses zwischen Globalgeschichte und Globalisierung bei und verweist damit letztlich zurück auf das Erkenntnisinteresse globalhistorischer Forschung. Versteht man Globalisierung als Prozess und stellt sie sodann in den Fokus globalhistorischer Forschung, so bedeutet dies, dass man vor allem an dieser Prozessualität interessiert ist, an Dynamiken, also an Wandel und Veränderung über die Zeit. Das ist die Globalgeschichte unzweifelhaft – aber nicht mehr als jede andere Form der historischen Forschung auch. Ein solcher Wandel im Sinne der Zunahme (oder im Umkehrschluss der Abnahme) transregionaler Verbindungen ist ein globalhistorisch hochinteressantes Phänomen. Aber wieder handelt es sich im Kern um eine Funktion des eigentlichen Erkenntnisinteresses der Globalgeschichte, nämlich um die Frage der Entstehung und Geschichtsmächtigkeit globaler Verbindungen. Verbindungen können für die Menschen auch prägend und handlungsleitend sein, wenn sie sich nicht verdichten oder in einer anderen Weise verändern. In der Praxis, das ist richtig, werden die allermeisten Fallstudien im Kontext von Globalisierungsprozessen angesiedelt sein. In solchen Zusammenhängen entfalten globale Verbindungen die größte Wirkung, beeinflussen Menschen und ihr Denken und Handeln am stärksten (wie immer, wenn Menschen mit etwas Neuem konfrontiert sind). Das heißt aber nicht, dass globale Verbindungen nur in solchen Kontexten geschichtsmächtig sind.

Blickt man hauptsächlich auf Globalisierungsprozesse und damit auf die Dynamiken globaler Verbindungen, so verliert man allzu leicht die konzeptuellen Bausteine dieser Prozesse aus den Augen. Die Verdeutlichung des Verhältnisses zwischen Globalgeschichte und Globalisierung führt daher letztlich zurück zum Erkenntnisinteresse des Feldes und zu den konzeptuellen Linsen, durch die wir auf der Suche danach blicken können. Dieses Buch schlägt in dieser Hinsicht sechs mögliche forschungsleitende Begriffe vor. Es handelt sich dabei um eine mehr oder weniger eklektische Auswahl, der nicht der Anspruch zugrunde liegt, auf ihrer Basis Globalgeschichte erschöpfend und vollumfänglich betreiben zu können. Zwar bilden diese sechs Begriffe in ihrer Summe eine gewisse konzeptuelle Breite ab, letztlich widerspiegeln sie aber auch das Forschungsinteresse dessen, der sie ausgewählt hat. Wenn dieses Buch daher im Folgenden über Verbindungen, Raum, Zeit, Akteure, Strukturen und Transit spricht, so ist dies nicht als Versuch der Kanonbildung zu verstehen, sondern als beispielhafte Annäherung an ein Interessenfeld. Diesem Buch geht es immer mehr um das wie als um das was.

Ebenso wenig sollte man die folgenden Kapitel als Einführung völlig neuer Begrifflichkeiten und revolutionärer Interpretationen verstehen. Im Gegenteil, vielleicht mit Ausnahme der Idee des Transits handelt es sich um in den Geistes- und Sozialwissenschaften hinlänglich bekannte und bestens eingeführte Begriffe. Was dieses Buch versucht zu leisten, ist eine Zuspitzung dieser

Begriffe und ihre Fruchtbarmachung für globalhistorische Untersuchungen. Auch wenn in manchen Fällen, am deutlichsten vielleicht bei der Verbindung und beim Transit, einige Vorschläge gemacht werden, wie man diese Begriffe umdeuten könnte, so handelt es sich in keinem Fall um eine tiefgreifende Neuinterpretation etablierter Konzepte. Im Mittelpunkt stehen eher Fragen der Konzeptualisierung und Systematisierung bei gleichzeitiger Sorge um die analytische Anwendbarkeit, die für jeden Begriff auch anhand eines eigenen Fallbeispiels ausführlich demonstriert wird. Während die ausgewählten Konzepte aus unterschiedlichen Kontexten kommen und hinsichtlich ihres Abstraktionsniveaus nicht unbedingt auf einer Stufe stehen, so haben sie – zumindest wie sie in diesem Buch verwendet werden – gemeinsam, dass sie genau auf dem Grat zwischen Theorie und Empirie balancieren. Das heißt, meine Vorschläge zur Interpretation dieser Begriffe zielen darauf, soweit abstrakt und generalisierbar zu sein, dass über die einzelne Fallstudie hinaus Aussagen möglich werden und ein anschlussfähiger Beitrag zu den Fragen der Globalgeschichte bzw. der Geschichtswissenschaft allgemein erkennbar ist. Gleichzeitig aber sollen die Begriffe ihre Operationalisierbarkeit behalten und auf die jeweiligen Beispiele erkenntnisleitend anwendbar sein. Ein solches Begriffsverständnis gibt uns analytische Begriffe im eigentlichen Wortsinn an die Hand – also Ideen und Konzepte, mit deren Hilfe man einen Untersuchungsgegenstand in seine Einzelteile zerlegen kann, gleichzeitig aus dem Studium dieser Einzelteile aber auch Rückschlüsse auf den Untersuchungszusammenhang und seine größeren Mechanismen ziehen kann. Diese Ausrichtung und Zielsetzung ist den hier ausgewählten Begriffen gemeinsam.

Ein erster Abschnitt widmet sich dem auch in diesem einleitenden Kapitel bereits besprochenen Begriff der globalen Verbindung und identifiziert diesen als Grundbeobachtungselement der Globalgeschichte. Dem zentralen Erkenntnisinteresse des Forschungsfeldes, also der Entstehung und Wirkmächtigkeit globaler Verbindungen, nachspüren zu wollen, verlangt ein differenzierteres Verständnis des Verbindungsbegriffs als dies selbst in der Globalgeschichtsforschung zumeist vorhanden ist. Verbindungen dürfen daher nicht nur von ihren Enden her gedacht werden, sondern müssen als eigenständige historische Phänomene erstgenommen werden – ein Punkt, der später in der Idee des Transits wieder aufgenommen wird. Zudem entfalten globale Verbindungen ihre Bedeutung erst im Zusammenspiel mit anderen Verbindungsarten. Das sind die zentralen Argumente der Diskussion des Verbindungsbegriffs, die in der Folge anhand des Beispiels des sogenannten „großen Mondschwindels" von 1835 ihre Anwendung finden. Im Sommer dieses Jahres veröffentlichte die New Yorker Zeitung *Sun* eine Reihe von Artikeln, in denen detailliert geschildert wurde, wie der angesehene britische Astronom Sir John Herschel mit Hilfe eines riesigen Teleskops menschenähnliches Leben auf dem Mond entdeckt hätte. Tatsächlich stammte der Text vom Chefredakteur der *Sun* Richard Adams Locke, der mit dem Schwindel vor allem die Auflage seiner Zeitung steigern wollte. Trotz so mancher Zweifel verfing der in vielerlei Hinsicht täuschend echt wirkende Bericht aber bei vielen Lesern, wurde in die ganze Welt hinausgetragen und von unzähligen Menschen enthusiastisch aufgenommen. Ich versuche in diesem Abschnitt aufzuzeigen, dass das Funktionieren des Mondschwindels unter anderem eine Konsequenz von Lockes geschicktem Spiel mit globalen Verbindungen und Nicht-Verbindungen war, die in ihrem Zusammenspiel eine neue, ungewohnte Situation und damit einen unerprobten Handlungsspielraum schufen.

Die beiden folgenden Kapitel schöpfen, was die Fallstudien angeht, aus der Geschichte der Telegrafie, die sich in besonderem Maße dazu eignet, die analytischen Qualitäten der Begriffe Raum und Zeit zu illustrieren. Im Abschnitt über den Raum versuche ich zu zeigen, dass sich die Art und Weise, wie globale Verbindungen wirkmächtig werden, mit Hilfe eines pluralen, relationalen Raumverständnisses verdeutlichen lässt. Als relationale Konstrukte bestehen Räume aus Verbindungen. Kommen globale oder transregionale Verbindungen hinzu, verändern sich Räume und verschieben sich dadurch in ihrem Verhältnis zu anderen Räumen.

In dieser Verschiebung, so das zentrale Argument, manifestiert sich die qualitative Bedeutung von globalen Verbindungen und Globalisierungsprozessen für die involvierten Akteure. Deutlich spürbar wird dies zum Beispiel in der räumlichen Spannung, in der Telegrafisten in manchen Kabelstationen Anfang des 20. Jahrhunderts ihren Dienst verrichteten. Viele dieser Relaisstationen befanden sich in scheinbar idyllischen, geografisch aber weit abgelegenen Orten – etwa auf kleinen Inseln im Indischen oder Pazifischen Ozean. Das dort stationierte Personal erlebte die Gleichzeitigkeit gänzlich unterschiedlicher Räume tagtäglich in der Diskrepanz zwischen enger kommunikativer und loser geografischer Anbindung an die Welt. Zu welchen ungewöhnlichen Handlungs- und Ereignishorizonten, zu welcher eigenen Wahrnehmung der Welt das führen konnte, versuche ich anhand der deutschen Angriffe auf die britischen Kabelstationen auf Fanning Island und den Kokosinseln zu Beginn des Ersten Weltkriegs nachzuzeichnen.

Die Idee der Zeit ist von jener des Raums kaum losgelöst zu denken. Ähnlich wie dies auch bei einem dynamischen Verständnis von Raum der Fall ist, geht Zeit als soziokulturelles Phänomen aus den zeitlichen Beziehungen zwischen verschiedenen Akteuren, Objekten, Ideen oder Ereignissen hervor. Globale Verbindungen und Austauschprozesse wirken sich auch auf zeitliche Beziehungen aus und werden so für einzelne Akteure oder auch für ganze Gesellschaften spürbar. Das zeigt sich zum einen in einem sich verschiebenden Verhältnis zwischen Raum und Zeit, das ich anhand einiger Beispiele von telegrafischem Betrug in der Mitte des 19. Jahrhunderts zu illustrieren versuche. Wir kennen viele Fälle, in denen es Betrügern auf die eine oder andere Weise gelungen ist, mit Hilfe der Telegrafie entweder früher als alle anderen an wichtige Informationen zu kommen oder aber andere mit falschen Informationen zu füttern. So schufen sie kleine Zeitfenster, in denen sie selbst als einzige von einem bestimmten Wissen profitieren konnten. Globale Verbindungen haben sich aber auch im individuellen und kollektiven Zeitempfinden der Menschen niedergeschlagen. Dies wird neben vielen anderen Beispielen etwa im Handeln und Denken eines britischen Telegrafenbeamten in Indien deutlich, dessen Zeiterleben maßgeblich durch das für ihn neue Gefühl allzeitiger Erreichbarkeit geprägt wurde – eine Tatsache, mit der er im Übrigen heftig haderte.

In den beiden darauffolgenden Abschnitten werden die sozial- und kulturwissenschaftlichen Leitbegriffe Akteur und Struktur – und damit auch deren Verhältnis – auf globalhistorische Untersuchungszusammenhänge umgelegt. In der Diskussion des Akteursbegriffs will ich zum einen zeigen, wie menschliche Akteure solche Strukturen navigieren können, lege das Augenmerk aber vor allem auf die Frage, wie die Akteure durch ihre Handlungen globale Verbindungen schaffen und dadurch selbst zu Scharnieren zwischen verschiedenen Räumen werden. Veranschaulicht wird dies anhand der berühmt-berüchtigten Meuterei auf der *Bounty* des Jahres 1789. In diesem unerhörten Ereignis auf einem kleinen Schiff mitten im Pazifik liefen die verschiedensten Handlungs- und Interpretationsstränge zusammen und machten die Meuterei damit erst möglich. Die Empfindungen und Handlungen der involvierten Menschen waren dabei von den Erfahrungen und Erwartungen völlig unterschiedlicher Gebiete und Gegenstände geprägt, die in den Akteuren selbst zusammenkamen. Die sozioökonomische Situation auf den britischen Plantagen in der Karibik spielte dabei ebenso eine Rolle wie das europäische Bild der Südsee oder die *Bounty* als Lebensraum.

Im Kapitel zu Strukturen versuche ich zu erörtern, wie globale Verbindungsmuster durch die Handlungen von Akteuren entstehen und gleichzeitig handlungsleitend und damit verfestigend auf diese zurückwirken können. Als Fallbeispiel dient dabei die verkehrstechnische Bezwingung des Mont Cenis. Das Bergmassiv, das schon immer den Waren- und Personenverkehr zwischen Savoyen und dem Piemont beeinträchtigt hatte, wurde Mitte des 19. Jahrhunderts von einem eher regionalen zu einem globalen Verkehrshindernis. Mit dem Aufkommen der Dampfschifffahrt, der Erweiterung des Eisenbahnnetzes in Europa und schließlich dem Bau des Suezkanals stellte der Mont Cenis plötzlich das einzige größere verbleibende Hemmnis für den Verkehr zwischen Großbritannien und Indien dar. Daraus resultierte ein erheblicher struktureller Druck, auch dieses letzte Hindernis zu beseitigen. Dieser Druck führte schließlich nicht nur zum Graben eines Tunnels, sondern auch zum Bau einer waghalsigen Eisenbahn über den Berg.

Ein letztes inhaltliches Kapitel ist dem Begriff des Transits gewidmet. Hier nehme ich einige Gedanken aus den vorhergehenden Abschnitten – insbesondere aus der Diskussion des Verbindungsbegriffs – auf und versuche diese zusammenzuführen. Die Idee des Transits geht davon aus, dass Verbindungen tatsächlich etwas anderes sind als das Verbundene, die Globalgeschichte diesen Sachverhalt aber weitestgehend übergangen hat. Globale Verbindungen haben ihren eigenen Raum und ihre eigene Zeit. Sie sind keine neutralen Zwischenglieder zwischen zwei oder mehreren verbundenen Punkten, sondern wirken als Mediatoren. Die Idee des Transits versucht diese Wirkmächtigkeit über die Rekombination des Verbunden hinaus begrifflich zu fassen. Zur Verdeutlichung dient das Beispiel der Flucht und schlussendlichen Gefangennahme von Hawley Harvey Crippen im Jahr 1910. Crippen wurde in London des Mordes an seiner Frau verdächtig, konnte aber zusammen mit seiner Geliebten vor der drohenden Festnahme fliehen. Die beiden schifften sich auf dem Dampfer *Montrose* ein, der sie von Antwerpen nach Montreal bringen sollte. Die vermeintliche Überfahrt in die Freiheit entwickelte sich aber zu einem „Käfig aus Glas", in welchem die beiden Flüchtigen, sozusagen gefangen in der Passage, einer interessierten Weltöffentlichkeit präsentiert wurden. In dieser Fallstudie wird die Bedeutung des Zusammenspiels unterschiedlichster Verbindungsarten ebenso wie die eigene räumliche und zeitliche Dimension der Verbindung im Transit besonders spürbar.

Die Auswahl der hier vorgestellten Fallstudien ist in keiner Weise zwingend. Vielmehr spiegelt ihre Zusammenstellung meine eigenen Forschungsinteressen, meinen Zugang zum Fach und auch meine Zufallsfunde der letzten Jahre wider. Nur deshalb stammen die Beispiele allesamt aus dem sogenannten „langen 19. Jahrhundert“, dessen zeitliche Spanne ich aber immerhin versucht habe weitestgehend auszuschöpfen. Nur deshalb haben alle Beispiele einen mal mehr, mal weniger ausgeprägten Bezug zum britischen Weltreich. Nur deshalb kommen sie aus einem europäischen oder europäisch-kolonialen Zusammenhang. Nur deshalb spielen Themen wie die Telegrafie oder die Dampfschifffahrt eine überproportional große Rolle. Die Auswahl ist damit Spiegel der beschränkten Möglichkeiten meines eigenen Repertoires und nicht etwa eine zwingende Folge des analytischen Zugangs. Im Gegenteil, alle vorgestellten Konzepte hätten sich auch auf unzählige andere Untersuchungszusammenhänge aus anderen Epochen und anderen Kulturen anwenden lassen. Genau das ist einer der zentralen Punkte des hier vorgestellten Verständnisses von Globalgeschichte.

Verbindungen

Der große Mondschwindel

Verbindungen in der Globalgeschichte

Christopher Baylys grundlegendes Werk über die Geburt der modernen Welt trägt im englischen Original den Untertitel *Global connections and comparisons.*[1] Daran direkt oder indirekt anschließend ist in der Folge häufig ein historiografischer Zugang der Globalgeschichte insgesamt beschrieben worden, in dessen „Mittelpunkt [...] grenzüberschreitende Prozesse, Austauschbeziehungen, aber auch Vergleiche im Rahmen globaler Zusammenhänge"[2] stehen, wie Sebastian Conrad es in seiner deutschsprachigen Einführung in die Globalgeschichte zusammenfasst. Patrick O'Brien hat dieselbe Definition in seinem Prolegomenon zur ersten Ausgabe des *Journal of Global History* im Jahr 2006 unternommen.[3] Hierzu ist grundlegend anzumerken, dass die Begriffe Verbindung (*connection*) und Vergleich (*comparison*) hinsichtlich ihrer Bedeutung in der Geschichtswissenschaft von gänzlich unterschiedlicher Natur sind. Der Vergleich ist eine Methode und damit ein Untersuchungsinstrument.[4] Damit bleiben globale Verbindungen als

1 *Christopher Bayly*, The Birth of the Modern World, 1780–1914. Global Connections and Comparisons. Oxford 2004.

2 *Sebastian Conrad*, Globalgeschichte. Eine Einführung. (Beck'sche Reihe, Bd. 6079.) München 2013, 9.

3 *Patrick O'Brien*, Historiographical Traditions and Modern Imperatives for the Restoration of Global History, in: Journal of Global History 1/1, 2006, 3–39, 4.

4 Über die Eignung des Vergleichs als Methode in einem globalhistorischen, verflechtungsgeschichtlichen Zusammenhang wird im Übrigen kontrovers diskutiert. So argumentieren beispielsweise die Vertreter der *histoire croisée*, dass miteinander verflochtene Gegenstände mit der Methode des Vergleichs gar nicht adäquat untersucht werden könnten. Vgl. *Michael Werner/Bénédicte Zimmermann*, Beyond Comparison. Histoire Croisée and the Challenge of Reflexivity, in: History and Theory 45/1, 2006, 30–50.

grundlegende Untersuchungseinheiten der Globalgeschichte. Sie sind die Bausteine für jede Form von Kontakt, Austausch und Vernetzung. Ein zentrales Interesse gilt dabei Fragen nach der Entstehung solcher Verbindungen und nach ihrer Bedeutung für die historischen Akteure. Sie werden als geschichtsmächtig identifiziert und hinsichtlich ihrer Bedeutung innerhalb der wirtschaftlichen, sozialen oder kulturellen Entwicklungszusammenhänge einer bestimmten Region oder Zeit untersucht. Im Zentrum eines solchen Zugangs steht die Überzeugung, dass wir eben das Denken und Handeln historischer Akteure – und damit die Geschichte selbst – nicht verstehen und erklären können, wenn wir nicht auch die überregionalen Verbindungen, ihre lokalen Manifestationen und ihr Zusammenspiel mit intrinsischen Faktoren verstehen.

Transregionale Verbindungen sind demnach die Grundbeobachtungselemente der Globalgeschichte. Sie sind zentrale Elemente in einflussreichen Konzepten wie dem Transfer[5], der *connected* oder *entangled history*[6] oder der *contact zone*.[7] Kaum eine globalhistorische Untersuchung kommt ohne den Begriff der Verbindung aus. Und auch in den verschiedenen, in diesem Buch behandelten Beispielen stehen sie analytisch im Mittelpunkt. Sie werden durch

5 Vgl. Michel Espagne/Michael Werner (Hrsg.), Transferts. Les relations interculturelles dans l'espace franco-allemand (xviiie–xixe siècles). Paris 1988.

6 Vgl. *Shalini Randeria*, Geteilte Geschichte und verwobene Moderne, in: Jörn Rüsen/Hanna Leitgeb/Norbert Jegelka (Hrsg.), Zukunftsentwürfe. Ideen für eine Kultur der Veränderung. Frankfurt am Main 1999, 87–95; *Sanjay Subrahmanyam*, Connected Histories. Notes towards a Reconfiguration of Early Modern Eurasia, in: Modern Asian Studies 31/3, 1997, 735–762; *Shalini Randeria/Sebastian Conrad*, Geteilte Geschichten. Europa in einer postkolonialen Welt, in: dies. (Hrsg.), Jenseits des Eurozentrismus. Postkoloniale Perspektiven in den Geschichts- und Kulturwissenschaften. Frankfurt am Main 2002, 9–49; *Angelika Epple/Olaf Kaltmeier/Ulrike Lindner* (Hrsg.), Entangled Histories. Reflecting on Concepts of Coloniality and Postcoloniality. (Comparativ, Bd. 21/1.) Leipzig 2011, 7–104.

7 Zum Begiff der *contact zone* vgl. *Mary Louise Pratt*, Imperial Eyes. Travel Writing and Transculturation. London 1992.

Akteure geschaffen (siehe Meuterei auf der *Bounty*), in Strukturen gegossen und wirken so auf die Akteure zurück (siehe Mont Cenis). Sie schaffen neue Räume und zeitliche Gefüge (siehe Telegrafie). Globale Verbindungen sind also unzweifelhaft von ganz zentraler Bedeutung hinsichtlich des Erkenntnisinteresses der Globalgeschichte.

Dieser Umstand verweist gleichzeitig aber auf ein Grundproblem der Globalgeschichte: Jede Form menschlichen Denkens und Handelns ist in ein komplexes Muster von Verbindungen und Austauschprozessen eingebettet. Jede Form sozialer Organisation beruht grundlegend darauf. Zwischenmenschliche Verbindungen und Interaktionen bilden die Basis jeglicher Form von Vergesellschaftung. Damit ist jede humanwissenschaftliche Disziplin automatisch und immer mit der Bedeutung solcher Verbindungen beschäftigt – auch und ganz besonders die Geschichtswissenschaft. Für die Globalgeschichte ergibt sich daraus, dass ihr Zugang etablierte Ansätze nicht durch einen Fokus auf *Verbindungen* komplementiert, sondern durch die Beschäftigung mit *transregionalen, globalen* Verbindungen. Die entscheidende Frage ist demnach, was solche globalen Austauschprozesse und die damit verbundenen Grenzüberschreitungen in theoretischer Hinsicht von anderen Verbindungsarten unterscheidet. Warum und wie müssen Interaktionen über lange Distanzen und über Grenzen hinweg anders gedacht, anders untersucht werden? Inwiefern unterscheiden sie sich hinsichtlich des Denkens und Handelns der jeweiligen Akteure konzeptuell von den grundlegenden Verbindungsmustern jeder Gemeinschaft? Diese Fragen mögen zunächst trivial erscheinen, die Antworten darauf selbstevident. Das Nachdenken darüber aber zwingt uns, unser gängiges Konzept von Verbindungen analytisch zu schärfen und zu fragen, wie sich Faktoren wie räumliche Distanz, nationale Grenzen oder kulturelle Unterschiede – um nur einige zu nennen – diesbezüglich auswirken.

Bisher wurden globale Verbindungen in der Globalgeschichte kaum konzeptualisiert und dadurch gibt es auch wenig bewusste Auseinandersetzung mit dem oben skizzierten Problem. Auch wenn der Begriff der Verbindung in der einschlägigen Forschung omnipräsent ist, so wird er zumeist deskriptiv verwendet. Das macht es schwierig, sich zu diesen wichtigen Fragen zu verhalten. Diese konzeptuelle Lücke ist in der Hauptsache wahrscheinlich eine Konsequenz unserer Perspektive auf Verbindungen. Hier sind insbesondere zwei Punkte erwähnenswert. Erstens denken wir Verbindungen zumeist von ihren Enden her. Wir denken an die Menschen, Orte oder Dinge, die in Verbindung miteinander stehen oder in Verbindung gebracht werden. Dort suchen wir nach den Effekten von Kontakt und Austausch und untersuchen selbige als Faktoren menschlichen Denken und Handelns. Das heißt der Fokus der Globalgeschichte liegt hauptsächlich eigentlich auf dem Verbundenen, nicht auf der Verbindung selbst. Verbindungen werden zumeist als quasi neutrale Zwischenglieder gesehen. Diesen Punkt werde ich vor allem anhand des Begriffes Transit in der sechsten Fallstudie aufnehmen und detaillierter diskutieren.

Zweitens denken wir Verbindungen binär, als eins oder null, als existent oder nicht existent. Globalgeschichtliche Forschung ist in vielen Fällen auf den Nachweis einer Verbindung zwischen Gegenständen konzentriert, die man bisher als nicht verbunden wahrgenommen hat. Tatsächlich aber wird ein solcher Ansatz der Komplexität historischer Sachverhalte nicht gerecht. Verbindungen treten immer im Plural auf und verhalten sich zueinander. Beziehungen zwischen einzelnen Akteuren und deren Gemeinschaften basieren immer auf einem ganzen Bündel verschiedener Verbindungsformen. Globale Verbindungsbündel müssen große Distanzen überbrücken und überschreiten in diesem Zusammenhang häufig verschiedenste Arten von Grenzen oder Hindernissen. Das beeinflusst manche Verbindungsarten aus dem Bündel mehr als andere. Einige funktionieren besser über kurze Distanzen, manche überschreiten Grenzen, andere nicht. Im Vergleich zu lokalen Verbindungen verändert sich das Zusammenspiel der einzelnen Verbindungen, was auf deren Qualität zurückwirkt. Die Zusammensetzung eines solchen Verbindungsbündels variiert nicht nur von Situation zu Situation, sie unterscheidet somit auch globale von lokalen Austauschprozessen. Man könnte sagen globale und lokale Verbindungen differieren (abhängig natürlich auch vom jeweiligen historischen Kontext) im Zusammenspiel von verschiedenen Verbindungen und Nicht-Verbindungen in solch einem Bündel.

Will die Globalgeschichte auf produktive und analytisch solide Weise der Rolle von transregionalen Verbindungen in der Geschichte nachspüren und deren Bedeutung präzise ausloten, so benötigt sie zumindest auf diesen beiden Ebenen ein differenziertes, anschlussfähiges Verständnis von Verbindungen. Erstens muss sie Verbindungen als eigenständige historische Phänomene ernstnehmen, die einen eigenen Raum und eine eigene Zeit aufweisen. Sie muss Verbindungen als Mediatoren und nicht als Zwischenglieder, um Begriffe aus der Akteur-Netzwerk-Theorie zu bemühen, betrachten und zu einer integrierten Untersuchung von Verbindung und Verbundenem kommen. Wie dies aussehen könnte, wird im Abschnitt zum Transit anhand einer konkreten Fallstudie nachvollzogen. Zweitens muss die Globalgeschichte aber auch die Pluralität und Vielschichtigkeit von globalen Verbindungen in den Blick nehmen. Das folgende Beispiel ist der Versuch, diese Vielschichtigkeit und ihre Bedeutung für das Denken und Handeln historischer Akteure empirisch zu illustrieren. Es soll unter anderem gezeigt werden, dass globale Verbindungen sich im 19. und 20. Jahrhundert nicht nur stetig verfestigen, sondern auch instabil, gefühlt, eingebildet, vage oder unterbrochen sein können und deshalb nicht an Bedeutung für das Denken und Handeln der Menschen verlieren. Verdeutlichen lässt sich dies zum Beispiel am sogenannten „großen Mondschwindel" des Jahres 1835 und seiner Rezeptionsgeschichte.

Im April 1836 fühlte sich der Herausgeber der Londoner *Athenaeum* – einer Zeitschrift für Literatur, Wissenschaft und Kunst – verpflichtet, sein gebildetes Publikum über den Wahrheitsgehalt kürzlich verbreiteter Mondbeobachtungen aufzuklären:

> The absurd accounts lately referred to in our daily papers, about some extraordinary discoveries made by Sir John Herschel, are now said to have been originally put forth in America. How this may be, we know not, but a correspondent has obligingly forwarded to us copies of the *Granada Free Press* newspaper, in which we find a „full, true, and particular" report, professedly copied „from a Supplement to the Edinburgh Journal of Science," […] [t]he papers are admirably written, and we would willingly have given our readers a taste of their quality, but it would have required more space than we could conscientiously spare for a mere joke.[8]

Für die gelehrten Leser des *Athenaeum* war sie also bestenfalls ein gutgeschriebener Scherz, die unglaubliche Geschichte, die sich seit Monaten von Nordamerika ausgehend über die Karibik[9] nach Europa und darüber hinaus verbreitete. Für unsere Zwecke aber ist sie aus verschiedenen Gründen ein besonders geeignetes Fallbeispiel. Erstens ist diese sogenannte *Great Moon Hoax* selbst in vielerlei Hinsicht ein globales Phänomen. Die Geschichte breitete sich von New York über große Teile der Welt aus, wurde breit rezipiert und diskutiert. Zudem verweist das große Interesse an der Mondbeobachtung und an der Astronomie auch auf eine gewisse globalisierte Selbstwahrnehmung der Zeitgenossen im frühen 19. Jahrhundert. Die Beobachtung des Extraterrestrischen machte für sie die Weltgemeinschaft besonders deutlich. Zweitens und noch wichtiger brechen sich im Mondschwindel des Jahres 1835 verschiedenste Ebenen der Verbindungsgeschichte. Der Schwindel konnte nur dank des geschickten Spiels mit globalen Verbindungen und Nicht-Verbindungen, die in einem Verbindungsbündel

---

8 *Charles Wentworth Dilke*, Extraordinary Discoveries by Sir John Herschel, in: Athenaeum 440 vom 2. April 1836, 244.

9 Der Herausgeber des *Athenaeum* meinte mit *Granada Free Press* aller Wahrscheinlichkeit nach die *Grenada Free Press* der gleichnamigen britischen Kolonie in den Antillen.

zusammenwirkten, überhaupt funktionieren. Diese globale Anatomie der *moon hoax* soll im Folgenden exemplarisch beleuchtet werden.

Der Mond ...

Am Freitag, 21. August 1835, druckte die New Yorker Tageszeitung *Sun* auf Seite 2 ein Sammelsurium von insgesamt 27 verschiedenen Kurznachrichten oder Informationen in eigener Sache.[10] In diesen Meldungen versteckt und direkt nach dem Hinweis, dass die Redaktionsräume der *Sun* kürzlich umgezogen wären, geschaltet, fand sich dort folgende Nachricht:

> *Celestial Discoveries.* – The Edinburgh Courant says – „We have just learnt from an eminent publisher in this city that Sir John Herschel, at the Cape of Good Hope, has made some astronomical discoveries of the most wonderful description, by means of an immense telescope of an entirely new principle."[11]

Einer damaligen gängigen Praxis folgend zitierte das New Yorker Blatt im Wortlaut aus einer schottischen Zeitung – oder gab zumindest vor, das zu tun. Man verwies auf den *Edinburgh Courant,* welcher von einem Verleger gehört hätte, dass der berühmte britische Astronom John Herschel (Abb. 1) mit Hilfe eines riesigen Teleskops bahnbrechende astronomische Entdeckungen gemacht hätte. Auf die Natur dieser Entdeckungen oder deren genauere Umstände ging man nicht ein. Es folgte auch kein Hinweis darauf, dass zu diesem Sachverhalt weitere Ausführungen zu erwarten

10 *Matthew Goodman,* The Sun and the Moon. The remarkable true Account of Hoaxers, Showmen, Dueling Journalists, and Lunar Man-Bats in Nineteenth-Century New York. New York 2008, 136.

11 *Richard Adams Locke,* Celestial Discoveries, in: The Sun vom 21. August 1835, 2.

Abbildung 1: Sir John Herschel, fotografiert von Julia Margaret Cameron April 1867.

seien. Diese wenigen Zeilen waren alles, was die *Sun* an diesem Freitag zu der Angelegenheit zu sagen hatte.

Es ist anzunehmen, dass die Leserschaft der Freitagsausgabe den Zeilen erst einmal wenig Bedeutung beigemessen hat – vorausgesetzt, dass sie überhaupt von einem größeren Leserkreis wahrgenommen wurden. Die *Sun* war das erste *penny paper* in den Vereinigten Staaten und wurde vor allem von Zeitungsjungen auf der Straße verkauft. Ihre Leser waren üblicherweise mehr am illustren Tagesgeschehen in und um New York interessiert als an den neuesten wissenschaftlichen Entdeckungen. Daher war der kurze Hinweis auf *celestial discoveries* wohl nur zum Teil als freitäglicher Teaser gedacht, der Spannung erzeugen und die Neugierde der Leserschaft wecken sollte. Vielmehr war er Teil eines durchdachten Täuschungsmanövers, das den später folgenden Artikeln in der Retrospektive zusätzliche Glaubwürdigkeit verleihen sollte. Mit der unscheinbaren Nachricht startete die *Sun* am 21. August 1835 die *Great Moon Hoax*, den sogenannten „großen Mondschwindel", der nicht nur in der New Yorker Öffentlichkeit auf riesiges Interesse stieß, sondern auch weit in den amerikanischen Westen und sogar nach Europa weitergetragen wurde.

Vier Tage später am Dienstag, 25. August, druckte die *Sun* den ersten von sechs langen Artikeln zum Thema.[12] Der Text selbst wurde direkt auf der ersten Seite platziert und füllte diese aufgrund seiner beträchtlichen Länge auch zum Großteil. Erst auf der zweiten Seite folgte eine kurze Erklärung der Redaktion:

> We this morning commence the publication of a series of extracts from the new Supplement to the Edinburgh Journal of Science, which have been very politely furnished us by a medical gentleman immediately from Scotland, in consequence of a paragraph which appeared on Friday last from the *Edinburgh Courant*. The portion which we publish to day is introductory to celestial discoveries of higher and more universal interest than any, in any science yet known to the human race.[13]

---

12 *Richard Adams Locke/Joseph Nicolas Nicollet*, The Moon Hoax; or, a Discovery that the Moon Has a Vast Population of Human Beings. New York 1859.

13 *Richard Adams Locke*, Great Astronomical Discoveries. Lately Made By

Die Erklärung verwies auf die kurze Notiz vom 21. August und brachte nun neben dem *Edinburgh Courant* vor allem das *Edinburgh Journal of Science* ins Spiel, aus dessen Beiheft die Serie von Artikeln stamme. Der Titel des Haupttexts auf der Frontseite wies ebenfalls deutlich auf die Provenienz des folgenden Textes hin: *GREAT ASTRONOMICAL DISCOVERIES, LATELY MADE BY SIR JOHN HERSCHEL, L. L. D. F. R. S. &c. At the Cape of Good Hope [From Supplement to the Edinburgh Journal of Science.]*[14] Darauf folgte der eigentliche Text, welcher der üblichen Praxis folgend nicht paraphrasierte, sondern den angeblichen Inhalt des *Edinburgh Journal of Science* im Originalwortlaut wiedergab:

> In this unusual addition to our Journal, we have the happiness of making known to the British publick, and thence to the whole civilized world, recent discoveries in Astronomy which will build an imperishable monument to the age in which we live[.][15]

Allerdings verrieten die zahlreichen verbleibenden Zeilen dieses ersten Berichtsteils noch sehr wenig von den bahnbrechenden Entdeckungen selbst. Vielmehr diente der Text als vielschichtige Vorbereitung der späteren Folgen, die einerseits einen Spannungsbogen aufbaute, vor allem aber ein breites Fundament für die Glaubwürdigkeit der kommenden Ausführungen legte. Eine zentrale Rolle in diesem Zusammenhang spielte ein technisch völlig neuartiges, riesiges Teleskop, das John Herschel entwickelt haben sollte, und das die angedeuteten Entdeckungen überhaupt erst möglich gemacht habe. In einem chronologischen Vorgriff hieß es schon früh im Text, Herschel hätte, nachdem er das Teleskop schließlich aufgebaut und eingestellt hatte, für einige Stunden

---

Sir John Herschel, L. L. D. F. R. S. &c. At the Cape of Good Hope [From Supplement to the Edinburgh Journal of Science.], in: The Sun vom 25. August 1835, 2.

14 Ebd., 1.

15 Ebd.

feierlich innegehalten, bevor er seine Himmelsbeobachtungen begann, um sich geistig auf seine großartigen Entdeckungen vorzubereiten.[16] Der Autor des Artikels nahm dieses Innehalten stilistisch immer wieder auf – „And well might he pause!" –, um die überwältigende Natur von Herschels angeblichen Erkenntnissen zu unterstreichen, ohne schon zu viel darüber zu verraten. Erst im folgenden Absatz gab es schließlich einen ersten konkreten Hinweis auf die Sensation:

> [T]he younger Herschel, at his observatory in the Southern Hemisphere, has already made the most extraordinary discoveries in every planet of our solar system; has discovered planets in other solar systems; has obtained a distinct view of objects in the moon, fully equal to that which the naked eye commands of terrestrial objects at the distance of hundred yards; has affirmatively settled the question whether this satellite be inhabited, and by what order of things; has firmly established a new theory of cometary phenomena; and has solved or corrected nearly every leading problem of mathematical astronomy.[17]

Versteckt zwischen vielen Punkten von astronomischem Fachinteresse, fand sich hier die eigentliche Sensation angedeutet. Herschel hätte die Frage nach Leben auf dem Mond – eine Frage, die im Rahmen der damals wogenden Debatte um extraterrestrisches

16 „We are assured that when the immortal philosopher to whom mankind is indebted for the thrilling wonders now first made known, had at length adjusted his new and stupendous apparatus with the certainty of success, he solemnly paused several hours before he commenced his observations, that he might prepare his own mind for discoveries which he knew would fill the minds of myriads of his fellow-men with astonishment, and secure his name a bright, if not transcendent conjunction with that of his venerable father to all posterity." Ebd.

17 Ebd.

Leben[18] gerade sehr aktuell war – definitiv beantwortet. Darüber, wie seine Antwort aussah, konnten die Leser zu diesem Zeitpunkt aber nur spekulieren, denn der lange Rest des Textes beschäftigte sich praktisch ausschließlich mit den technischen Voraussetzungen für Herschels Forschungsergebnisse und deren Vermittlung. Zuerst wurde ein gewisser Dr. Andrew Grant vorgestellt, eine, wie sich später herausstellen sollte, frei erfundene Figur – ein Astronom, der beim Vater William Herschel gelernt habe und nun die rechte Hand des Sohnes John Herschel sei. Auf Grants Informationen aus erster Hand, die er mit der ausdrücklichen Erlaubnis Herschels weitergegeben habe, würde dieser Bericht beruhen. Der gesamte Rest des ersten Artikels widmete sich dann ausschließlich der Erfindung und Entwicklung von Herschels neuartigem Teleskop, das in exzessiver technischer Detailliertheit beschrieben wurde. Der tatsächliche Autor des Artikels verstand offensichtlich genügend von Optik und Astronomie, um hier an den Stand von Technik und Wissenschaften anschließen zu können und die Entwicklung eines Teleskops mit einer sieben Tonnen schweren Linse und 42.000facher Vergrößerungskraft halbwegs plausibel zu schildern. Der Text endete damit anzumerken, dass Herschel schon während der Konstruktion des Teleskops so überzeugt von dessen Kapazität war, „that he expressed confidence in his ultimate ability to study even the entomology of the moon, in case she contained insects upon her surface." Der Artikel schloss mit dem Versprechen: „To be continued."[19]

Schon einen Tag später am 26. August wurde dieses Versprechen eingelöst. Nach längeren Abschnitten, die die Hintergründe von Herschels Aufenthalt am Kap der Guten Hoffnung darlegten und die dortige Installation des Teleskops beschrieben, kam man schließlich zur Schilderung der ersten lunaren Entdeckungen. Bis zum 10. Januar hätte Herschel hauptsächlich den südlichen Ster-

18 Vgl. *Michael J. Crowe*, A History of the Extraterrestrial Life Debate, in: Zygon 32/2, 1997, 147–162.

19 *Locke*, Great Astronomical Discoveries, in: The Sun vom 25. August 1835, 1.

nenhimmel untersucht, bevor er sein Teleskop schließlich auf den Mond richtete – und dort als erstes ein Feld dunkelroter Blumen ausgemacht habe, das Dr. Grant an den heimischen Klatschmohn erinnerte. „[A]nd this was the first organic production of nature, in a foreign world, ever revealed to the eyes of men."[20] Im folgenden Absatz stießen die Astronomen sodann auf Wälder, deren Bäume an Eiben und Tannen erinnerten. Man entdeckte einen See und riesige Quartzformationen, die Grant zuerst für künstlich angelegt (und damit für den Beweis intelligenten Lebens auf dem Mond) hielt, bis Herschel ihn diesbezüglich korrigiert habe. Erst nach weiterer intensiver Suche sei Herschel schließlich auf tierisches Leben gestoßen.

> In the shade of the woods on the south-eastern side, we beheld continuous herds of brown quadrupeds, having all the external characteristics of the bison, but more diminutive than any species of the bos genus in our natural history.[21]

Zudem hätten die Astronomen noch bläuliche Einhörner und pelikanartige Vögel, die nach Fischen tauchten, gesichtet. Schließlich hätte man angesichts dieser großartigen Entdeckungen noch mit dem besten „East India Particular" – einer Madeira-Marke – angestoßen. Der Artikel endete mit dem Hinweis, dass am 13. und 14. Januar noch viele weitere Tiere beobachtet worden wären, die im Folgenden „in the graphic language of our accomplished correspondent" wiedergegeben werden sollten. An dieser Stelle brach der Text mit einem klassischen Cliffhanger und dem üblichen Versprechen einer Fortsetzung ab.[22]

---

20 *Richard Adams Locke,* Great Astronomical Discoveries. Lately Made By Sir John Herschel, L. L. D. F. R. S. &c. At the Cape of Good Hope [From Supplement to the Edinburgh Journal of Science.] [continued from yesterday's Sun], in: The Sun vom 26. August 1835, 1.

21 Ebd.

22 Ebd.

Diese erschien bereits am folgenden Tag und fiel bedeutend kürzer aus als die vorhergehenden Abschnitte. Herschel entdeckte darin weitere Tierarten, insbesondere eine spezielle, lunare Art des Bibers, den Zweibeiner-Biber. Dieser sehe praktisch genauso aus wie seine terrestrischen Verwandten, mit der Ausnahme, dass er keinen Schwanz habe und auf zwei Beinen gehe. Auch ansonsten legte der Biber sehr menschliches Verhalten an den Tag:

> It carries its young in its arms like a human being, and moves with an easy gliding motion. Its huts are constructed better and higher than those of many tribes of human savages, and from the appearance of smoke in nearly all of them, there is no doubt of its being acquainted with the use of fire.[23]

Der Artikel beschrieb dann noch einige weitere geologische, botanische und zoologische Entdeckungen Herschels, die sich in ihrem Neuigkeitswert aber kaum mit dem Biber messen konnten. Der Text schloss mit dem Hinweis, dass Herschel für seine nächsten Beobachtungen einzigartige Erwartungen hätte. Genau da setzte der vierte Abschnitt an, den die *Sun* am darauffolgenden Tag, Freitag, 28. August, abdruckte. Er war sogar noch etwas kürzer als der Vortagestext und damit schnell und leicht zu lesen. Nach den – mit Ausnahme des Bibers – verhältnismäßig wenig aufregenden Textpassagen des Vortages, folgte nun die Klimax. Herschel sei auf menschenähnliche, mit Flügeln ausgestattete Wesen gestoßen (eine zeitgenössische künstlerische Interpretation findet sich in Abb. 2 und 3). Der fiktive Erzähler Dr. Grant hielt fest:

> [W]e were thrilled with astonishment to perceive four successive flocks of large winged creatures, wholly unlike

23 *Richard Adams Locke,* Great Astronomical Discoveries. Lately Made By Sir John Herschel, L. L. D. F. R. S. &c. At the Cape of Good Hope [From Supplement to the Edinburgh Journal of Science.] [continued from yesterday's Sun], in: The Sun vom 27. August 1835, 1.

> any kind of birds, descend with a slow even motion from the cliffs on the western side, and alight upon the plain. They were first noted by Dr. Herschel, who exclaimed, „Now, gentlemen, my theories against your proofs, which you have often found a pretty even bet, we have here something worth looking at[".][24]

Erzählerisch war dieser Abschnitt eindrucksvoll gestrickt. Ohne lange Umschweife und mit nur wenigen technischen Ausführungen wurde dem Leser die Sensation serviert: menschenähnliches Leben auf dem Mond! Gezielt fügte man direkt anschließend noch ein paar Sätze ein, die die Vorstellungskraft der Leserschaft beflügeln sollten. Dr. Grant beschrieb die Fledermausmenschen zuerst in einigem Detail, hielt dann aber inne:

> Our further observation of the habits of these creatures, who were of both sexes, led to results so very remarkable, that I prefer they should first be laid before the public in Dr. Herschel's own work, where I have reason to know they are fully and faithfully stated, however incredulously they may be received. [...] We scientifically denominated them as Vespertilio-homo, or man-bat; and they are doubtless innocent and happy creatures, notwithstanding that some of their amusements would but ill comport with our terrestrial notions of decorum.[25]

Dr. Grant wollte zum Verhalten der Fledermausmenschen an dieser Stelle also nicht mehr sagen und verwies auf Herschel. Damit ließ man der Fantasie der Leser den größtmöglichen Spielraum. Die Anspielungen auf ein ungezwungenes Sexualverhalten der

24 *Richard Adams Locke,* Great Astronomical Discoveries. Lately Made By Sir John Herschel, L. L. D. F. R. S. &c. At the Cape of Good Hope [From Supplement to the Edinburgh Journal of Science.] [continued from yesterday's Sun], in: The Sun vom 28. August 1835, 1.

25 Ebd.

Abbildungen 2 und 3: Illustrationen aus der italienischen Übersetzung des Mondschwindels.

Caccia
Portantina
Toletta
Chiusa
T.a VI

Mondbewohner waren überdeutlich. Es müssten wohl geradezu unglaubliche Dinge sein, die sich da abspielten, wenn selbst Grant nicht darüber sprechen wollte. Zudem sicherten sich die Erfinder der Geschichte gegen Kritik und Unglauben ab, indem man die Detailbeschreibungen aufschob und an Herschel delegierte. Im folgenden Absatz fand sich zudem noch ein Hinweis darauf, dass Herschels eigene Ausführungen gemeinsam mit zertifizierten Berichten von Augenzeugen veröffentlicht würden. Unter diesen Augenzeugen würden sich neben namhaften zivilen und militärischen Persönlichkeiten der Kapkolonie auch „several Episcopal, Wesleyan, and other ministers“[26] befinden.

Was sollte auf die Entdeckung menschenähnlichen Lebens auf dem Mond nun noch folgen? Der fünfte, ebenfalls wieder kurze Abschnitt am 29. August begann verhältnismäßig unspektakulär. Die Oberfläche des Mondes wurde weiter beschrieben – schließlich sei man auf vulkanische Aktivität gestoßen. Herschel habe eine weitere grandiose Theorie entwickelt und gemeint, dass die Umgebung eines Vulkans sicherlich bewohnt sei, da der „flaming mountain“[27] die Anwohner in den langen Nächten mit Licht versorge. Bei eingehenderer Suche sei man zwar nicht auf weitere Lebewesen, aber dafür auf eine architektonisch hochinteressante Tempelanlage gestoßen, die Herschel und seinen Mitarbeitern Rätsel aufgeben würde. Die Mondmenschen waren also offensichtlich religiös. Aber ansonsten stand man vor vielen ungelösten Fragen. Um den Spannungsbogen nochmals über das Wochenende zu halten, ließ man Dr. Grant schließen:

> I by no means despair of ultimately solving not only these but a thousand other questions which present themselves respecting the objects of this planet; for not the millionth

---

26 Ebd.

27 *Richard Adams Locke,* Great Astronomical Discoveries. Lately Made By Sir John Herschel, L. L. D. F. R. S. &c. At the Cape of Good Hope [From Supplement to the Edinburgh Journal of Science.] [continued from yesterday's Sun], in: The Sun vom 29. August 1835, 1.

> part of her surface has yet been explored, and we have been more desirous of collecting the greatest possible number of new facts, than of indulging in speculative theories, however seductive for the imagination.[28]

Der letzte Teil des Berichts erschien schließlich am Montag, dem 31. August. Man bemühte sich, die zuvor geweckten Erwartungen auch zu erfüllen, und griff auch dieses Mal wieder zu einigen erzählerischen Kniffen. Schon zu Beginn berichtete Dr. Grant, dass Herschel in der Nähe des Tempels bald weitere Fledermausmenschen entdeckt hätte – „of larger stature than the former specimens, less dark in color, and in every respect an improved variety of the race."[29] Es gab demnach offensichtlich biologische und damit auch soziokulturelle Unterschiede unter den Mondbewohnern. Auch die nun folgenden Schilderungen Grants thematisierten Einblicke in das Sozialverhalten und damit das gesellschaftliche Gefüge. Dann nahm der Bericht eine weitere dramaturgische Wendung. Erschöpft von all den aufregenden Beobachtungen, hätte man schließlich vergessen, nach getaner Arbeit die Teleskoplinse so zu drehen, dass sie tagsüber kein Sonnenlicht einfangen kann. Die konzentrierten Sonnenstrahlen hätten morgens dann das Gebäude in Brand gesetzt und erheblichen Schaden angerichtet. Nach einwöchigen Reparaturen wäre der Mond erst einmal nicht mehr zu sehen gewesen, weshalb Herschel seine Untersuchungen mit dem Saturn fortgesetzt hätte. Der Text schilderte seine diesbezüglichen Beobachtungen und verwies auch auf die Leistungen von William Herschel, der 1759 immerhin zwei der sieben Saturnmonde entdeckt hätte. Erst als nach bereits recht detaillierten Ausführungen zur Saturnforschung das *Edinburgh Journal of Science* scheinbar ansetzte, noch wissenschaftlicher zu werden, gab die *Sun* vor, einzuschreiten:

---

28 Ebd.

29 *Richard Adams Locke,* Great Astronomical Discoveries. Lately Made By Sir John Herschel, L. L. D. F. R. S. &c. At the Cape of Good Hope [From Supplement to the Edinburgh Journal of Science.] [Concluded.], in: The Sun vom 31. August 1835, 1.

> Having ascertained the mean density of the rings, as compared with the density of the planet, Sir John Herschel has been enabled to effect the following beautiful demonstration. [Which we omit, as too mathematical for popular comprehension. — *Ed. Sun.*][30]

Das schottische Wissenschaftsjournal, aus dem die *Sun* ja scheinbar immer noch wörtlich zitierte, setzte dann nochmals an über die Ringe und Gürtel des Saturn zu dozieren – aber auch hier schritt die Redaktion des *penny paper* ein:

> [[…] But the portion of the work which is devoted to this subject, and to the other planets, as also that which describes the astronomer's discoveries among the stars, is comparatively uninteresting to general readers, however highly it might interest others of scientific taste and mathematical acquirements. — *Ed. Sun.*][31]

Entsprechend schloss der sechste und letzte Teil der Artikelserie damit zu sagen, dass Herschel mit dem Neumond im März endlich seine Mondbeobachtungen hätte fortsetzen können. Der Text endete mit Dr. Grants Bericht über die Entdeckung weiterer Fledermausmenschen und dem abermaligen Verweis auf Herschels eigene Veröffentlichung:

> [W]e found the very superior species of the Vespertilio-homo. In stature they did not exceed those last described, but they were of infinitely greater personal beauty, and appeared in our eyes scarcely less lovely than the general representations of angels by the more imaginative schools of painters. […] I shall, therefore, let the first detailed

30 Ebd.
31 Ebd.

> account of them appear in Dr. Herschel's authenticated natural history of this planet.[32]

Die Redaktion der *Sun* fügte noch an, dass an dieser Stelle das Beiheft des *Edinburgh Journal of Science* enden würde – ausgenommen natürlich die vierzig Seiten „illustrative and mathematical notes"[33], die man den Lesern der Sun ersparen würde.

… und die Sonne

In der kurzen Zusammenfassung des sechsteiligen Berichts im vorigen Kapitel wird nicht nur der Inhalt des sogenannten „großen Mondschwindels" deutlich, sondern auch dessen beindruckende, mit großer Liebe zum Detail vorgenommene Inszenierung. Die *Sun* überfiel ihre Leser nicht mit großartigen Enthüllungen über Leben auf dem Mond, sondern machte lange Tage nur vage Andeutungen. Stattdessen ergingen sich die Autoren der angeblich zitierten schottischen Zeitschrift in ausführlichsten technischen Beschreibungen. Diese bauten sprachlich wie inhaltlich auf dem aktuellen Stand von Wissenschaft und Technik auf. Damit überforderten sie weite Teile der Leserschaft, machten aber wohl gerade deshalb einen glaubwürdigen Eindruck. Zudem rief der Bericht viele weithin bekannte wissenschaftliche Autoritäten an. Neben dem Protagonisten John Herschel wurde dessen berühmter Vater William mehrfach erwähnt. Der schottische Physiker David Brewster wurde namentlich genannt und damit auch indirekt ein Bezug zum *Edinburgh Journal of Science* hergestellt, dessen Herausgeber Brewster bis 1832 gewesen war. Zudem liefen die sechs Teile zwar klar und deutlich auf eine Klimax zu, dennoch aber wurde der Erzählfluss immer wieder von für den Laien wohl eher weniger interessanten Einlassungen zur Topografie des Mondes

32 Ebd.
33 Ebd.

oder technischen Details der Mondbeobachtung unterbrochen.[34] Dies sollte wohl zum einen – ebenso wie die beschriebenen Cliffhanger – die Spannung beim Leser nochmals erhöhen, trug aber sicherlich auch nochmals zur Glaubwürdigkeit des Texts bei. Dazu kamen schließlich die vagen Andeutungen auf Nichtbeschriebenes (vielleicht sogar Unsägliches?), das wenn dann nur von Herschel selbst offenbart werden dürfe.

Der Inhalt des Berichts mochte unglaublich sein, seine Verpackung aber war es nicht. Geschickt baute der Text auf den globalen (im konkreten Beispiel hauptsächlich transatlantischen) Verbindungen der Zeit auf und nutze sie, um glaubhaft zu erscheinen. Viel Zeit und Mühe muss in diesen Text geflossen sein, ebenso wie breite astronomische und physikalische Kenntnisse und ein ausgeprägtes schriftstellerisches Talent, um eine derart überzeugende Inszenierung zu erreichen. Mit großer Wahrscheinlichkeit war der Journalist und damalige Chefredakteur der *Sun* Richard Adams Locke der Verfasser des Texts. Locke hatte seine Autorenschaft nach der Aufdeckung des Schwindels zwar nur indirekt zugegeben, in der Retrospektive spricht aber fast alles für ihn als Verfasser. Auch von vielen Zeitgenossen wurde er schon relativ früh nach der Veröffentlichung des Berichts als dessen Autor identifiziert – allen voran von James Gordon Bennett, dem Besitzer des *New York Herald*, der Lockes Autorenschaft auch sofort in seiner Zeitung öffentlich machte.[35]

Richard Adams Locke war in der schreibenden Zunft New Yorks kein Unbekannter und wurde unter anderem für seinen scharfen Verstand geschätzt. Edgar Allan Poe hat im sechsten Band der *Literati of New York City* über ihn geschrieben:

---

34 Vgl. *Paul Maliszewski*, Paper Moon, in: Wilson Quarterly 29/1, 2005, 26–34, 29.

35 Vgl. *Goodman*, The Sun and the Moon, 209 ff. Auch *Mario Castagnaro*, Lunar Fancies and Earthly Truths. The Moon Hoax of 1835 and the Penny Press, in: Nineteenth-Century Contexts. An Interdisciplinary Journal 34/3, 2012, 253–268.

> He is about five feet seven inches in height, symmetrically formed; there is an air of distinction about his whole person — the air noble of genius. His face is strongly pitted by the small-pox, and, perhaps from the same cause, there is a marked obliquity in the eyes; a certain calm, clear luminousness, however, about these latter, amply compensates for the defect, and the forehead is truly beautiful in its intellectuality. I am acquainted with no person possessing so fine a forehead as Mr. Locke. He is married, and about forty-five years of age, although no one would suppose him to be more than thirty-eight. He is a lineal descendant from the immortal author of the „Essay on the Human Understanding."[36]

Richard Adams Locke wurde im Jahr 1800 im County Somerset in England geboren (auch wenn er später New York als seinen Geburtsort angab). Die Familie Locke war verhältnismäßig gut situiert und umtriebig. Neben vielen anderen einflussreichen Personen entstammte ihr unter anderem auch der Philosoph John Locke (1632-1704) – allerdings war Richard Adams Locke im Gegensatz zu seinen eigenen später von Poe übernommenen Angaben kein direkter Nachkomme Johns. Richard war ein guter Schüler und wurde von einem Privatlehrer unterrichtet. Er gab später an, in Cambridge studiert zu haben – allerdings gibt es in den dortigen Immatrikulationslisten keinen Hinweis darauf, dass er auch nur einen Kurs besucht hätte. Anstatt sich auf dem Familienanwesen zu engagieren, wurde Locke Journalist. Er schrieb zuerst für mehrere Zeitungen in London und wurde später Redakteur eines neugegründeten Blattes in Somerset. Seine republikanischen Ansichten erwiesen sich aber als unpopulär. Er verlor seine Stelle, sah in England wenig Perspektive und wanderte Ende 1831

36 *Edgar Allan Poe*, Richard Adams Locke, in: ders., The Literati of New York City. Some Honest Opinions at Random Respecting Their Autorial Merits, with Occasional Words of Personality, Bd. 6. o.O. 1846, 159–161, 161.

mit seiner kleinen Familie nach New York aus.[37] Dort machte sich Locke schnell journalistisch einen Namen. Der junge Benjamin Day, Gründer und Besitzer der *Sun*, wurde auf ihn aufmerksam. So wurde Locke im Mai 1835 neuer Redakteur des Blattes.[38]

Day hatte die *Sun* zwei Jahre zuvor als erstes *penny paper* der Stadt (abgesehen von einem anderen, sehr kurzlebigen Unterfangen) gegründet. Anders als die bereits existierenden Tageszeitungen, die auf ein wohlhabenderes, besser gebildetes Publikum zielten, wurde die *Sun* nicht zum Preis von sechs Cent, sondern für lediglich einen Cent pro Ausgabe verkauft. Benjamin Day wollte damit ein breites Publikum und eine hohe Auflage erreichen. Er war mit diesem Plan auch einigermaßen erfolgreich. Die *Sun* erzielte Mitte 1835 eine tägliche Auflage von etwa 15000 Stück.[39] Bald folgten andere, ähnlich konzipierte Zeitungen – zum Beispiel der bereits erwähnte *New York Herald* unter Bennett – und die sogenannte *penny press* begann sich zu formieren. Diese unterschied sich allerdings nicht nur in Preis und einem kleineren Format von den etablierten Blättern – sie schlug auch einen anderen Ton an. Sie langweilte ihre Leser kaum mit differenzierten politischen Analysen oder der in den hochklassigeren Blättern üblichen internationalen Berichterstattung. Stattdessen widmete sie sich gefälligeren und oft auch regionaleren Themen. Häufig tendierten ihre Artikel zum Sensationalismus und versuchten mit aller Macht, die Aufmerksamkeit einer breiten Leserschaft zu gewinnen.[40]

Lockes elaborierter Mondschwindel lässt sich insofern gut in der üblichen Berichterstattung der *penny press* verorten, als es sich um eine sensationelle Geschichte handelte, die ohne Rücksicht auf ihren Wahrheitsgehalt allein mit der Auflagenzahl im Auge lanciert wurde – auch wenn Locke die *Great Astronomical Discoveries* wohl als Satire gemeint hatte, wie er selbst beteuerte.[41]

37 Vgl. *Goodman*, The Sun and the Moon, 49–62.
38 Vgl. Ebd., 81–82.
39 *Castagnaro*, Lunar Fancies and Earthly Truths, 254.
40 Vgl. *Castagnaro*, Lunar Fancies and Earthly Truths.
41 *Goodman*, The Sun and the Moon, 274–275.

Verbindungen und Nicht-Verbindungen

Die Reaktionen der Leserschaft fielen ganz unterschiedlich aus. Fast unmittelbar nach der Veröffentlichung der ersten großartigen Entdeckungen äußerten viele Medien auf unterschiedliche Weise ihren Unglauben. Manche wie etwa das *Journal of Commerce* zeigten sich in ihren Artikeln skeptisch, dass der Bericht der Wahrheit entsprechen könne, und vermuteten eine Fälschung. Der *Transcript*, ein mit der *Sun* konkurrierendes *penny paper*, begegnete den lunaren Entdeckungen auf satirische Weise und wartete mit zusätzlichen Informationen von einem eigenen Korrespondenten auf. Diese waren bewusst so abstrus, dass der eigentliche Bericht der *Sun* damit ins Lächerliche gezogen wurde.[42] Niemand aber wandte sich so offensiv gegen die Artikel wie Bennetts *New York Herald*. Bereits am 31. August – dem Tag, an dem in der *Sun* die letzte Folge erschien – veröffentlichte Bennett auf der Titelseite des *Herald* einen bissigen Text mit dem Titel *The Astronomical Hoax Explained*. Darin sagte er deutlich und in der ihm eigenen Direktheit, dass es sich um einen Schwindel handeln musste. Zudem brachte er, wie bereits erwähnt, Richard Adams Locke als Autor der Geschichte ins Spiel, und verbreitete allerlei Halbwahrheiten über dessen Lebenslauf. Lockes erzählerisches Können aber schien Bennett zu bewundern: „Mr. Locke, however, deserves great credit for his ingenuity – his learning – and his irresistible drollery. He is an original genius [.]“[43] Locke antwortete in einem offenen Brief auf Bennetts Enthüllungen und wollte seine Autorenschaft partout nicht einräumen. Spitzfindig behauptete Locke: „[...] I did *not* make those discoveries.“[44] Lockes Weigerung, die Fälschung offen zuzugeben, verärgerte Bennett und ließ ihn in den nächsten Tagen viele weitere Angriffe gegen die *Sun* fahren, die aber von der

42 Vgl. ebd., 204–205.

43 *James Gordon Bennett*, The Astronomical Hoax Explained, in: New York Herald vom 31. August 1835, 1.

44 *Richard Adams Locke*, To the Editor of the Evening Star, in: New York Herald vom 1. September 1835, 1.

New Yorker Öffentlichkeit kaum aufgenommen wurden. Selbst unter jenen, die an der Glaubhaftigkeit der Geschichte zweifelten, wollte sich kein Ärger breit machen. Laut Mario Castagnaro wären viele Leser und Journalisten dem Wahrheitsgehalt der Beobachtungen indifferent gegenübergestanden und der Meinung gewesen: „wonderful if true, entertaining if not."[45] Das mag auch erklären, warum eine große Anzahl von Zeitungen auf den Zug mitaufsprang und die Mondgeschichte ebenfalls abdruckte. Asa Greene, der damalige Redakteur des *Transcript,* veröffentlichte zwei Jahre später einen Reiseführer für die Stadt New York und sprach darin unter anderem auch über den Mondschwindel:

> All New York rang with the wonderful discoveries of Sir John Herschell [sic]. Every body read the Sun, and every body commented on its surprising contents. There were, indeed, a few sceptics; but to venture to express a doubt of the genuineness of the great lunar discoveries, was considered almost as heinous a sin as to question the truth of revelation.
>
> Nor was it only among the populace in general, that the moon story was believed. Certain of the sixpenny editors also gave into it, and copied the account, with flaming notices of the very wonderful and important discoveries of Sir John Herschell at the Cape of Good Hope. The papers in this city, which were thus caught, were the Daily Advertiser and the Mercantile Advertiser. The Daily Advertiser of Newark, and the Daily Gazette of Albany, were also among the ready believers of the great discoveries. How many papers, in other places, swallowed the hoax, we do not know. Most of the editors, we believe, prudently kept their minds suspended as to the truth or falsehood of the account; though most of them copied

45 *Castagnaro,* Lunar Fancies and Earthly Truths, 256.

> it, as a capital story, whether it should turn out true or false.[46]

Greene sah also zum einen ebenso die pragmatische Indifferenz gegenüber dem Wahrheitsgehalt der Geschichte, wies aber durchaus auch auf die große Zahl jener hin, die die Entdeckungen für bare Münze nahmen. Edgar Allan Poe war in dieser Hinsicht in seinem bereits erwähnten Beitrag über Richard Adams Locke noch deutlicher. Er schrieb zurückblickend:

> Not one person in ten discredited it, and (strangest point of all!) the doubters were chiefly those who doubted without being able to say why – the ignorant, those uninformed in astronomy, people who *would not* believe because the thing was so novel, so entirely „out of the usual way." A grave professor of mathematics in a Virginian college told me seriously that he had *no doubt* of the truth of the whole affair! The great effect wrought upon the public mind is referable, first, to *the novelty of the idea*; secondly, to the fancy-exciting and reason-repressing character of the alleged discoveries; thirdly, to the consummate tact with which the deception was brought forth; fourthly, to the exquisite *vraisemblance* of the narration.[47]

Beide beobachteten Reaktionen – also der Glaube an die Echtheit der Entdeckung ebenso wie die relative diesbezügliche Gleichgültigkeit – brauchten die Möglichkeit der Authentizität. Das heißt, der Bericht musste zumindest ein gewisses Maß an Glaubhaftigkeit besitzen, um Glauben einerseits und Unterhaltung andererseits zu speisen. Poe identifizierte in obigem Zitat vier hauptsäch-

---

46 *Asa Greene*, A Glance at New York. The City Government, Theatres, Hotels, Churches, Mobs, Monopolies, Learned Professions, Newspapers, Rogues, Dandies, Fires and Firemen, Water and Other Liquids &C. &C. New York 1837, 245–246.

47 *Poe*, The Literati of New York City, 161.

liche Faktoren, die seiner Meinung nach zur Glaubhaftigkeit des Mondschwindels beigetragen hatten. Neben ihrer Neuartigkeit und der Art und Weise, wie die Geschichte die Fantasie der Menschen beflügelte, nannte er unter anderem auch den „consummate tact“, also grob übersetzt die exzellente Dramaturgie hinter der Täuschung. Entscheidend war aber wohl Poes vierter Aspekt der *vraisemblance* der Erzählung. Anschließend an ein literarisches Konzept aus dem französischen Klassizismus konstatierte Poe dem Mondschwindel damit ein hohes Maß an Plausibilität und Wahrscheinlichkeit. Der Bericht fügte sich möglichst nahtlos in eine bereits bestehende Wissens- und Erwartungslandschaft ein. Das zeigen viele zeitgenössische Einschätzungen des Texts, so zum Beispiel auch ein anonymer Leserbrief an eine Stralsunder Zeitschrift, die zuvor Auszüge der Beobachtungen in Übersetzung abgedruckt hatte:

> Was nämlich den allgemeinen *Charakter* der Berichte betrifft, von dem deutschen Uebersetzer an bis zu dem angeblichen Beobachter selbst, so können wir nicht anders urtheilen, als daß das, was einen Bericht aus der Wahrnehmung bekundet, in ihnen durchaus überwiegend sey, gegen das, was einen Bericht aus der Phantasie verräth.[48]

Es stellt sich nun die Frage, welcher Mittel sich Richard Adams Locke bediente, um seinem Fantasietext *vraisemblance* zu geben und ihn damit als „Bericht aus der Wahrnehmung“ erscheinen zu lassen. Es wird sich zeigen, dass neben seinem erzählerischen Können und seinen naturwissenschaftlichen Kenntnissen vor allem sein geschicktes Spiel mit globalen Verbindungen und Nicht-Verbindungen eine entscheidende Rolle in diesem Zusammenhang spielte.

Die jüngere Forschung zur Geschichte der Schifffahrt hat überzeugend dargelegt, dass Ozeane in der Menschheitsgeschichte nicht nur trennende, sondern immer auch verbindende Elemente

48 *O.A.*, O.T., in: Literatur- und Intelligenzblatt für Neu-Vorpommern und Rügen. (Beilage zur Sundine.) 1836, 12.

waren.[49] Ein Beispiel dafür ist die sogenannte „atlantische Welt“, in der große Teile Europas, Nordamerikas und der Karibik zusammenkommen.[50] Zwischen diesen Regionen herrschte seit der intensivierten kolonialen Erschließung Nordamerikas ein reger Austausch von Menschen, Waren und Informationen – unter anderem auch im Bereich der Wissenschaft. So war Sir John Herschel (ebenso wie sein Vater William) für den gebildeten New Yorker des frühen 19. Jahrhunderts kein Unbekannter. Der Engländer Herschel galt auch in Nordamerika als einer der bedeutendsten Wissenschaftler der Zeit. Man war über seine im November 1833 begonnene Reise nach Südafrika, wo er Beobachtungen des südlichen Himmels vornehmen wollte, gut im Bilde. Selbst im verhältnismäßig provinziellen Cincinnati berichtete ein einschlägiges Blatt im April 1834 (also mit ca. 5 Monaten Verzögerung) über Herschels Abfahrt zum Kap:

> The long projected voyage of sir John Herschel to the southern hemisphere is at length proceeded in. [...] To the learned of all countries, the voyage of our astronomer may be regarded as an event of unusual interest[.][51]

---

49 Vgl. dazu zum Beispiel die Idee einer *seascape* unter anderem in *Brigitte Reinwald/Jan-Georg Deutsch* (Hrsg.), Space on the Move. Transformations of the Indian Ocean Seascape in the Nineteenth and Twentieth Centuries. Berlin 2002; *Jeremy H. Bentley/Renate Bridenthal/Kären Wigen* (Hrsg.), Seascapes. Maritime Histories, Littoral Cultures, and Transoceanic Exchanges. (Perspectives on the Global Past.) Honolulu 2007.

50 Vgl. dazu die unterschiedlichen Varianten einer atlantischen Welt bei *Kevin O'Rourke/Jeffrey Williamson*, Globalization and History. The Evolution of a Nineteenth Century Atlantic Economy. Cambridge 1999; *Peter Linebaugh/Marcus Rediker*, The Many-Headed Hydra. Sailors, Slaves, Commoners, and the Hidden History of the Revolutionary Atlantic. Boston 2000; *David Armitage/Michael Braddick* (Hrsg.), The British Atlantic World, 1500–1800. Basingstoke/New York 2002; *Paul Gilroy*, The Black Atlantic. Modernity and Double-Consciousness. 3. Aufl. London 2002; *Marcus Rediker*, Villains of All Nations. Atlantic Pirates in the Golden Age. Boston 2004.

51 *O.A.*, O.T., in: Cincinnati Mirror & Western Gazette of Literature and

Auch Herschels Werke waren in Amerika zumindest unter den gebildeten und einschlägig Interessierten bekannt. So hatte nicht nur Richard Adams Locke Herschels *A Treatise on Astronomy* kurz nach dessen Erscheinen in den USA im Jahr 1834 gelesen. Auch Edgar Allan Poe war bestens mit Herschels Einsichten vertraut – so vertraut, dass seine Geschichte *Hans Phaall – A Tale* in vielen Passagen ganz deutlich auf Herschels Text aufbaute.[52] Ähnliches galt für die Person und das Werk David Brewsters, der im einleitenden Abschnitt des Mondschwindels als Kronzeuge für die Verbesserung von Herschels Teleskop herhalten musste. Brewster war ein berühmter schottischer Physiker, der sich vor allem auf dem Gebiet der Optik einen Namen gemacht hatte.[53] Zu seinen bekanntesten Arbeiten gehörte die Wiederentdeckung des Kaleidoskops ebenso wie das sogenannte „Stereoskop". Durch diese und andere Arbeiten galt Brewster im frühen 19. Jahrhundert als Autorität in Fragen der Optik. Darüber hinaus hatte er 1819 gemeinsam mit Robert Jameson das einflussreiche *Edinburgh Philosophical Journal* geründet und dieses bis 1824 wesentlich mitgestaltet. Danach rief er das *Edinburgh Journal of Science* ins Leben, das er bis 1832 herausgab. Durch diesen direkten Bezug zwischen David Brewster und der Zeitschrift, aus welcher die *Sun* die Mondbeobachtungen angeblich übernommen hatte, erhöhte sich nochmals die *vraisemblance* der Geschichte. Die am 21. August 1835 abgedruckte Kurzmeldung, die man vorgeblich vom *Edinburgh Courant* übernommen hatte, verwies als Quelle auf einen „eminent publisher in this city"[54]. Auch wenn Brewster seit 1832 nicht mehr für das *Edinburgh Journal of Science* verantwortlich war, so weckte ein solcher Satz auf der anderen Seite des Atlantiks nach

Science vom 5. April 1834, 199.

52 *Goodman*, The Sun and the Moon, 159–161.

53 *Alison D. Morrison-Low*, Brewster, Sir David (1781–1868), in: Oxford Dictionary of National Biography 2004. Version Januar 2014, in: URL= <http://www.oxforddnb.com/view/article/3371> (letzter Zugriff: 15.06.2016).

54 *Locke*, Celestial Discoveries, in: The Sun vom 21. August 1835, 1.

wie vor entsprechende Assoziationen. Konnte Brewster selbst hier die Quelle sein?

Die einschlägigen britischen Wissenschaftsjournale – unter ihnen eben auch das *Edinburgh Journal of Science* und das *Edinburgh Philosophical Journal* – wurden von der nordamerikanischen Bildungselite intensiv rezipiert, wenn auch mit Verzögerung zum europäischen Publikum. Zum einen heißt das, dass Locke mit der Behauptung, man würde vom *Edinburgh Journal of Science* abdrucken, auch an das wissenschaftliche Prestige dieser Publikationen anschließen konnte. Dies wird unter anderem in den folgenden Zeilen deutlich, welche die britische Schriftstellerin Harriet Martineau über die Reaktionen auf Herschels angebliche Entdeckungen schrieb:

> I happened to be going the round of several Massachusetts villages when the marvellous account of Sir John Herschel's discoveries in the moon was sent abroad. The sensation it excited was wonderful. As it professed to be a republication from the Edinburgh Journal of Science, it was some time before many persons, except professors of natural philosophy, thought of doubting its truth.[55]

Neben einer Erhöhung der Glaubwürdigkeit des Berichts bedeutet die Zirkulation europäischer Wissenschaftszeitschriften in Nordamerika aber auch, dass die wissenschaftlichen Debatten, die in diesen Zeitschriften geführt wurden, auch den nordamerikanischen Lesern weitgehend bekannt waren. Eine populäre Auseinandersetzung wurde dort (aber nicht nur dort) seit Jahren über die Frage geführt, ob es Leben auf dem Mond gebe und welche Zeichen man dafür gefunden habe.[56] Folgt man der Debatte, so

55 *Harriet Martineau*, Retrospect of Western Travel, Bd 3. London 1838, 22–23.

56 Vgl. *Michael J. Crowe*, The Extraterrestrial Life Debate 1750-1900. The Idea of a Plurality of Worlds from Kant to Lowell. Cambridge 1986; *Crowe*, A History of Extraterrestrial Life Debate; *Roger Hennessey*, Worlds

zeigt sich, dass im späten 18. und frühen 19. Jahrhundert unzählige Kirchenmänner und Wissenschaftler (manchmal auch in einer Person) glaubten, es müsse intelligentes extraterrestrisches (und insbesondere lunares) Leben geben. Unter anderem wurden die diesbezüglichen Erkenntnisse der deutschen Astronomen Franz von Paula Gruithuisen, Wilhelm Olbers und Carl Friedrich Gauss in einem Artikel über *The Moon and its Inhabitants* zusammengefasst, der 1826 in der ersten Ausgabe des *Edinburgh New Philosophical Journal* – der Nachfolgepublikation des *Edinburgh Philosophical Journal* – erschien. Erwähnt wurden darin Gruithuisens angebliche Sichtung von Spuren großer Bauwerke (unter anderem jene eines Tempels), Olbers Vermutungen über Vegetation auf dem Mond und Gauss' Vorschlag der Kommunikation mit den Mondmenschen mittels der Vermittlung mathematischer Grundprinzipien.[57] Mit diesem Artikel war nachweislich auch Richard Adams Locke vertraut.[58]

Zumindest im heute in der Universitätsbibliothek von Harvard aufbewahrten Exemplar ist „Thomas Dick, LL.D. of Dundee" als Autor des kurzen Artikels im *Edinburgh New Philosophical Journal* handschriftlich hinzugefügt worden.[59] Der Schotte Dick war Astronom und zugleich Priester. Er war ebenfalls überzeugt davon, dass es schon aus rein religiösen Gründen extraterrestrisches Leben geben müsse, und tat der Welt davon unter anderem in seinen Werken *The Christian Philosopher* (1823) oder *Philosophy of Religion* (1826) kund.[60] Richard Adams Locke konnte Dicks Standpunkt und wohl die gesamte Debatte über Leben auf dem Mond nicht ernstnehmen. Fünfzehn Jahre nach Veröffentlichung des Mondschwindels schrieb er, die Geschichte sei eine Satire auf diese

without End. Gloucestershire 1997.

57 *Franz von Paula Gruithuisen/Wilhelm Olbers/Carl Friedrich Gauss*, The Moon and Its Inhabitants, in: Edinburgh New Philosophical Journal 1, 1826, 389–390.

58 Vgl. *Goodman*, The Sun and the Moon, 187–188.

59 Vgl. *Paula Gruithuisen/Olbers/Gauss*, The Moon and Its Inhabitants, 390.

60 Vgl. *Crowe*, A History of the Extraterrestrial Life Debate, 156.

Kontroverse und vor allem auf Thomas Dick gewesen.[61] Auch der Text selbst enthält durchaus Hinweise auf eine solche satirische Absicht, die allerdings von den meisten Zeitgenossen übersehen wurden. So kann man die Entdeckung einer Tempelanlage im fünften Teil auch als Spitze gegen Gruithuisens Mondbeobachtungen sehen.[62] Locke ließ Dr. Grant zur Entdeckung des Tempels außerdem wörtlich sagen: „It was a temple – a fane of devotion, or of science, which, when consecrated to the Creator is devotion of the loftiest order[.]"[63] Das kann man als klare Anspielung Lockes auf Thomas Dicks Vermischung von Religion und Wissenschaft sehen. Aber nicht nur für Dick hatte die Frage nach außerirdischem Leben eine klare religiöse Dimension, wie zum Beispiel in den weiteren Zeilen von Harriet Martineau sichtbar wird:

> A story is going, told by some friends of Sir John Herschel (but whether in earnest or in the spirit of the moon story I cannot tell), that the astronomer has received at the Cape a letter from a large number of Baptist clergymen of the United States, congratulating him on his discovery, informing him that it had been the occasion of much edifying preaching and of prayer-meetings for the benefit of brethren in the newly-explored regions; and beseeching him to inform his correspondents whether science affords any prospects of a method of conveying the Gospel to residents in the moon.[64]

Die Geschichte, dass sich Kirchenmänner bereits über die Missionierung der Mondbewohner Gedanken machten, kursierte auch noch in anderen Versionen.[65] Auch das macht nochmals die Ubiquität der Debatte über außerirdisches Leben – ebenso wie die

61 Vgl. *Goodman*, The Sun and the Moon, 274–275.
62 Vgl. Ebd., 200.
63 *Locke*, Great Astronomical Discoveries, in: The Sun vom 29. August 1835, 1.
64 *Martineau*, Retrospect of Western Travel, 23.
65 Vgl. *Goodman*, The Sun and the Moon, 183.

verbreitete Praxis des Vermischens wissenschaftlicher und religiöser Elemente – deutlich.

Es gibt demnach eine ganze Reihe von globalen – im konkreten Fall meist transatlantischen – Verbindungen und Austauschprozessen, an die Richard Adams Locke mit seiner Geschichte bewusst oder unbewusst anschloss. Zeitungs- und Zeitschriftenberichte aus Europa überquerten im frühen 19. Jahrhundert ebenso regelmäßig den Atlantik wie dies wichtige wissenschaftliche Werke taten. Mit einigen Wochen Verzögerung war die nordamerikanische Öffentlichkeit über die aktuelle Arbeit John Herschels, seine Reise zum Kap und sein neues Teleskop ebenso gut informiert wie der europäische Zeitungsleser. Die wissenschaftlich interessierten Amerikaner hatten Zugang zu den einschlägigen europäischen Publikationen, kannten deren Herausgeber und verfolgten die wichtigsten aktuellen Debatten. Kurz, nordamerikanische und europäische (und allen voran natürlich britische) Akteure waren über den Atlantik eng miteinander verbunden. Neben Menschen und Waren bewegte sich auch Wissen über den großen Teich.[66] Richard Adams Locke spielte in seinem Text äußert geschickt mit diesen existierenden globalen Verbindungen und schloss mit seinen Ausführungen direkt an einen Erfahrungsrahmen seiner

66 Matthew Goodman sieht sogar noch eine weitere Querverbindung literarischer Natur, die seiner Meinung nach dem entsprechend gebildeten Leser einen Hinweis auf die Fiktionalität des Berichts in der *Sun* geben kann. Er hält die Tatsache, dass Herschel zuerst roten Mohn auf dem Mond entdeckt, für einen augenzwinkernden Hinweis des Autors Richard Adams Locke. Goodman sieht im Mohn eine Anspielung auf Thomas De Quinceys 1821 erschienene *Confessions of an English Opium Eater*, das sich zu jener Zeit großer Beliebtheit erfreute. Die danach folgende farbenfrohe Entdeckungsreise auf dem Mond sollte dadurch mit De Quinceys psychedelischen Opiumträumen in Verbindung gebracht werden. Diese Interpretation scheint allerdings etwas zu weit hergeholt, insbesondere weil es sich bei dem in der *Sun* explizit genannten Klatschmohn *papaver rhoeas* deutlich nicht um den Schlafmohn *papaver somniferum* handelte und ersterer auch keinerlei berauschende Wirkung hat. (Vgl. *Locke*, Great Astronomical Discoveries, in: The Sun vom 26. August 1835, 1) (Vgl. *Goodman*, The Sun and the Moon, 165–166)

Leserschaft an. Er schuf auf diese Weise neue, nicht weniger wirkungsmächtige Verbindungsformen: Erwartungen, Hoffnungen, Möglichkeiten globaler Natur.

Ebenso wie von den beschriebenen transregionalen Verbindungen lebte der Mondschwindel aber auch von Verbindungsunterbrechungen bzw. -verzögerungen. Auch dies wird beispielhaft an der Person Herschels und an der Zirkulation der erwähnten Wissenschaftsjournale deutlich. Frank O'Brien recherchierte Anfang des 20. Jahrhunderts die Geschichte der *Sun* und schrieb unter anderem auch über den Mondschwindel. Er berichtete, wie sich kurz nach der Veröffentlichung der angeblichen Entdeckung zwei Professoren aus Yale auf den Weg nach New York machten. Dort besuchten sie die Redaktion der *Sun* und verlangten, das Original des *Edinburgh Journal of Science* zu sehen, aus dem der Bericht angeblich übernommen worden war. Benjamin Day zeigte sich indigniert, dass die Professoren an der Authentizität des Berichts Zweifel hegten, schickte sie aber weiter zu Locke. Dieser gab sich hilfsbereit und sagte, dass sich das fragliche Heft bei einem Drucker in der William Street befände, wo es natürlich eingesehen werde könne.

> As the Yale men disappeared in the direction of the printery, Locke started for the same goal, and more rapidly. When the Yalensians arrived, the printer, primed by Locke, told them that the precious pamphlet had just been sent to another shop, where certain proof-reading was to be done. And so they went from post to pillar until the hour came for their return to New Haven.[67]

Ob sich diese Episode tatsächlich so zugetragen hat, mag man zumindest in Zweifel ziehen. Sie illustriert allerdings, dass die Bezugnahme auf die schottische Zeitschrift nicht nur die Glaubwürdigkeit der Beobachtungen erhöhte, sondern auch dazu führte, dass viele Leser das Original auf Echtheit prüfen wollten. Das aber hat-

67 *Frank O'Brien*, The Story of the Sun. Part 2, in: Munsey's Magazine, Juni 1917, 99–115, 108.

te Locke – absichtlich oder unabsichtlich – unmöglich gemacht. Das *Edinburgh Journal of Science* war 1832 in einer anderen Zeitschrift, dem *London and Edinburgh Philosophical Magazine and Journal of Science*, aufgegangen. Man kann vermuten, dass Locke, der England 1831 verlassen hatte, darüber nicht im Bilde war,[68] oder dass er eigentlich das *Edinburgh New Philosophical Journal* gemeint hatte, in dem 1826 auch der Artikel von Thomas Dick erschienen war.[69] In jedem Fall aber wurde so eine unmittelbare Überprüfung der Behauptungen der *Sun* unmöglich. Da die fragliche Zeitschrift im Jahr 1835 nicht mehr erschien, konnte auch niemand an der amerikanischen Ostküste über aktuelle Exemplare verfügen. Noch dazu gab die *Sun* an, der ursprüngliche Bericht wäre nicht in einem regulären Heft, sondern in einem Supplement zur Zeitschrift erschienen, was die Überprüfung der Angaben weiter erschwerte. Durch den Bezug auf ein kürzlich eingestelltes Journal, die Anspielungen auf bestehende Zeitschriften mit ähnlichen Titeln und den Verweis auf das Beiheft schloss Locke einerseits an bestehendes Wissen an, schuf gleichzeitig aber Unsicherheit und Verwirrung über die Herkunft des Artikels. Dadurch entstand ein Fenster der Möglichkeiten, das nur durch eine viele Wochen dauernde Rückfrage in Großbritannien endgültig geschlossen werden konnte.

Eine ähnliche Nicht-Verbindung lag auch hinsichtlich der Verfügbarkeit von John Herschel selbst vor. Dieser befand sich zur fraglichen Zeit für mehrere Jahre am Kap der Guten Hoffnung, um dort im eigenen Observatorium astronomische Untersuchungen durchzuführen. Zum einen waren dadurch unmittelbare Rückfragen über seine Entdeckungen noch schwieriger und langwieriger, als wenn er sich in England aufgehalten hätte. Noch wichtiger aber war wohl, dass nur eine sehr beschränkte Anzahl von Menschen vor Ort über die Ergebnisse seiner Arbeiten im Bilde war. Damit gab es niemanden, der direkt Zeugnis über die Echtheit der fraglichen Berichte hätte ablegen können – niemand,

68 Vgl. *Goodman*, The Sun and the Moon, 210.

69 Ebd.

außer dem von Locke erfundenen Dr. Grant oder unfreiwillig in den Zeugenstand genommenen David Brewster. Auch hier entstand durch die fehlende Verfügbarkeit von Herschel und seinen Mitarbeitern ein Möglichkeitsfenster, das zur zumindest temporären Glaubhaftigkeit der Geschichte erheblich beitrug. Locke knüpfte an bestehendes Wissen an, verhinderte aber, dass dieses aktualisiert werden konnte.

Erst Ende des Jahres 1835 erfuhr John Herschel schließlich selbst von seinen großartigen Entdeckungen. Caleb Weeks, Besitzer einer Tierschau aus Long Island, schiffte sich kurz nach der Veröffentlichung der *Sun* nach Südafrika ein, um dort exotische Tiere für seine Menagerie zu suchen. Er nutzte diese Chance, um Herschel über die *moon hoax* zu informieren. Dieser zeigte sich zunächst erstaunt und amüsiert.[70] Nach einiger Zeit aber erreichten ihn viele briefliche Anfragen aus aller Welt, in denen sich die Absender nach der Echtheit der Entdeckungen erkundigten oder einfach seine Meinung zu der Geschichte hören wollten. Das irritierte Herschel dann doch und er schrieb in einem Brief an seine Tante Caroline: „I have been pestered from all quarters with that ridiculous hoax about the Moon – in English French Italian & German!!"[71] Schließlich wandte Herschel sich in einem offenen Brief direkt an die Londoner Zeitschrift *Athenaeum* und bedankte sich für die Richtigstellung, die dort im April 1836 abgedruckt worden war. Scheinbar nahm er die ganze Sache immer noch nicht besonders schwer: „Since there are people silly enough to believe every extravagant tale which is set before them, we ought to hope that these tales may be as harmless as that now in question[.]"[72]

70 *William Griggs*, The Celebrated „Moon Story", Its Origins and Incidents. New York 1852, 37–39.

71 *David S. Evans*, Herschel at the Cape. Diaries and Correspondence of Sir John Herschel, 1834–1838. Cape Town 1969, 282.

72 *Sir John Herschel*, Extracts of a Letter from Sir J. Herschel to M. Arago., in: Athenaeum 478, 24. Dezember 1836, 908. Für eine gewisse Leichtigkeit im Umgang mit der Geschichte spricht auch ein erst im Jahr 2001 in Herschels Nachlass entdeckter Brief. Das Schreiben wurde am 21. August 1836 (also genau ein Jahr nach der ersten Kurzankündigung in

Hinsichtlich der Wirkung von Lockes fiktionalem Bericht war also nicht nur das Anschließen an bestehende Wissensbilder und Erwartungshorizonte in der eng verflochtenen transatlantischen Welt wichtig. Genauso entscheidend war es, dem Publikum keine unmittelbare Möglichkeit zur Verifikation oder Falsifikation der Schilderungen zu geben. Es war diese geschickte Einbettung in ein Netz von transregionalen Verbindungen und Nicht-Verbindungen, durch die ein verhältnismäßig großer Spielraum für Interpretation und Imagination geschaffen werden konnte.

Redux: Verbindungen in der Globalgeschichte

Was wurde eigentlich aus Richard Adams Locke, nachdem sein Schwindel endgültig aufgeflogen war? Im Herbst 1836, also etwas mehr als ein Jahr nach der Veröffentlichung der *moon hoax*, verließ Locke die *Sun* und wurde Redakteur bei *New Era*, einem neugegründeten *penny paper* mit höherem journalistischem Anspruch. Der neuen Zeitung aber fiel es schwer, sich in der New Yorker Presselandschaft zu behaupten. Die wirtschaftliche Situation von *New Era* wurde schließlich so schwierig, dass Locke im Winter 1838 keine andere Möglichkeit mehr sah, als erneut zu einer *hoax* zu greifen, um die Auflage zu steigern. In *The Lost Manuscript of Mungo Park* behauptete er, dass die verlorenen Tagebücher des Afrikareisenden Mungo Park entdeckt worden wären, der 1806 auf einer Nigerexpedition spurlos verschwunden war. *New Era* ver-

der Sun) in Feldhausen bei Kapstadt verfasst und war ebenfalls an den Herausgeber des *Athenaeum* adressiert. Es wurde aber nie abgeschickt. Herschel sah die Angelegenheit offensichtlich mit Humor und schrieb: „Now I should be sorry, for my own sake as well as for that of truth, that the world or even the most credulous part of it, should be brought to believe in my personal acquaintance with the man in the moon – well knowing that I should soon be pestered to death for private anecdotes of himself and his family." (*Steven Ruskin*, A newly-discovered Letter of J.F.W. Herschel concerning the „Great Moon Hoax", in: Journal for the History of Astronomy 33/1, 2002, 71–74, 73.)

sprach, dass die Tagebücher endlich Licht in Parks Verschwinden bringen würden. Diesmal aber funktionierte der Schwindel nicht. Das Publikum wusste genau, wer hinter der Geschichte stand: derselbe Mann, der vor drei Jahren den *Great Moon Hoax* inszeniert hatte.[73]

Lockes Name blieb für immer mit dem Mondschwindel verbunden. Dieser erste Schwindel lebte von der Vielschichtigkeit globaler Austauschprozesse, von der Bündelung vieler einzelner Verbindungen, die ganz unterschiedliche Formen und Intensitäten haben können. Als historisches Fallbeispiel verweist die *moon hoax* damit exemplarisch auf einen zentralen Punkt, den eine analytische Konzeptualisierung des Verbindungsbegriffs berücksichtigen sollte. Der Charakter und die Wirkmächtigkeit globaler Beziehungsgeflechte ergeben sich aus dem Zusammenspiel der einzelnen Verbindungsstränge, aus deren Querverweisen und Spannungsverhältnissen. Die räumliche Distanz zwischen Europa, Nordamerika und dem südlichen Afrika und die damit verbundenen Kommunikationshemmnisse schufen einen bestimmten Kontext, in dem manche Verbindungen besser funktionierten als andere. Wechselseitiges Interesse und grobes, etwas veraltetes Wissen über das Geschehen in Europa und Südafrika war in Nordamerika vorhanden und schuf einen Assoziations-, Erwartungs- und Möglichkeitsraum. Unmittelbare Kontrolle oder Nachfrage aber war nicht möglich, wodurch dieser Raum eine ganze Weile bestehen bleiben konnte. Dieses Bündel aus gut und nicht so gut funktionierenden Verbindungen, bzw. aus Verbindungen und Nicht-Verbindungen, ist eine Folge der zu überwindenden Distanz, der zu überschreitenden Grenzen. In einem lokalen Kontext wäre das Bündel gänzlich anders geschnürt gewesen. Die spezifische Situation, in welcher der Mondschwindel gelingen konnte, entstand demnach aus der Gleichzeitigkeit globaler Verbindungen und Nicht-Verbindungen. Dadurch wird in diesem Fall die Pluralität von globalen Verbindungen besonders deutlich, diese

73 Vgl. *Goodman*, The Sun and the Moon, 265–269.

ist aber auch über den Spezialfall des Mondschwindels hinaus für globalhistorische Untersuchungen insgesamt von höchster Relevanz. Globale Verbindungen entfalten ihre Bedeutung immer im Zusammenspiel mit anderen Verbindungen oder expliziten Nicht-Verbindungen.

Das tritt auch in allen anderen in diesem Buch vorgestellten Fallbeispielen immer wieder klar hervor. Der Abschnitt über den Transitbegriff etwa, der sich der zweiten klaffenden Lücke im landläufigen Verständnis von Verbindungen annimmt und deren Bedeutung als eigenständige historische Phänomene erörtert, widmet sich zu diesem Zweck der Flucht und schließlichen Gefangennahme des mordverdächtigen Dr. Crippen im Jahr 1910. Die Umstände der Jagd auf Crippen verweisen dabei deutlich auf die wichtige Phase des Transits, gleichzeitig aber wird in ihnen auch die Pluralität von globalen Verbindungen deutlich. So befanden sich die Flüchtigen in diesem Beispiel auf einem interkontinental verkehrenden Dampfschiff, das wiederum per Funktelegraf in ein weltweites Kommunikationsnetzwerk eingebunden war. Erst die teils widersprüchlichen Beziehungen zwischen diesen Verbindungen und Nicht-Verbindungen schufen den historischen Hintergrund, auf dem sich diese Geschichte entfalten konnte. Ähnliches gilt für die Beispiele, die in den Erörterungen zu Raum und Zeit zu Rate gezogen werden. Globale Vernetzungsprozesse, so wird dort gezeigt, schufen neue Räume oder veränderten bestehende. Diese Veränderungen manifestierten sich aber erst im Zusammenspiel mit anderen Räumen oder anderen Zeitstrukturen. Diese Pluralität von Räumen und Zeiten verweist letztlich zurück auf die hier exemplifizierte Pluralität von Verbindungen. Selbst in den beiden Abschnitten, die sich mit der Rolle von Akteuren und Strukturen beschäftigen, ist diese stets präsent – am deutlichsten vielleicht, wenn am Beispiel der Alpenüberquerung das Zusammenspiel verschiedener Verbindungswege zwischen Europa und Asien diskutiert wird.

Raum

Anbindung und Isolation

Raum in der Globalgeschichte

„Global" ist ein räumlicher Begriff. Er verweist auf den Erdball als Bezugsraum. Man kann den Begriff in diesem Zusammenhang so verstehen, dass ein Phänomen immer dann global ist, wenn es den ganzen Globus betriff. Ist man gewillt, einem solchen Begriffsverständnis zu folgen, so hat dies unmittelbare Konsequenzen für die globalhistorische Forschung. Sie muss ihre Gegenstände dann in möglichst vielen Kontexten untersuchen und nachweisen, dass diese tatsächlich weltweite Bedeutung haben. Der globale Raum stellt dann den Untersuchungsrahmen dar, der möglichst vollständig ausgefüllt werden sollte. Wie auch Sebastian Conrad ausführt, gibt es durchaus Strömungen in der Globalgeschichte, die auf einem solchen oder ähnlichen Begriffsverständnis aufbauen und vor allem auf historiografische Synthese abzielen.[1] Dem in diesem Buch beschriebenen Zugang zur Globalgeschichte, der ja die Bedeutung von globalen Verbindungen betont, liegt aber ein anderes, ein relationales Verständnis von „global" zugrunde. Der Begriff beschreibt Phänomene, die über große Entfernungen hinweg in einer direkten Verbindung miteinander stehen und bei welchen, so muss man weiter qualifizieren, diese überbrückte Entfernung ein definierendes Merkmal ist. Es sind diese Verbindungen, die Grundbeobachtungselemente der Globalgeschichte, die globale Räume schaffen.

Im postmodernen theoretischen Denken ist die Idee, dass Raum keine feste, objektive oder objektivierbare Kategorie ist, längst fest etabliert. Vielmehr geht man davon aus, dass Raum sozial und kulturell hergestellt und dabei ständig neu ausgehandelt

1 *Sebastian Conrad*, What is Global History? Princeton/Oxford 2016, 6–11.

wird.[2] Auch die vielzitierte Wende zum Raum in den Geistes- und Kulturwissenschaften – der sogenannte *spatial turn* – baut auf einem solchen dynamischen Raumbegriff auf.[3] Raum entsteht aus sozialem Handeln, durch die Zuschreibung von Bedeutung und Position und die stete Affirmation und Reproduktion derselben. In diesem Verständnis ist der geografische Raum nur ein möglicher Raum unter vielen. Wie jeder andere Raum stellt er die Summe der Beziehungen zwischen seinen Objekten dar, wobei in diesem Fall die geografische Distanz die ausschlaggebende Beziehung ist. Was unsere Raumvorstellung angeht, so nimmt der geografische Raum eine privilegierte Stellung ein, da er hinsichtlich der menschlichen Sinneswahrnehmungen dominant ist. Unsere Sinne positionieren die Informationen, die sie uns geben, vor allem im geografischen Raum. Dadurch ist dieser für unsere Raumbilder entscheidend. Allerdings ist eine solche geografische Verortung unseres sensorischen Inputs nicht zwingend, wie etwa die fortschreitende Nutzung digitaler Kommunikationsmedien zeigt,[4] die nach gänzlich anderen räumlichen Prinzipien funktioniert. Schon an diesem einfachen Beispiel wird deutlich, wie unsere Raumvorstellungen zwar – durch unsere Sinne geprägt – am geografischen Raum hängen, die eigentlichen Beziehungsnetze aber sozial und

2 Vgl. zum Beispiel *Henri Lefebvre*, La Production de l'Espace. Paris 1974; *Edward W. Soja*, Postmodern Geographies. The Reassertion of Space in Critical Social Theory. London/New York 1989; *Ders.*, Thirdspace. Journeys to Los Angeles and Other Real and Imagined Places. 18. Aufl. Malden 2014; *David Harvey*, Social Justice and the City. London 1979; *David Harvey*, The Condition of Postmodernity. An Enquiry into the Origins of Cultural Change. Cambridge 1990; *Doreen B. Massey*, Space, Place and Gender. Cambridge 1994; *Dies.*, For Space. Los Angeles u.a. 2005.

3 Vgl. zum Beispiel *Matthias Middell/Katja Naumann*, Global History and the Spatial Turn. From the Impact of Area Studies to the Study of Critical Junctures of Globalization, in: Journal of Global History 5/1, 2010, 149–170; *Jörg Döring/Tristan Thielmann* (Hrsg.), Spatial Turn. Das Raumparadigma in den Kultur- und Sozialwissenschaften. 2. Aufl. Bielefeld 2009.

4 *Martina Löw*, Raumsoziologie. Frankfurt am Main 2001, 93–94.

kulturell hergestellt werden und mit dem geografischen Raum nicht deckungsgleich sind.

Ein solches Raumverständnis zusammenfassend, macht die britische Geografin Doreen Massey in ihrem programmatischen Buch *For Space* mehrere Vorschläge, wie wir Raum konzeptualisieren sollten. Erstens sei Raum ein Produkt von wechselseitigen Beziehungen. Raum existiere nicht vor Identitäten/Entitäten (so Masseys Begriff für Subjekte und Objekte im Raum) und ihren Beziehungen. Vielmehr seien diese Identitäten/Entitäten, die Beziehungen zwischen ihnen und ihre Räumlichkeit ko-konstitutiv.[5] Sie können somit nicht unabhängig voneinander gedacht werden. Darauf aufbauend folgt für Massey notwendigerweise, dass – wenn Raum das Produkt von wechselseitigen Beziehungen ist – er auf Pluralität aufsetzen müsse.[6] Während Massey aber hauptsächlich vom Raum spricht, der unterschiedlichste Beziehungsarten aufnehmen kann, so ist es aus der Sicht der Globalgeschichte analytisch hilfreich, direkt von der Pluralität von Räumen auszugehen. Der Historiker Karl Schlögel sagt, dass die „Pluralisierung der Räume [...] etwas Verwirrendes an sich" habe, schließlich aber eine „Ahnung von der Komplexität [...], die die Welt ist" für uns zurückbringe. „Man könnte summarisch sagen:", so Schlögel, „es gibt so viele Räume, wie es Gegenstandsbereiche, Themen, Medien, geschichtliche Akteure gibt".[7] Abstrahiert man diesen Ansatz nochmals konsequent und bringt ihn mit dem globalhistorischen Interesse an Verbindungen zusammen, so kann man davon ausgehen, dass jede Art von Verbindung ihren eigenen Raum hat.[8] Aus einem solchen Verständnis ergibt sich automatisch eine hohe Dynamik der einzelnen Räume und damit auch des Raumes als solchem. Massey hält das in ihrem dritten Vorschlag zum Raum-

5 *Massey*, For Space, 10.

6 Ebd., 10–11.

7 *Karl Schlögel*, Im Raume lesen wir die Zeit. Über Zivilisationsgeschichte und Geopolitik. 3. Aufl. Frankfurt am Main 2009, 69.

8 *Roland Wenzlhuemer*, Connecting the Nineteenth-Century World. The Telegraph and Globalization. Cambridge u.a. 2013, 42.

verständnis fest, wenn sie sagt, dass der Raum immer im Wandel ist. „It is never finished; never closed. Perhaps we could imagine space as a simultaneity of stories-so-far.“[9]

Man kann die wichtigsten Aspekte eines solchen Raumverständnisses folgendermaßen zusammenfassen: Raum ist nichts Gegebenes, sondern wird sozial hergestellt. Er entsteht aus den Verbindungen zwischen seinen Subjekten und Objekten. Es gibt auch nicht den einen Raum, sondern so viele Räume, wie es Arten von Verbindungen gibt. Da sich Verbindungsmuster ändern, verändern sich auch Räume ständig. Und schließlich: Räume teilen sich ihre Subjekte und Objekte und stehen dadurch miteinander in Verbindung. Historische Akteure etwa sind gleichzeitig in eine Vielzahl verschiedenster Räume eingebunden (wie an späterer Stelle noch anhand der Meuterei auf der *Bounty* zu zeigen sein wird). Nicht zuletzt deswegen ist ein solches dynamisches, vielschichtiges Raumkonzept ein exzellentes analytisches Instrument, um Globalisierungsprozessen und ihren soziokulturellen Bedeutungen nachzuspüren. Versteht man Globalisierung als zunehmende globale Vernetzung, als zunehmende Verbindungsdichte, so kann man sie auch als Veränderungen von globalen Räumen betrachten. Mittlerweile besteht zumindest in der historischen Forschung weitgehend Einigkeit darüber, dass Globalisierung kein homogener, unidirektionaler Großprozess ist, sondern vielmehr ein Bündel aus Einzelprozessen darstellt, die sich mit unterschiedlichen Geschwindigkeiten, Richtungen und Intensitäten entfalten.[10] Verschiedene Arten globaler Verbindungen entwickeln sich also ganz unterschiedlich – und damit verändern sich auch die dazugehörigen Räume auf unterschiedliche Art und Weise.

9 *Massey*, For Space, 9.

10 Vgl. *Isabella Löhr/Roland Wenzlhuemer*, Introduction. The Nation State and Beyond. Governing Globalization Processes in the Nineteenth and Early Twentieth Centuries, in: dies. (Hrsg.), The Nation Sate and Beyond. Governing Globalization Processes in the Nineteenth and Early Twentieth Centuries. Berlin/Heidelberg 2013, 1–26.

Zwar suggerieren griffige Metaphern wie etwa die Rede vom „Schrumpfen der Welt“ oder vom „globalen Dorf“ eine übergreifende räumliche Veränderung durch die Globalisierung. Tatsächlich aber haben sich im Kontext der Globalisierungsgeschichte manche Räume substantiell verändert, während andere weniger starke Entwicklungen gesehen haben und wieder andere überhaupt nicht davon berührt worden sind. Durch diese unterschiedliche Entwicklung verändern Räume aber vor allem auch ihr Verhältnis zueinander. Historische Akteure sind gleichzeitig in eine Vielzahl von Räumen eingebettet. Verändern sich manche davon und andere nicht, ergibt sich daraus eine neue räumliche Konfiguration für die Handelnden. In solchen Verschiebungen werden die durch Globalisierungsprozesse angestoßenen qualitativen Veränderungen tatsächlich sichtbar und spürbar. Analog zur Physik könnte man sagen: Würden sich alle Räume, zu denen eine Person gehört, gleichmäßig verändern, so könnte diese Person gar keinen Wandel feststellen. Erst aus der ungleichmäßigen Entwicklung ergibt sich eine Verschiebung des Verhältnisses zwischen den Räumen. In dieser Verschiebung manifestiert sich erst die qualitative Bedeutung von Globalisierungsprozessen für die involvierten Akteure.

Besonders anschaulich kann man die Pluralität von Räumen, ihre Dynamik und die daraus resultierenden Verschiebungen am Beispiel der Telegrafie machen. Diese Technologie spielte eine zentrale Rolle im großen Globalisierungsschub des 19. Jahrhunderts. Sie wurde, was Bedeutung und Funktionsweise angeht, unter anderem mit dem Internet verglichen.[11] Bei genauerer Betrachtung erweist sich dieser Vergleich zwar als wenig akkurat,[12] er trifft aber immerhin hinsichtlich der zeitgenössischen Wahrnehmung der beiden Technologien zu. Beide Technologien stehen für die massive Beschleunigung von globaler Kommunikation, für ein sogenanntes „Schrumpfen der Welt“ oder auch für die scheinbare

11 *Tom Standage*, The Victorian Internet. The Remarkable Story of the Telegraph and the Nineteenth Century's On-Line Pioneers. 2. Aufl. New York u.a. 2014.

12 *Wenzlhuemer*, Connecting, 7–9.

„Vernichtung von Raum und Zeit“. Aber genauso wenig wie das Internet heute hat der Telegraf die Welt kleiner werden lassen oder gar Raum und/oder Zeit überwunden. Beschleunigt hat er nur wenige ausgewählte Bereiche der Kommunikation. Der Telegraf hat neue Verbindungsmöglichkeiten und dadurch auch neue globale Räume geschaffen, die über ihre Akteure mit anderen Räumen korrespondierten. Genau in dieser Verschiebung der Raumkonfiguration werden die neuen, wichtigen Qualitäten der Telegrafie deutlich, wie in den folgenden Beispielen gezeigt werden soll.

Der Telegraf und die angebliche Vernichtung des Raums

Mit der Idee, Elektrizität zur Informationsübertragung zu nutzen, spielten Erfinder bereits seit der Mitte des 18. Jahrhunderts. Im Jahr 1753 beschrieb ein anonymer Autor, der lediglich mit den Initialen C. M. signierte, im *Scots' Magazine* eine ganz konkrete Methode, wie man eine solche schnelle Informationsübertragung bewerkstelligen könnte. Der beschriebene Apparat baute auf dem Wissensstand der Zeit auf: Elektrizität konnte mit Hilfe eines Reibungsgenerators erzeugt werden und es war wohlbekannt, dass elektrostatische Energie ganz leichte Gegenstände – zum Beispiel Papierschnipsel – anziehen konnte. Entsprechend schlug C. M. vor, für jeden Buchstaben des Alphabets einen eigenen Stromkreis anzulegen, dem jeweils ein Zettelchen mit einem bestimmten Buchstaben zugeordnet war. Floss nun Strom aus dem Generator über einen der Stromkreise, so sollte am empfangenden Ende der Zettel mit dem Buchstaben elektrostatisch angezogen werden.[13] Es ist nicht besonders verwunderlich, dass diese Kommunikationsmethode sich angesichts ihrer Umständlichkeit und Unzuverlässigkeit nicht durchsetzen konnte. Die Idee kam aber zu einer Zeit, in der das Wissen über Elektrizität und ihre Prinzipien kontinu-

13 *Anton Huurdeman*, The Worldwide History of Telecommunications. Hoboken 2003, 48.

ierlich zu wachsen begann. Wissenschaftler wie zum Beispiel Luigi Galvani, Alessandro Volta oder etwas später Hans Christian Ørsted und Michael Faraday trugen erheblich zum Verständnis des elektrischen Stroms bei. Auf ihren Einsichten aufbauend, fingen in den frühen Jahren des 19. Jahrhunderts bald andere Wissenschaftler und Ingenieure an, neue Methoden zur elektrischen Informationsübertragung zu entwickeln und auszuprobieren. Manche wie etwa Samuel Thomas von Soemmering, Francis Ronalds, Carl Friedrich Gauss, Wilhelm Eduard Weber, Carl August von Steinheil oder Paul Schilling von Canstatt waren mit ihren Arbeiten durchaus erfolgreich. Meistens fehlte es den von ihnen entwickelten Apparaten aber an technischer Reife, um auch außerhalb der Werkstatt oder des Labors zuverlässig zu funktionieren.

Andere aber setzten auf diesen vielen Vorarbeiten auf. Im Jahr 1837 konnten schließlich in den Vereinigten Staaten und in Großbritannien funktionierende Telegrafenprototypen unabhängig voneinander vorgestellt werden. Die jeweiligen Entwürfe waren recht unterschiedlich, nutzten aber beide einen Elektromagneten, um die elektrischen Signale sichtbar zu machen. Samuel Morse stellte seinen Apparat in einem New Yorker Seminarraum vor und entwickelte ihn in der Folge gemeinsam mit Alfred Vail weiter. Morse brauchte aber noch Jahre, um den Congress davon zu überzeugen, eine erste Telegrafenlinie zwischen Washington und Baltimore zu finanzieren. In London stellten Charles Wheatstone und William Fothergill Cooke ihren Nadeltelegrafen entlang eines Streckenabschnitts der *London and Birmingham Railway* vor. Die Technologie konnte dort bei der Koordination von Zügen helfen. Aber auch sie benötigten noch lange, um die Eisenbahnunternehmen von der Praktikabilität des Telegrafen zu überzeugen und eine Konzession zum Bau einer Linie zu erhalten.

Im Jahr 1842 willigte der Congress schließlich ein, Morses Linie zwischen Washington und Baltimore zu finanzieren. Zwei Jahre später wurde die Telegrafenlinie eröffnet. Fast zur selben Zeit konnte Cooke endlich die *Great Western Railway Company* überzeugen, ihn entlang des Streckenabschnitts von London-

Paddington nach Slough aus eigener Tasche eine Telegrafenleitung verlegen zu lassen. Beide Unternehmungen erwiesen sich schnell als erfolgreich und profitabel. Auch die Eisenbahngesellschaften sahen nun mehr und mehr, wie sehr ihnen die Telegrafie hinsichtlich der Koordination ihrer Züge helfen konnte und begannen, entlang ihrer Schienen auch Telegrafenlinien zu errichten. In der Folge wurden sowohl die Vereinigten Staaten[14] wie auch Großbritannien[15] von einer regelrechten Telegrafenmanie erfasst, welche die 1840er- und 1850er-Jahre hindurch anhalten sollte. Während dieser Zeit entstanden zuerst in diesen beiden Ländern und bald auch in weiten Teilen des europäischen Festlandes nationale Telegrafennetzwerke. Schon früh in dieser Entwicklung kam es zu ersten Versuchen, solche nationalen Netzwerke miteinander zu verbinden. Im Jahr 1851 wurde ein Kabel durch den Ärmelkanal gelegt und verband Großbritannien und Frankreich telegrafisch. Es folgten bald weitere Telegrafenkabel zwischen Großbritannien und dem Kontinent. Seit Mitte der 1850er-Jahre gab es immer wieder Versuche, ein Transatlantikkabel zwischen Irland und Neufundland zu verlegen und damit letztlich Großbritannien und die Vereinigten Staaten zu verbinden. Bis auf eine kurzlebige Verbindung im Jahr 1858 scheiterten diese Versuche allesamt. Im Jahr

14 Für eine umfassende Geschichte der Telegrafie in den Vereinigten Staaten vgl. *Richard John*, Network Nation. Inventing American Telecommunications. Cambridge u.a. 2010; *David Hochfelder*, The Telegraph in America, 1832–1920. Baltimore 2012.

15 Der brauchbarste Gesamtüberblick über die Geschichte der Telegrafie in Großbritannien kommt immer noch von Jeffrey Kieve, während andere einzelne Entwicklungsphasen genauer betrachtet haben. *Jeffrey Kieve*, The Electric Telegraph. A Social and Ecenomic History. New Abbot 1973; *Steven Roberts*, Distant Writing. A History of the Telegraph Companies in Britain between 1836 and 1868. Version 2012, in: URL = <http://distantwriting.co.uk/index.htm> (letzter Zugriff: 23.06.2016); *Roger N. Barton*, Brief Lives. Three British Telegraph Companies 1850-56, in: The International Journal for the History of Engineering and Technology 80/2, 2012, 183–198; *Charles Perry*, The Rise and Fall of Government Telegraphy in Britain, in: Business and Economic History 26/2, 1997, 416–425.

1865 konnte eine Verbindung zwischen Europa und Indien eingerichtet werden und ein Jahr darauf gelang schließlich auch die Verlegung eines funktionierenden Kabels durch den Atlantik.[16] Ab diesem Zeitpunkt kann man von einem entstehenden globalen Telegrafennetzwerk sprechen, das sich in den folgenden Jahrzehnten über die ganze Welt ausbreiten sollte.[17]

Der Grund für diese rasche, zuerst nationale und dann auch globale Verbreitung der Telegrafie lag vor allem im großen Nutzen, den die Telegrafie in vielen Bereichen entfalten konnte. Wenig überraschend gehörten Geschäftsleute zu den ersten, die sich für die neue Technologie nachhaltig begeistern konnten. Aber auch das Militär und die britische Kolonialverwaltung konnten der Telegrafie vieles abgewinnen. Der unmittelbare Anschub aber kam, nach anfänglichem Zögern, zumindest in Großbritannien von den Eisenbahngesellschaften. Nachdem Cooke es geschaffte hatte, der *Great Western Railway* eine Konzession zum Bau seiner Linie nach Slough abzuringen, zeigte sich schnell, wie nützlich der Telegraf vor allem hinsichtlich der Koordination von Zügen auf eingleisigen Streckenabschnitten war. Auf diesen Abschnitten konnten mit Hilfe des neuen Kommunikationsmediums nun Züge in beide Richtungen effizient und sicher koordiniert werden.[18]

Diese Symbiose mit der Eisenbahn, deren Wegerechte wiederum den Bau von Telegrafenlinien erleichterten, wurde zur Initialzündung für die rasche Expansion der Telegrafie. Sie verweist unmittelbar auf das Innovationsmoment, das diese neue Technologie mit sich brachte – die Entmaterialisierung von Informations-

16 Vgl. *Simone Müller-Pohl*, The Transatlantic Telegraphs and the Class of 1866. Transnational Networks in Telegraphic Space, 1858–1884/89, in: Historical Social Research 35/1, 2010, 237–259; *Christian Holtorf*, Der erste Draht zur Neuen Welt. Die Verlegung des transatlantischen Telegrafenkabels. Göttingen 2013.

17 Vgl. *Dwayne R. Winseck/Robert M. Pike*, Communication and Empire. Media, Markets and Globalization, 1860-1930. Durham/London 2007; *Peter J. Hugill*, Global Communications since 1844. Baltimore/London 1999; *Wenzlhuemer*, Connecting.

18 *Kieve*, Electric Telegraph, 33.

flüssen. Mit dem Telegrafen wurde die Informationsübermittlung durch elektrischen Strom zur technischen Reife geführt. Informationen konnten nun mit Hilfe verschiedener Codesysteme in elektrische Impulse enkodiert werden. Diese Impulse wurden entlang eines elektrischen Leiters verschickt und am empfangenden Ende schließlich wieder dekodiert. Der Telegraf löste Kommunikation und Transport voneinander ab.[19] Für eine elektrische Übertragung auch über sehr lange Strecken galten viele Beschränkungen nicht, die dem materiellen Transport auferlegt waren. So wirkte sich die Länge des Kommunikationsweges nur geringfügig auf die Kommunikationsdauer aus. War einmal eine funktionsfähige Leitung verlegt, so schlug sich die überwundene Entfernung kaum noch nieder. Dies brachte zum einen eine erhebliche Beschleunigung des Informationsaustauschs mit sich. Brauchte ein Brief über den Atlantik mit dem Dampfschiff an die zehn Tage, so machte der Telegraf unter günstigen Umständen den Erhalt einer Antwort aus Übersee binnen weniger Stunden möglich. Noch bedeutender aber als dieses Schrumpfen von absoluten Kommunikationszeiten war die relative Beschleunigung, die der Telegraf möglich machte. Informationen konnten nun mit einem Medium verschickt werden, das schneller war als die Eisenbahn oder – im Interkontinentalverkehr – als das Dampfschiff. Mit dem Telegrafen hatte man nun eine Technologie zur Hand, mit der man Eisenbahnen und Dampfschiffe effizient kontrollieren und koordinieren konnte. In dieser Fähigkeit und dem daraus resultierenden Zusammenspiel mit etablierten Transport- und Kommunikationsformen lag das eigentliche Alleinstellungsmerkmal der Telegrafie.

Die Entmaterialisierung von Informationsflüssen durch die Telegrafie war einerseits von großer Bedeutung für die Beschleunigung der Kommunikation (auch und insbesondere im Verhältnis zum Transport), sie wirkte sich aber auch auf die damit verbundene Kommunikationsweise aus. Der Telegraf übermittelte Informa-

19 Dieser Gedanke geht auf James Carey zurück. *James Carey*, Technology and Ideology. The Case of the Telegraph, in: ders., Communication as a Culture. Essays on Media and Society. Boston 1989, 201–230.

tion als eine Reihe von elektrischen Impulsen. Mitunter wird die Tatsache, dass zur Datenübertragung entweder Strom über einen Draht floss oder nicht, als eine Art frühe binäre Codierung interpretiert. Tatsächlich aber kannten sowohl die Morse-Telegrafie wie auch der Cooke-Wheatstone-Nadeltelegraf drei grundlegende Zustände. Im Fall des Morse-Telegrafen gab es entweder kein Signal, einen kurzen Impuls oder einen langen Impuls. Und beim Nadeltelegrafen lag entweder kein Signal an oder Strom floss in eine von zwei Richtungen. Aus diesen unterschiedlichen Signalen wurden dann jeweils Codesysteme entwickelt, die die Übertragung komplexer Informationen erlaubten. Sowohl der Morse- wie auch der Nadelcode bauten auf dem lateinischen Alphabet als Basis auf, wobei im Fall des Nadeltelegrafen nicht einmal alle Buchstaben in der ersten Codeversion untergebracht werden konnten. Einzelne Buchstaben wurden jeweils durch eine bestimmte Kombination von Impulsen übermittelt. Nur Buchstaben, Zahlen und bestimmte Satzzeichen konnten auf diese Weise übertragen werden. Jede andere Information – wie etwa die Handschrift, handschriftliche Korrekturen oder die Art des verwendeten Papiers, um nur einige Beispiele zu nennen – ging durch die Art der Übertragung verloren.

Zudem führte diese komplexe Enkodierung von Buchstaben in elektrische Impulse zu relativ langen Impulsketten, selbst wenn es nur um kurze Nachrichten ging. Telegrafenkabel waren teuer zu verlegen und zu unterhalten. Ihre Übertragungskapazitäten waren lange Zeit relativ niedrig. Daher war die Kommunikation per Telegraf üblicherweise ein teures Vergnügen, dessen Kosten mit der Länge der Nachricht stiegen. In der telegrafischen Kommunikation strebte man somit nach Kürze und Prägnanz. Die zu sendende Information sollte direkt auf den Punkt kommen und möglichst keine sprachlichen Ornamente oder unnötigen Anmerkungen aufweisen. Grammatik und Interpunktion waren verhandelbare Größen. In der internationalen Geschäftskorrespondenz setzten sich zudem bald spezielle Abkürzungen durch, die in offiziellen Codebüchern festgehalten wurden. Diese Codes dienten nicht zur

Verschlüsselung, sondern zur Verkürzung der jeweiligen Nachrichten. Im weitverbreiteten *ABC Telegraphic Code* zum Beispiel bedeutete das Wort „Aigulet" einfach „Is not likely to affect you in any manner" [20] und „Bluster" war als „The boxes were delivered in bad order" [21] zu lesen. Auf diese Art und Weise konnten komplexe Nachrichten in nur wenige Worte verpackt und verhältnismäßig schnell und günstig übermittelt werden. Andererseits ging dadurch aber auch jede Bedeutung jenseits dieses standardisierten Inhalts verloren. Ein bekanntes Büchlein mit Hinweisen und Richtlinien zum Verfassen von Telegrammen brachte es auf den Punkt:

> Naturally, there is a right way and a wrong way of wording telegrams. The right way is economical, the wrong way, wasteful. If the telegram is packed full of unnecessary words, words which might be omitted without impairing the sense of the message, the sender has been guilty of economic waste.[22]

Diese Nachrichtenökonomie war wichtig und führte zur Herausbildung eines spezifischen Telegrammstils, für den insgesamt andere soziokulturelle Richtlinien galten. Kürze wurde zumeist als wichtiger eingestuft als ordentliche Grammatik, Höflichkeit oder Protokoll. Ein interessantes Beispiel dafür findet sich in einem kurzen telegrafischen Austausch zwischen dem Prince of Wales und dem König von Portugal anlässlich der Eröffnung der ersten Unterseeverbindung zwischen Europa und Indien im Jahr 1870. Da das Unterseekabel auch in Portugal anlandete, gratulierte der Prinz dem König in einem offiziellen Telegramm und dankte für die Unterstützung der portugiesischen Regierung. Der König schrieb jenseits jedes etablierten Protokolls zurück: „Thanks

20 *William Clauson-Thue*, The ABC Universal Commercial Electric Telegraphic Code. 4. Aufl. London 1881, 13.

21 Ebd., 41.

22 *Nelson E. Ross*, How to Write Telegrams Properly. (Little Blue Book Bd. 459.) Girard 1928.

for the good wishes you expressed me in your telegram. Equally I congratulate myself for the completion of the Telegraph. LUIZ."[23]

Aufgrund der echten oder gefühlten Notwendigkeit von Kürze und Prägnanz in der telegrafischen Kommunikation wurden oft nur isolierte Einzelinformationen auf diese Art übermittelt. Diese wurden jedes qualifizierten Kontextes entblößt. Nur das Wichtigste wurde telegrafiert, während andere Nachrichten weiterhin per Brief übermittelt wurden. Die Telegrafie verdrängte daher weder andere Kommunikationsformen noch überschrieb sie deren Räume. Vielmehr fügte sich die neue Technologie in ein bestehendes System von Kommunikationsformen ein, übernahm eine bestimmte Funktion in diesem System und interagierte mit anderen Medien.[24]

Anstatt den Raum zu überwinden oder gar zu vernichten, wie es so mancher zeitgenössische Beobachter konstatierte,[25] schuf die

23 Commemoration of the Opening of Direct Submarine Telegraph with India, John Pender, Souvenir of the Inaugural Fête held at the House of Mr. John Pender vom 23. Juni 1870, 21–22.
Die Aussetzung üblicher Umgangsformen im telegrafischen Verkehr hatte aber auch ihre Grenzen, wie ein Auszug aus dem Manual von Nelson Ross eindrucksvoll belegt: „A man high in American business life has been quoted as remarking that elimination of the word ‚please' from all telegrams would save the American public millions of dollars annually. Despite this apparent endorsement of such procedure, however, it is unlikely that the public will lightly relinquish the use of this really valuable word. ‚Please' is to the language of social and business intercourse what art and music are to everyday, humdrum existence. Fortunes might be saved by discounting the manufacture of musical instruments and by closing the art galleries, but no one thinks of suggesting such a procedure. By all means let us retain the word ‚please' in our telegraphic correspondence." *Ross*, How to Write Telegrams Properly.

24 Das ist in der Technologiegeschichte ein bekanntes Phänomen und wurde unter anderem von David Edgerton ausführlich diskutiert. *David Edgerton*, The Shock of the Old. Technology and Global History since 1900. Oxford u.a. 2007.

25 Zum Ursprung der Metapher vgl. *Iwan R. Morus*, The Nervous System of Britain. Space, Time and the Electric Telegraph in the Victorin Age, in: The British Journal for the History of Science 33/4, 2000, 455–475;

Telegrafie einen neuen, dynamischen Kommunikationsraum, der eingebettet in eine Vielzahl von anderen solchen Räumen existierte. Im Zusammenspiel dieser sich verändernden Räume manifestiert sich das qualitativ neue Moment der Telegrafie, welches dieser Technologie eine so wichtige Rolle im Kontext von Großprozessen wie Industrialisierung oder Globalisierung verliehen hat. Im folgenden Abschnitt soll dieser neuen Qualität im Rahmen konkreter Beispiele nachgespürt werden, in denen die Pluralität von Kommunikationsräumen und ihr Zusammenspiel über die historischen Akteure sichtbar werden. Beleuchtet werden sollen Situationen, in denen sich die Gleichzeitigkeit unterschiedlicher Anbindungsmuster und damit auch unterschiedlicher Räumlichkeiten besonders deutlich zeigt. Es geht demnach um das Verhältnis von globaler Anbindung und Isolation sowie um die Rolle, welche die Telegrafie in diesem Zusammenhang spielt.

Fanning und Cocos: Zur Pluralität von Kommunikationsräumen

„That sounds as if I were away down at McMurdo Sound with a South Pole expedition doesn't it!!!" – so entschuldigte sich ein britischer Telegrafist im März 1914 in einem Brief an seinen befreundeten Kollegen Hollingworth in Montreal für die Hast, mit welcher er das Schreiben verfassen müsse. Das Versorgungsschiff, das die Briefe mitnehme, würde überraschend bereits einen Tag früher ablegen als geplant und dadurch bleibe ihm nur noch eine Stunde, um das letzte Schreiben des Freundes zu beantworten. Fast wie am Südpol: Die Postanbindung sei schlicht skandalös und zum Ver-

---

Jeremy Stein, Annihilating Space and Time. The Modernization of Fire-Fighting in Late Nineteenth-Century Cornwall, Ontario, in: Urban History Review 24/2, 1996, 3–11; *Ders.*, Reflections on Time, Time-Space Compression and Technology in the Nineteenth Century, in: John May (Hrsg.), Timespace. Geographies of Temporality. London u.a. 2001, 106–119.

zweifeln, so der Telegrafist weiter. Aus diesem und zwei anderen Briefen, die aus privater Hand an das *Porthcurno Telegraph Museum* gegeben worden sind,[26] wird sehr deutlich, an welch abgelegenen Plätzen der Welt Telegrafisten im späten 19. und frühen 20. Jahrhundert teilweise ihren Dienst taten und wie abgeschnitten sie dabei in vielerlei Hinsicht vom Rest der Welt waren. Die Briefe stammen von einem lediglich mit dem Alias „Napoleon" unterzeichnenden Telegrafisten, der in den Jahren 1913 bis 1915 auf Fanning Island stationiert war. Das kleine Atoll liegt etwa 1450 Kilometer südlich von Hawai'i mitten im Pazifik und gehörte seit 1889 zum Britischen Weltreich.[27] Ab 1902 wurde die Insel als Zwischenstation in der ersten transpazifischen Telegrafenverbindung genutzt. Dieses vom *Pacific Cable Board* betriebene Kabel verband British Columbia über Fanning, Fidschi und Norfolk Island mit Australien und Neuseeland. In Kombination mit dem zweiten, ein Jahr später verlegten und von der *Commercial Pacific Cable Company* betriebenen Kabel von San Francisco über Honolulu nach Manila wurde zu Beginn des 20. Jahrhunderts mit der Pazifikquerung die letzte große Lücke im weltumspannenden Telegrafennetzwerk geschlossen.[28] Insbesondere die beiden Pazifikkabel stehen daher symbolisch für einen vorläufigen Höhepunkt in der kommunikativen Vernetzung der Welt. Das entlang dieser Routen stationierte Personal aber war, wie man sieht, in ein deutlich komplexeres Gewebe von Anbindung und Isolation eingebettet. Selbst inmitten des Pazifischen Ozeans war in solchen Kabelstationen die telegrafische Verbindung mit dem Rest der Welt natürlich hervorragend. Hunderte Telegramme gingen täglich über die Kabel und wurden in den Relaisstationen transkribiert. Nachrichten aus aller Welt wurden empfangen und weitergeleitet. Dadurch war das Personal – und insbesondere die Telegrafisten – dieser Stationen

---

26 Porthcurno Telegraph Museum, DOC//5/107/1-3, Letters from the Fanning Islands.

27 Heute gehört das Atoll unter dem Namen Tabuaeran zum Inselstaat Kiribati.

28 *Wenzlhuemer*, Connecting, 118.

immer bestens über das Weltgeschehen informiert. In dieser Hinsicht war man auf das engste mit der Welt verbunden. Geografisch wiederum waren viele der Zwischenstationen völlig abgelegen, wie auch aus obigem Zitat deutlich zu erkennen ist. Nur alle paar Wochen oder Monate lief ein Versorgungsschiff Stationen wie zum Beispiel jene auf Fanning an. Das beeinträchtigte zum einen die private Kommunikation mit Familie und Freunden, die nicht telegrafisch, sondern postalisch bewerkstelligt wurde. Es konnte sich aber auch auf die Versorgung mit Nahrungsmitteln und auf die adäquate Behandlung gesundheitlicher Probleme auswirken. Am Beispiel dieser Telegrafenstationen wird daher sehr klar, wie sich verschiedene globale Kommunikationsräume überlappten und sich aus dem Verhältnis dieser unterschiedlichen Räume zueinander eine ungewöhnliche Spannung ergab.

Das wird auch in den genannten Briefen aus Fanning Island immer wieder deutlich. Insgesamt liegen uns drei Briefe von Napoleon an seinen Kollegen und Freund Hollingworth vor. Das erste Schreiben stammt vom 17. März 1914. Das zweite wurde etwa zwei Monate später am 21. Mai abgeschickt. Der dritte und ausführlichste Brief stammt vom 8. Januar 1915. In vielen Passagen aus diesen Schreiben wird das Spannungsverhältnis zwischen Anbindung und Isolation, in dem das Personal auf Fanning lebte, greifbar. Beispielsweise spricht der Verfasser die Umständlichkeit des Briefverkehrs immer wieder direkt an – etwa in oben genanntem Zitat, aber auch an manchen weiteren Stellen. So entschuldigt sich Napoleon zu Beginn des zweiten Briefes etwa bei seinem Freund Hollingworth. Noch immer sei dessen Schreiben vom 21. November 1913 nicht vollständig beantwortet. Er bekenne sich der Prokrastination schuldig, müsse aber auch lange Briefe an seine Frau Josephine – vermutlich eine Anspielung auf den eigenen Alias – schreiben. „But I've had my work cut out in keeping Josephine satisfied with the promised lengthy Epistle[.]“[29] Und am Ende des Briefes nimmt er das Mo-

29 Porthcurno Telegraph Museum, DOC//5/107/2, Letters from the Fanning Islands, 1.

tiv (ebenso wie die ubiquitären Anspielungen auf die französische Geschichte) nochmals auf: „If Josephine knew I have given you eleven pages she would have you guillotined!!! Am 167 pages up to her and still unfinished, so must away to do so.“[30] Unter anderem in diesen ironischen Passagen wird deutlich, wie punktuell die postalische Verbindung mit dem Rest der Welt und damit auch mit der eigenen Familie von Fanning Island aus war. Über Wochen und Monate wuchsen lange Briefe, die dann gesammelt dem Versorgungsschiff mitgegeben wurden. Die jeweiligen Schreiben – insbesondere wohl jene an die Familie – konnten dabei sehr dicht und ausführlich sein, eine sinnvoll aufeinander aufbauende Kommunikation war aber durch die sporadische Abholung und Zustellung der Post sehr schwer.

Aber nicht nur die Kommunikation mit der Außenwelt litt unter der Abgeschiedenheit des Postens. Napoleon schildert an mehreren Stellen die prekäre Nahrungsmittellage und die dürftige medizinische Versorgung. Verzögerte sich einmal die Ankunft des Versorgungsschiffes, so musste das Personal schnell auf Notrationen umstellen. Im ersten Brief vom März 1914 wird eine solche Situation lebhaft beschrieben:

> Completely out of flour, therefore no bread, but we substituted with those thick square ship's biscuits which they feed the natives on, and for which I have to thank them for leaving me a Souvenir in the shape of a broken tooth! No dentist here, so what you going to do about it!!! For the first fortnight we were on famine rations. We were allowed one potatoe and one onion for dinner!!! But the last week we were completely out of these and existing on the fish we could catch, rice and these biscuits.[31]

30 Ebd., 11.

31 Porthcurno Telegraph Museum, DOC//5/107/1, Letters from the Fanning Islands, 1–2.

Aber auch in seinem zweiten Schreiben gut zwei Monate später schildert Napoleon eine ganz ähnliche Situation:

> […] when our provision boat was some weeks overdue and we were reduced to famine rations!!! This time we were worse off than before […]! A week before the boat arrived we were absolutely out of everything except tinned soup. No tinned meat, vegetables, fruit, milk or butter, and no fat to fry the fish in; so we had the enviable experience of getting boiled fish from Monday to Saturday. […] When the last famine occurred we had a few fowls left in the run and were able to provide a poultry dinner for Sunday and an occasional egg for breakfast, but this time we had no such luxuries as that![32]

Auch wenn die geschilderte Lage wohl nicht lebensbedrohend war, so wird hier dennoch deutlich, wie fragil die Einbindung der Station in ein größeres Versorgungsnetzwerk war. In den Anmerkungen über den Postverkehr, vor allem aber in den häufigen Hinweisen auf Mangelsituationen zeigt sich, dass Verspätungen des ohnehin nur selten verkehrenden Versorgungsschiffes relativ häufig vorkamen. Das Personal war dann weitestgehend auf sich allein gestellt, während die Weltnachrichten praktisch im Minutentakt über die Insel liefen.

Die Besonderheit dieses speziellen Zusammenspiels von Anbindung und Isolation wird nirgendwo so deutlich wie in Napoleons drittem uns vorliegenden Brief an Hollingworth. In diesem Schreiben vom 8. Januar 1915 wendet sich der Verfasser nach langem Schweigen an seinen Freund. Entsprechend beginnt auch dieser Brief mit einer Entschuldigung: „It is with a blush of shame (and it's a long time since I blushed) that I sit down to write you, because I have neglected you so long that you will by now, almost

32 Porthcurno Telegraph Museum, DOC//5/107/2, Letters from the Fanning Islands, 5–6.

be wondering if I have got you out of focus as one of my friends."[33] Napoleon gibt die üblichen Gründe für die Verzögerung an, verweist aber auch auf die veränderte Situation seit Kriegsausbruch, die große Anspannung und die anstrengenden Doppelschichten. Dem weltweiten Telegrafennetzwerk kam im Krieg eine wichtige strategische Bedeutung zu. Dadurch wurde das Personal auf Fanning Island in das Kriegsgeschehen verwickelt:

> But altho' we are only a mere handful of 14 Britons, we fully recognised each day, more + more, that the Empire depended on us standing up to the pressure of traffic and rendering her all assistance we could by metaphorically sticking to our guns.[34]

Dass der Dienst für das Vaterland aber schnell über den rein metaphorischen Kontakt mit Waffen hinausgehen konnte, damit beschäftigt sich der längste Teil des Schreibens. „[Y]ou must be dying to hear a true version of the German invasion of [Fanning Island]", schreibt Napoleon zu Beginn des Briefes und meint damit das Eintreffen des deutschen Kleinen Kreuzers *Nürnberg* in Fanning am 7. September 1914. SMS *Nürnberg* gehörte zum sogenannten „Ostasiengeschwader" der Kaiserlichen Marine, das kurz nach der deutschen Inbesitznahme Kiautschous im Jahr 1897 offiziell gegründet wurde, um mit einer ständigen Flottenpräsenz die kolonialen und kommerziellen Interessen in Ostasien zu unterstreichen.[35] Nach dem Ausbruch des Ersten Weltkriegs

33 Ebd., DOC//5/107/3, Letters from the Fanning Islands, 1.

34 Ebd., 3.

35 Zur Geschichte des Ostasiengeschwaders siehe u.a. *Heiko Herold*, Reichsgewalt bedeutet Seegewalt. Die Kreuzergeschwader der Kaiserlichen Marine als Instrument der deutschen Kolonial- und Weltpolitik 1885 bis 1901. (Beiträge zur Militärgeschichte, Bd. 74, zugleich Phil. Diss. Heinrich-Heine-Universität Düsseldorf 2010.) München 2013; *Heinrich Walle*, Deutschlands Flottenpräsenz in Ostasien 1897-1914. Das Streben um einen ‚Platz an der Sonne' vor dem Hintergrund wirtschaftlicher, machtpolitischer und kirchlicher Interessen. (Jahrbuch für

operierte das Geschwader zuerst vor allem im Südpazifik und griff unter anderem feindliche Kommunikationseinrichtungen an.[36] In diesem Zusammenhang lief die *Nürnberg* am 7. September Fanning Island an. Dort war man eigentlich gewarnt. Die Aktionen des deutschen Geschwaders waren bekannt und gefürchtet. Und schon ein paar Tage zuvor war man per Telegraf darüber informiert worden, dass die *Nürnberg* und die *Leipzig* mittlerweile Honolulu verlassen hätten und sich wohl in unmittelbarer Nähe befänden.[37] Entsprechend nervös war auch Napoleon als am Morgen des 7. September ein Schiff entdeckt wurde, das langsam auf die Insel zukam. Anfangs war nicht klar, ob es sich um Freund oder Feind handelte:

> Personally I was of opinion that if she were a German man o' war they would commence bombarding us as soon as they reached our anchorage and […] that within a few minutes we might all be blown to Kingdom Come[.][38]

Der Superintendent der Station aber sah das anders. Er fiel auf die falsche Beflaggung der *Nürnberg* herein und hielt sie für ein französisches Schiff. Die *Nürnberg* eröffnete nicht das Feuer, sondern schickte einen Landungstrupp, den der Superintendent im Glauben, es handle sich um Franzosen, enthusiastisch willkommen hieß. Napoleon schildert in seinem Brief, wie sich dies als eklatanter Irrtum herausstellte:

> [T]he marines floundered out of their whaler + stood on the beach until their officer landed from the stern, + the

europäische Überseegeschichte 9.) Wiesbaden 2009, 127–158; *Andreas Leipold*, Die deutsche Seekriegsführung im Pazifik in den Jahren 1914 und 1915. Wiesbaden 2012.

36 *Herold*, Reichsgewalt, 384.

37 Porthcurno Telegraph Museum, DOC//5/107/3, Letters from the Fanning Islands, 4.

38 Ebd., 7.

next thing we knew was that the same officer's revolver was levelled at us with the command in a stentorian, but rather excited voice „Hands ub, you are my brizoners!" With lightning precision, of course, we all obeyed + we all fully expected to hit the beach in less than a few seconds, especially as the marines had surrounded us and stood with the rifles half way up to the shoulder in readiness to bring their weapons up upon the word of command being given.[39]

Abbildung 4: Britische Telegrafisten und deutsche Soldaten der Nürnberg auf Fanning.

Die deutschen Marinesoldaten hatten es aber lediglich auf die Kommunikationseinrichtungen abgesehen. Sie setzten das Personal gefangen und begannen dann sofort, alle technischen Geräte und Installationen, die sie finden konnten, zu zerstören. (Abb. 4) Sie ließen sich vom Superintendenten in den Telegrafenraum bringen: „Then the marines got busy with their axes + rifles and soon made an unholy mess of that instrument room."[40] Die deutschen Offiziere vergewisserten sich, dass tatsächlich alle Instrumente

39 Ebd., 10.
40 Ebd., 13.

funktionsuntauglich waren und konfiszierten alle vorhandenen Codebücher und offiziellen Unterlagen. Dann folgte der finale Schritt:

> Nothing would convince them that our engineroom was not in connection with a wireless plant on the island + they sent aboard for cases of dynamite + on its arrival proceeded to blow up the engineroom + then did the same with the two shore-ends of our cables. After blowing up the engineroom the officer was again told by someone that it was only our electric light plant + he profusely apologized + said „very sorry Gentlemen, but this is war; personally we take no delight in destruction, but we must obey orders."[41]

Nachdem alle Kommunikationsanlagen zerstört und alle verbleibenden Instrumente eingezogen worden waren (Abb. 5), ließen die Deutschen ihre Gefangen frei und zogen auf der *Nürnberg* ab. Die Briten blieben ohne Strom und völlig verunsichert auf der Insel zurück. Napoleon schildert eindrucksvoll, wie man die Nachtwachen nach dem Vorfall verdoppelte und wie immer wieder jemand Lichter auf See zu erspähen glaubte, die sich dann als Sterne oder eine andere Täuschung herausstellen sollten.[42] Die Stimmung in der Mannschaft war sehr angespannt – nicht zuletzt auch aufgrund der vollständigen Isolation durch die Zerstörung der Telegrafenanlage. Es gab nach Abzug der Deutschen keinerlei Verbindung nach Fidschi oder British Columbia. Beide Kabel waren gekappt. Laut Napoleon ging man außerdem davon aus, dass die *Nürnberg* in der Nähe der Kabellandungsstelle Unterwasserminen hinterlassen hätte. Es dauerte bis zum 11. September bis jemand den Mut aufbrachte zu dieser Stelle hinauszufahren und nachzusehen, welchen Schaden die Kabel genommen hatten.[43]

41 Ebd., 13–14.
42 Ebd., 18.
43 Es war allerdings niemand vom Stationspersonal, der dies schließlich tat,

Abbildung 5: Der zerstörte Generatorraum auf Fanning.

Der Schaden war erheblich, aber zumindest waren keine Minen zu finden, so dass sich die Stationselektriker an die Reparatur des Kabels nach Fidschi und einiger Instrumente machen konnten. Tatsächlich gelang es am Abend des 22. September nach einigen Fehlversuchen die telegrafische Kommunikation mit der Station in Suva auf Fidschi wiederherzustellen.[44]

Die Erleichterung war groß. Der Superintendent der Station konnte einen Bericht über die Geschehnisse nach Suva telegrafieren und das Personal durfte kurze Nachrichten über ihr Wohlbefinden an die Angehörigen in aller Welt verschicken. Darüber

sondern ein Mann namens Hugh Greig. Greig war der Enkel eines britischen Kapitäns, der sich in den 1850er-Jahren auf Fanning niedergelassen und eine einheimische Frau geheiratet hatte. Occasional Papers of Bernice P. Bishop Museum 15/17, *Kenneth P. Emory*, Additional Notes on the Archaeology of Fanning Island, 1939, 179–189, 179, Fußnote 1.

44 Porthcurno Telegraph Museum, DOC//5/107/3, Letters from the Fanning Islands, 18–20.

hinaus allerdings verhängte die Zentrale eine strikte Nachrichtensperre. Außer einem Testsignal alle fünfzehn Minuten, das die Funktionstüchtigkeit des Fidschikabels bestätigen sollte, durften keine Nachrichten über das Kabel gehen – weder nach Fanning, noch aus Fanning heraus. Da die Verbindung nach British Columbia weiterhin unterbrochen war, hatte die Station auf Fanning im Moment keinen praktischen Nutzen und jede gesandte Nachricht hätte potentiell in die Hände der Deutschen fallen können; daher die strikte Sperre. Für das Kabelpersonal aber war diese zusätzliche und scheinbar unnötige kommunikative Isolation ein schwerer Schlag:

> This nearly broke us up and we were all very much disgusted, but as it was the Admiralty's instructions we afterwards resigned ourselves to the bad luck with the consolation that no doubt it was for our ultimate good in baulking the enemy.[45]

Insgesamt mehr als drei Wochen waren die Männer auf Fanning nicht nur geografisch, sondern auch kommunikativ vom Rest der Welt abgeschnitten. Briefschreiber Napoleon nahm für sich selbst in Anspruch, diese Isolation schließlich beendet zu haben:

> It was not until 30th Sept. that Suva's observance of „Strict Silence" to us was removed by the Governor there + I fancy I was responsible for this, as, when on duty that afternoon I remarked to Suva that the monotony of this exchanging signals every 15 minutes + being forbidden any news of the outside world was worse than prison-life, and I also added that even the Nurnberg people were generous enough to give us their wireless news!!! The fellow on duty must have felt sympathetic for us + spoken to the Supt: who, shortly afterwards interviewed the Governor

45 Ebd., 21.

> + we were supplied with a morning + evening bulletin daily, after that.[46]

In den drei uns vorliegenden Briefen, die Napoleon zwischen März 1914 und Januar 1915 an seinen Freund in Montreal schickte, tritt die Pluralität und Gleichzeitigkeit von Räumen, speziell von Kommunikationsräumen, plastisch hervor. Mitten im Pazifik gelegen, bietet die kleine Insel Fanning fast schon eine Laborsituation, in welcher die gleichzeitige Einbindung der historischen Akteure in ganz unterschiedliche Räume besonders deutlich wird. Schon in Napoleons vielen Verweisen auf die Versorgungslage und die unbefriedigende Postanbindung wird diese räumliche Diskrepanz zum gleichzeitigen privilegierten Zugang zum Weltgeschehen greifbar. Besonders präsent ist sie aber vor allem in der Schilderung des Überfalls der *Nürnberg*. Einmal in der beschriebenen Situation vor Ankunft des deutschen Kreuzers: Das Personal auf Fanning verfügte über aktuellste Informationen über den Verbleib der beiden Kleinen Kreuzer *Nürnberg* und *Leipzig*, hatte aber ansonsten keine praktischen Möglichkeiten auf diese potentielle Bedrohung zu reagieren. Aber auch in dem Moment, als sich die unterschiedlichen Räume nach der Unterbrechung der beiden Unterseekabel plötzlich anglichen, zeigt sich deren Gleichzeitigkeit eindrucksvoll. Zuerst durch die Manipulation der Deutschen, dann durch die Nachrichtensperre aus Suva wird Fanning auch vom globalen telegrafischen Kommunikationsfluss abgeschnitten. Die Isolation war nun perfekt – der geografische und der kommunikative Raum waren praktisch deckungsgleich. An der frustrierten Reaktion der Mannschaft wird deutlich, wie sehr deren insulare Lebenswelt bisher durch eine räumliche Pluralität gekennzeichnet war, die nun plötzlich verlorenging.

Es gibt andere, ähnlich anschauliche Beispiele für diese Pluralität. In seinem langen dritten Brief aus Fanning erwähnt Napoleon schließlich, dass kurz nach der Wiederherstellung der Verbindung

46 Ebd., 26–27.

mit Suva eine Nachricht der Kollegen von den Kokosinseln eintraf: „The next day the Staff at Cocos sent us one saying: ‚Congratulations, our turn next, what!' And whether they really anticipated it or not, their turn came true enough on 10th Nov. [.]"[47] Auf den Kokosinseln, genauer gesagt auf Direction Island, befand sich seit 1901 eine Telegrafenstation der britischen *Eastern Extension, Australasia and China Telegraph Company* – einer Teilfirma von John Penders *Eastern and Associated Telegraph Companies*. Dort liefen drei Unterseekabel zusammen: eines über Mauritius und Rodrigues von der afrikanischen Ostküste, eines von Batavia und eines von der australischen Westküste. Seit 1910 gab es zudem auch eine Funkstation auf Direction Island. Dadurch war die Insel von einer gewissen strategischen Bedeutung und sollte am 9. November 1914 (und nicht wie Napoleon schreibt am Tag darauf) ebenfalls von einem deutschen Kreuzer angegriffen werden.

SMS *Emden* war nach Kriegsbeginn aus dem Ostasiengeschwader ausgegliedert worden und sollte unter ihrem Kapitän Karl von Müller selbstständigen Kreuzerkrieg im Südpazifik und im Indischen Ozean führen. Diese Mission führte sie nun zu den Kokosinseln, wo von Müller die britische Kommunikationsinfrastruktur treffen wollte. Der Kapitän schickte einen Landungstrupp unter dem Kommando von Kapitänleutnant Hellmuth von Mücke an Land, um in einer ganz ähnlichen Manier wie zuvor auf Fanning alles telegrafische Gerät sowie die Unterseekabel zu zerstören. Allerdings war die Anfahrt der *Emden* von der Insel aus beobachtet worden und das Personal konnte einen Funknotruf absetzen, der von HMAS *Sydney* empfangen wurde. Das australische Schiff befand sich in der Nähe, verwickelte die *Emden*, während der Landungstrupp auf der Insel zugange war, in ein Seegefecht und konnte den deutschen Kreuzer schließlich so schwer beschädigen, dass von Müller ihn auf Grund laufen lassen musste (Abb. 6).[48]

Der Landungstrupp unter von Mücke schaffte es nach der Zerstörung der Kommunikationsinfrastruktur (Abb. 7) auf dem vor

47 Ebd., 30.

48 *Wenzlhuemer*, Connecting, 88–89.

Abbildung 6: Britische Telegrafisten auf den Kokosinseln verfolgen die Schlacht zwischen der Emden und der Sydney.

Abbildung 7: Die gesprengte Funkanlage auf den Kokosinseln.

Anker liegenden Schoner *Ayesha* die Kokosinseln zu verlassen und der Gefangennahme zu entkommen. Die kuriose Gesamtkonstellation versorgte beide Konfliktseiten mit überaus brauchbarem Stoff für Heldengeschichten, an welchen sowohl das Telegrafenpersonal wie auch der Landungstrupp in den folgenden Jahren fleißig stricken sollten. So war das Personal wie auch schon zuvor auf Fanning für kurze Zeit in deutsche Gefangenschaft geraten, hatte diese nach eigenen Aussagen aber stoisch und in der Laune unbeeinträchtigt ertragen. Nach Abfahrt des Landungstrupps auf der *Ayesha* schafften es die Elektriker und Telegrafisten binnen kürzester Zeit den größten Schaden zu beheben und zumindest die Unterseekabel wieder in Betrieb zu nehmen. Dies leistete dem Mythos des virilen britischen Telegrafisten Vorschub wie kaum ein anderes Ereignis. Selbst im Augenblick größter Gefahr bewahrten die Telegrafisten der *Eastern and Associated* ihre britische *stiff upper lip*, handelten kühl und effizient – so zumindest ihre Selbstwahrnehmung und -darstellung in den folgenden Jahren.[49] Die firmeninterne Zeitschrift *The Zodiac* berichtete ausführlich über den Vorfall und trug nach Kräften zum Bild des maskulinen Telegrafisten bei:

> The men who perform these unostentatious miracles [...]. On desolate little islands, in remote alien cities, they lead the loneliest of lives. For conversation, they must talk across the wires to colleagues, possibly equally lonely, a thousand miles away. They know as soon as kings and mighty ones what is happening in the great world from which they are exiles; but they keep the charge with an honour as strict as their devotion.[50]

---

49 Zu diesem Mythos und der Rolle des Vorfalls auf den Kokosinseln siehe auch *Wendy Gagen*, Not Another Hero. The Eastern and Associated Telegraph Companies. Creation of the Heroic Company, in: Stephen McVeigh/Nicola Cooper (Hrsg.), Men After War. London 2013, 92–110 und *Dies.*, The Manly Telegrapher. The Fashioning of a Gendered Company Culture in the Eastern and Associated Telegraph Companies, in: Michaela Hampf/Simone Müller-Pohl (Hrsg.), Global Communication Electric. Business, News and Politics in the World of Telegraphy. New York 2013, 170–196.

50 *O.A.*, The Emden's Fatal Visit to Cocos, in: The Zodiac 8, 1915, 62–68.

In dieser Darstellung findet sich das Zusammenspiel von Anbindung und Isolation – und damit die gleichzeitige Einbettung der Telegrafisten in ganz unterschiedliche Räume – als zentrales Thema wieder. Aber auch in Kapitänleutnant von Mückes nicht weniger heroischen Berichten über das Geschehen auf der Insel und seine spätere Reise auf der *Ayesha* stellt es ein eindrucksvolles Motiv dar. Nach der Niederlage der *Emden* schlug sich von Mücke mit seinem Landungstrupp in einer tatsächlich einzigartigen Reise auf der *Ayesha* über Sumatra bis zur Arabischen Halbinsel durch und gelangte schließlich über Konstantinopel zurück nach Deutschland, wo ihm und seinen verbleibenden Männern ein heldenhafter Empfang bereitet wurde. Er selbst trug in den folgenden Jahren erheblich zu seinem Heldenstatus bei und veröffentlichte zwei Bücher über seine Abenteuer. In seinem zweiten Buch aus dem Jahr 1915, das sich hauptsächlich mit der abenteuerlichen Rückreise nach Deutschland beschäftigte, schilderte er auch das kuriose Aufeinandertreffen des deutschen Landungstrupps und der britischen Telegrafisten auf Direction Island, noch bevor die *Sydney* die *Emden* in ein Feuergefecht verwickelte:

> Rasch hatten wir das Telegraphengebäude und die Funkenstation gefunden, besetzten sie und verhinderten jede weitere Abgabe eines Signals. Dann griff ich mir einen Engländer, die um uns herumwimmelten, auf und befahl ihm, den Direktor zu rufen. Bald erschien er auch. Ein sehr gemütlich aussehender, wohlbeleibter Herr.
> „Ich habe Befehl, die Funken- und Telegraphenstation zu zerstören. Ich warne Sie davor, Widerstand zu leisten. Im übrigen ist es in Ihrem Interesse, wenn Sie mir die Schlüssel zu den einzelnen Häusern gleich ausliefern, da Sie mich dadurch der Notwendigkeit überheben, die Türen gewaltsam zu öffnen. Alle in Ihrem Besitze befindlichen Schußwaffen sind sofort abzugeben. Sämtliche Europäer haben sich auf dem Platz vor dem Telegraphengebäude zu versammeln."

> Der Herr Direktor schien die Sachlage recht ruhig aufzufassen. Er dächte gar nicht an Widerstand, meinte er, holte sodann ein großes Schlüsselbund aus der Tasche, zeigte die Häuser, in denen die noch nicht besetzten Apparate standen, und fuhr dann fort: „Im übrigen gratuliere ich Ihnen!"
> „Nanu, wozu denn?" war meine ziemlich überraschte Frage.
> „Zum Eisernen Kreuz. Das Reuter-Telegramm ist eben noch durchgegangen."[51]

Während in dieser Passage aus von Mückes Buch auch die von den britischen Telegrafisten zelebrierte Abgebrühtheit abermals thematisiert wird, ist vor allem der Verweis auf die Verleihung des Eisernen Kreuzes bemerkenswert. Hellmuth von Mücke hatte Anfang November 1914 das Eiserne Kreuz II. Klasse[52] verliehen bekommen, konnte davon aber aufgrund seiner Stationierung auf der *Emden* noch nichts wissen. Die abgelegenen Kokosinseln waren von ihrer geografischen Lage her ein denkbar unwahrscheinlicher Ort, um eine solche Information zu erhalten – wären sie nicht zufällig bestens in das weltweite Telegrafennetzwerk eingebunden gewesen. Von Mückes Überraschung über diese Mitteilung, die er in seinem Buch natürlich auch dramaturgisch einsetzt, spiegelt die Diskrepanz zwischen Kommunikationsraum und geografischem Raum wider. So kann diese kleine, vielbemühte Anekdote als ein weiteres kleines Beispiel für die Pluralität von Räumen und deren Bedeutung in einem globalhistorischen Zusammenhang dienen.

51 *Hellmuth von Mücke*, Ayesha. Berlin 1915, 7.
52 Nach seiner Rückkehr nach Deutschland wurde ihm 1915 für seine Verdienste zudem das Eiserne Kreuz I. Klasse verliehen.

Redux: Raum in der Globalgeschichte

Bei den im vorherigen Abschnitt besprochenen Episoden handelt es sich um besonders prägnante Beispiele für die Gleichzeitigkeit unterschiedlicher Räume. Man kann Fanning Island und die Kokosinseln als Laboratorien verstehen, in denen man das Verhältnis und Zusammenspiel dieser Räume besonders deutlich sichtbar machen kann, da in diesen Fällen die Diskrepanz zwischen kommunikativer Anbindung und geografischer Isolation aufgrund ihrer außergewöhnlichen Rolle im weltweiten Telegrafennetzwerk besonders ausgeprägt war. Auch jenseits dieser abgelegenen Schauplätze bietet sich die Telegrafie als passender Kontext an, um die Pluralität von Räumen und insbesondere ihre Bedeutung für die historischen Akteure anschaulich zu machen. Das hat vor allem mit der Entmaterialisierung von Informationsflüssen durch den Telegrafen zu tun. Durch die Entkoppelung von Transport und Kommunikation tun sich neue globale Räume auf, die entlang einer ganz neuen Kommunikationslogik funktionieren und recht unterschiedlich zu bereits bestehenden Räumen sind. Beispiele aus der Telegrafiegeschichte wie die hier geschilderten sind daher besonders prägnant. Das zeigt sich unter anderem auch im nächsten Kapitel, das sich anhand des Telegrafen zwar hauptsächlich mit dem Verhältnis von Zeit und Globalgeschichte beschäftigt, aber in diesem Zusammenhang fast unweigerlich auch immer wieder zum Raum zurückkehrt. In vielen Beispielen in diesem folgenden Kapitel geht es unter anderem um das sich verändernde Verhältnis zwischen verschiedenen Transport- und Kommunikationsräumen; so etwa, wenn Betrüger im kolonialen Indien manipulierte Informationen per Telegraf versenden und sich damit in einem anderen Raum bewegen als das parallel dazu verkehrende Dampfschiff; oder natürlich auch, wenn so mancher Sportwetter versucht, an telegrafische Informationen von den Austragungsorten von Pferderennen zu kommen. In beiden Fällen entsteht durch die Telegrafie ein neuer Kommunikationsraum, der anders aussieht und funktioniert als die bisher bekannten.

Am Beispiel der telegrafischen Kommunikation wird die Bedeutung von Raumkonzepten in der Globalgeschichte besonders anschaulich – das Prinzip aber ist über den Gegenstand der Telegrafie hinaus generalisierbar. Im Rahmen von Globalisierungsprozessen entstehen neue Räume oder bestehende verändern sich, nehmen neue Formen an. Diese neuen Räume stehen immer in Bezug zu anderen Räumen, in welche die historischen Akteure gleichzeitig eingebunden sind. Interessant ist in diesem Zusammenhang vor allem das sich dadurch verändernde Verhältnis zwischen den verschiedenen Räumen. Aus dieser Veränderung ergeben sich neue Konstellationen, Möglichkeiten oder auch Einschränkungen für die darin agierenden Menschen. Hier werden die Konsequenzen von Globalisierungsprozessen, ihre Bedeutung für das Leben und Erleben der Menschen, tatsächlich spürbar. Der an früherer Stelle besprochene große Mondschwindel kann als Beispiel dienen. Durch die transatlantischen Verbindungen und Austauschprozesse entstand ein neuer Wissensraum, auf dem Locke mit seiner Geschichte aufbauen konnte, der aber durch die vielen verbleibenden Ungewissheiten und Nicht-Verbindungen fragmentiert genug war, um eine sofortige Überprüfung von Lockes Behauptungen schwierig zu machen. Überdeutlich wird die analytische Qualität des Denkens in Räumen aber auch in der etwas später folgenden Erörterung des Transitkonzepts. Auch im Beispiel der Flucht, Verfolgung und schließlichen Gefangennahme von Dr. Hawley Harvey Crippen manifestieren sich unterschiedlichste Räume in ihrem Verhältnis zueinander – nicht zuletzt der spezielle Raum des Transits oder ein fast weltweiter medialer Raum, die beide im Zusammengang dieser Fallstudie große Bedeutung haben.

Ein vielschichtiges, flexibles Raumverständnis ermöglicht es uns, differenzierender auf Globalisierungsprozesse zu blicken und dadurch wegzukommen von Generalisierungen und effekthaschenden Metaphern wie etwa jener vom „Schrumpfen der Welt". Es erlaubt uns festzustellen, wo in der Geschichte der Globalisierung tatsächlich etwas qualitativ Neues entstanden ist und wie sich das auf die Lebenswelten der historischen Akteure ausgewirkt hat.

Zeit

Telegrafie und Zeitstrukturen

Zeit in der Globalgeschichte

Dass die Geschichte und damit auch die Geschichtswissenschaft mit Zeit zu tun haben, ist, um es mit Reinhart Koselleck zu sagen, trivial.[1] Historikerinnen und Historiker blicken aus der Gegenwart in die Vergangenheit. Sie spüren menschlicher Entwicklung nach, versuchen in dieser Hinsicht Zusammenhänge und Kausalitäten zu finden, ordnen Ereignisse chronologisch, um sie sinnhaft miteinander in Beziehung zu setzen. Zeit, Zeitverlauf und Zeitgebundenheit sind in einem solchen Unterfangen grundlegende Faktoren für jede geschichtswissenschaftliche Untersuchung. Daneben sind die untersuchten Akteure und Phänomene selbst zeitlich. Sie existieren in der Zeit, haben einen Anfang und ein Ende. Zeit sei eine der „Urerfahrungen der Menschheit", hält Jörn Rüsen fest. „Nichts ist natürlicher als das Werden und Vergehen aller Dinge, und zugleich fordert nichts mehr den Menschen dazu heraus, sich kulturell deutend damit auseinanderzusetzen, es nicht einfach als das zu lassen, was es ist."[2] Beides, also der Zusammenhang zwischen Geschichtswissenschaft und Zeit ebenso wie jener zwischen Geschichte und Zeit, mag tatsächlich trivial im Sinne von offensichtlich sein. Hinsichtlich des präzisen wissenschaftlichen Umgangs mit der Idee der Zeit sind diese Zusammenhänge aber alles andere als selbsterklärend.

---

1 *Reinhart Koselleck*, Vergangene Zukunft. Zur Semantik geschichtlicher Zeiten. (Suhrkamp Taschenbuch Wissenschaft, Bd. 757.) 8. Aufl. Frankfurt am Main 2013, Klappentext.

2 *Jörn Rüsen*, Einleitung. Zeit deuten – kulturwissenschaftliche Annäherungen an ein unerschöpfliches Thema, in: ders. (Hrsg.), Zeit deuten. Perspektiven, Epochen, Paradigmen. Bielefeld 2003, 11–22, 11.

Die letzten Jahre haben eine große Zahl von Studien zu verschiedenen Aspekten dieser Verhältnisse hervorgebracht.[3] Oft allerdings erweisen sich in solchen Erörterungen verschiedenste semantische Ebenen des Zeitbegriffs als schwer auseinanderzuhalten. Das Thema Zeit verweist zum einen auf Zeitlichkeit als Grundbedingung menschlicher Existenz. In diesem Sinne ist Zeit für den Menschen im Kern nicht wahrnehmbar, da alles, was wir kennen, in der Zeit existiert bzw. selbst dann, wenn wir glauben, dass dies in einem bestimmten Zusammenhang nicht gilt (z.B. für Gott), unsere Vorstellung davon dennoch an zeitliche Begriffe gebunden ist (z.B. Unendlichkeit). Erfahrbar wird Zeit, ähnlich wie Raum, erst durch zeitliche Beziehungen, die Menschen, Dinge, Ereignisse usw. zueinander haben. In der historiografischen Auseinandersetzung mit der Zeit schwingen ganz häufig philosophisch-metaphysische Fragen nach der Zeit als nicht wegzudenkende Grundbedingung menschlicher Existenz mit, während ihr eigentliches Interesse aber diesen zeitlichen Beziehungen, ihren Manifestationen und dem soziokulturellen Umgang damit gelten sollte.[4] Gerade aufgrund der Nichtwahrnehmbarkeit der Zeit als solcher ist es eine der produktivsten Fragen der Geschichtswissenschaft,

3 Um nur einige wenige Beispiele zu nennen: *Aleida Assmann*, Ist die Zeit aus den Fugen? Aufstieg und Fall des Zeitregimes der Moderne. München 2013; *Stephen Kern*, The Culture of Time and Space, 1880–1918. With a new Preface. 2. Aufl. Cambridge/London 2003; *Achim Landwehr*, Geburt der Gegenwart. Eine Geschichte der Zeit im 17. Jahrhundert. (S. Fischer Geschichte.) Frankfurt am Main 2014; *Chris Lorenz/Berber Bevernage* (Hrsg.), Breaking up Time. Negotiating the Borders between Present, Past and Future. (Schriftenreihe Der FRIAS School of History, Bd. 7.) Göttingen 2013; *Hartmut Rosa*, Beschleunigung. Die Veränderung der Zeitstrukturen in der Moderne. (Suhrkamp-Taschenbuch Wissenschaft, Bd. 1760.) 9. Aufl. Frankfurt am Main 2012.

4 Einen guten Überblick über den wissenschaftlichen Umgang mit soziokultureller Zeit bekommt man unter anderem bei *Nancy D. Munn*, The Cultural Anthropology of Time. A Critical Essay, in: Annual Review of Anthropology 21, 1992, 93–123; *Peter Burke*, Reflections on the Cultural History of Time, in: Viator. Medieval and Renaissance Studies 35, 2004, 617–626.

wie Menschen aus diesem Dilemma heraus mit Zeit umgegangen sind und umgehen, wo sich Zeit für sie zeigt und spürbar wird, wie sie diese wahrnehmen und deuten. Nicht zuletzt geht es darum, wie Menschen auf diese Weise Zeit schaffen. Beschäftigt sich die Geschichtswissenschaft mit Zeit, so kann es ihr nicht um die Zeit an sich gehen, sondern um deren soziokulturelle Interpretation – also um Zeitwahrnehmung, Zeitdeutung, Zeitmessung.

Zeit ist für Historikerinnen und Historiker also vor allem als soziokulturelles Phänomen von wissenschaftlichem Interesse. Zeit entsteht in diesem Zusammenhang aus den zeitlichen Beziehungen zwischen Akteuren, Objekten, Ideen oder Ereignissen. Ähnlich wie dies auch bei einem dynamischen Verständnis von Raum der Fall ist, geht Zeit als soziokulturelles Phänomen aus diesen Beziehungen hervor. Verändert sich also das zeitliche Verhältnis zwischen den genannten Entitäten, so verändert sich auch die Zeit. Sie wird anders wahrgenommen, anders gedeutet, anders gemessen. Als kleine Illustration kann das oft gehörte Lamento „Die Zeit vergeht immer schneller!" dienen. Im Sinne absoluter Zeit als existentieller Grundbedingung ist eine solche Beobachtung unmöglich (was nicht heißt, dass man die Klage nicht äußern kann). Da der Mensch und alle seine Referenzpunkte in der Zeit existieren, kann eine Beschleunigung der Zeit an sich nicht festgestellt werden. Hinsichtlich der soziokulturell geschaffenen Zeit aber kann das leicht überstrapazierte Diktum durchaus einer nachvollziehbaren Beobachtung entspringen und eine Beschleunigung eines oder mehrerer Lebensbereiche beschreiben. Der Jenaer Soziologe Hartmut Rosa hat sich in einer wegweisenden Schrift mit eben solchen Beschleunigungsphänomenen auseinandergesetzt. Er definiert Beschleunigung in diesem Zusammenhang breit als Mengenzunahme pro Zeiteinheit.[5] Das heißt, bestimmte Erfahrungen, Handlungen oder Ereignisse treten in immer kürzeren Abständen zueinander auf. Dadurch können sich zum Beispiel Zeitwahrnehmung oder Zeitnutzung verändern – und damit verändert sich die soziokulturelle Zeit.

5 *Rosa*, Beschleunigung, 115.

Während auch diese kleine Illustration in den Worten Kosellecks trivial sein mag, so weist sie aber deutlich darauf hin, dass Veränderungen in der Zeit nichts anderes sind als sich verändernde zeitliche Beziehungen. So kann man Beschleunigung mit Rosa als zeitliche Verdichtung verstehen. Hier wird die unmittelbare Relevanz des Themas Zeit in der globalhistorischen Forschung deutlich. Die Globalgeschichte fragt nach der Bedeutung von globalen Vernetzungs- und Verdichtungsprozessen in der Geschichte und will wissen, wie transregionale Verbindungen geschichtsmächtig werden. Solche globalen Verbindungsmuster schlagen sich auch in zeitlichen Beziehungen nieder und werden so für individuelle Akteure oder auch für ganze Gesellschaften spürbar. Demnach sind Veränderungen in der Zeitwahrnehmung, der Zeitnutzung, der Zeitdeutung oder auch der Zeitmessung aus globalhistorischer Sicht von größtem Interesse.[6]

Man kann Globalisierungs- und Modernisierungsprozesse räumlich fassen, so wie das im vorhergehenden Kapitel skizziert wurde und wie sich das zum Beispiel in der Metapher vom „Schrumpfen der Welt" ausdrückt. Man kann sie aber auch als zeitliche Veränderungen verstehen, eben als Beschleunigung, so wie das beispielsweise die Rede von der *great acceleration*[7] im 19. Jahrhundert zum Ausdruck bringt. Der räumliche ebenso wie der zeitliche Ansatz – die zudem auch nicht wirklich voneinander zu trennen sind, wie im Verlauf dieses Kapitels gezeigt wird – betonen die Veränderung von Beziehungsmustern, qualitativ spürbar werden diese Veränderungen aber nur in der Reibung mit Anderem. Im vorangehenden Kapitel ist das für den Raum bereits ersichtlich geworden. Aber auch Veränderungen in der soziokulturellen Zeit entspringen einer Verschiebung des Verhältnisses zwischen un-

6 Vgl. *Lynn Hunt*, Globalization and Time, in: Chris Lorenz/Berber Bevernage (Hrsg.), Breaking up Time: Negotiating the Borders between Present, Past and Future. (Schriftenreihe der FRIAS School of History, Bd. 7.) Göttingen 2013, 199–215, 201.

7 *Christopher Bayly*, The Birth of the Modern World, 1780–1914. Global Connections and Comparisons. Oxford 2004, Conclusion, 451–487.

terschiedlichen Zeiten bzw. Zeitschichten.[8] Auch das wird unter anderem bei Hartmut Rosa deutlich, wenn er beispielsweise über das Entstehen von Zeitknappheit, einem weitverbreiteten Phänomen, spricht. Für Rosa kommt es zur Verknappung der Zeit, wenn eine Wachstumsrate höher ist als die jeweils korrespondierende Beschleunigungsrate,[9] wenn also etwa die Zahl der zu erledigenden Aufgaben schneller wächst als die Geschwindigkeit, in der sie bewältigt werden können. Folgt man Rosa, so geht Zeitknappheit als eine Form von sich ändernden Zeitstrukturen aus der Verschiebung des Verhältnisses zweier Zeitebenen – Wachstum und Beschleunigung – hervor.

Ein solcher Fokus auf das Verhältnis zwischen verschiedenen Zeitebenen erweist sich auch in der wissenschaftlichen Auseinandersetzung mit globalen Vernetzungsprozessen als hilfreich, um die qualitativen Auswirkungen solcher Entwicklungen im Fokus zu behalten. Wie schon im vorhergehenden Kapitel zum Raum soll dies ebenfalls mit Hilfe von Fallstudien aus dem Bereich der Telegrafiegeschichte illustriert werden. Die Nutzung dieser neuen Technologie brachte nicht nur neue Räume hervor, transformierte bestehende Räume und wirkte damit stark auf das Verhältnis zwischen den Räumen, sondern tat Ähnliches auch mit der Zeit bzw. mit Zeitstrukturen. Dies soll im Folgenden genauer ausgeführt werden – ebenso wie der untrennbare Zusammenhang zwischen Raum und Zeit in dieser Hinsicht.

Telegrafie und Zeit

Im Jahr 1848 erschien in London unter dem Titel *The London Anecdotes for All Readers* eine vielgelesene Anekdotensammlung. Auf den einführenden Seiten legte der Verleger dar, nach welchen Kriterien Geschichten und Anekdoten für die Sammlung aus-

8 *Reinhart Koselleck*, Zeitschichten. Studien zur Historik. (Suhrkamp Taschenbuch Wissenschaft, Bd. 1656.) Frankfurt am Main 2003.

9 *Rosa*, Beschleunigung, 118–119.

gewählt worden sind: „The subject will be chosen with especial regard to living interest, and the prime movers of these eventful times."[10] Die *London Anecdotes* gliedern sich thematisch in drei Teile, von denen der erste ausschließlich *Anecdotes of the Electric Telegraph* beinhaltet. Auf 120 Seiten finden sich darin über hundert pointierte, oft launige Geschichten um und über die Telegrafie. Kaum zehn Jahre nach den ersten erfolgreichen öffentlichen Vorführungen des elektrischen Telegrafen in Großbritannien und den Vereinigten Staaten dokumentierten Umfang und Inhalt dieser Anekdotensammlung eindrucksvoll, welchen soziokulturellen Stellenwert telegrafische Kommunikation in diesen Ländern in so kurzer Zeit erreicht hatte und wie durchdrungen das alltägliche Leben der wohlhabenderen Schichten bereits von der neuen Technologie war.

Viele der kurzen Episoden in der Sammlung thematisieren auf die eine oder andere Weise die praktisch unvorstellbare Geschwindigkeit, mit welcher der Telegraf Informationen über lange Strecken übermitteln konnte. Solche rasche Kommunikation führte mitunter zu den für damalige Verhältnisse erstaunlichsten Sachverhalten: Züge wurden telegrafisch umgeleitet.[11] Ein gestrandeter Reisender schickte per Telegraf nach Pferd und Kutsche und konnte so seine Reisezeit dramatisch verkürzen.[12] Ein Deserteur konnte mit Hilfe des Telegrafen dingfest gemacht werden, bevor er überhaupt wusste, wie ihm geschah.[13] Am eindrucksvollsten wurde die kaum begreifbare Geschwindigkeit der Telegrafie für den Leser aber wohl in der folgenden Anekdote mit dem Titel *Less Than No Time* illustriert:

> By the electric telegraph on the Great Western Railway has been accomplished the apparent paradox of sending

10 *New Anecdote Library* (Hrsg.), The London Anecdotes. For All Readers. Part 1: Anecdotes of the Electric Telegraph. London 1848.

11 Ebd., 68.

12 Ebd., 100.

13 Ebd., 46–47.

> a message in 1845, and receiving it in 1844! Thus, a few seconds after the clock had struck twelve, on the night of the 31st of December, the superintendent at Paddington signalled his brother officer at Slough, that he wished him a happy new year. An answer was instantly returned, suggesting that the wish was premature, as the year had not yet arrived at Slough! The fact is – the difference of longitude makes the point of midnight at Slough a little *after* that at Paddington; so that a given instant, which was after midnight at one station, was before midnight at the other. Or, the wonder may be more readily understood, when it is recollected that the motion of electricity is far more rapid than the diurnal motion of the earth.[14]

In einem zweiten Abschnitt der Episode wird geschildert, dass eine solche „Überwindung der Zeit" durchaus auch andernorts bereits vorgekommen war:

> We hear of similar feats in the United States. Thus, a letter from Indiana says, „That wonderful invention, the magnetic telegraph, passes through our country from the eastern cities, communicating intelligence almost instantaneously". News has been transmitted from Philadelphia to Cincinnati, a distance of 750 miles, on one unbroken chain of wires. Of course, as Cincinnati is 13 degrees west of Philadelphia, or 40 minutes of time later, the news is that much ahead of the time.[15]

Insbesondere die Geschichte vom verfrühten guten Wunsch zum Neuen Jahr, welche leicht an die unmittelbare Erfahrungswelt der Leser anschließen konnte, scheint in Großbritannien und seinen Kolonien weit zirkuliert zu sein. Ursprünglich geht die Anekdote wohl auf einen nicht näher benannten Bericht im *Reading Mercury*

14 Ebd., 55–56.
15 Ebd., 56.

zurück. Noch im Jahr 1845 wurde dieser Text wörtlich aber unter anderem auch im *New Zealander*[16] oder im *Journal of the Franklin Institute*[17] in Philadelphia abgedruckt. Drei Jahre später im Jahr 1848 – in welchem auch die *London Anecdotes* erschienen – tauchte der Sachverhalt dann nochmals in anderer Formulierung in einer Rubrik *Facts Connected with the Electric Telegraph* im *New Zealand Spectator and Cook's Strait Guardian* auf.[18] Interessant ist hier zum einen die rasante Verbreitung der Geschichte in der gesamten anglophonen Welt und zum anderen die Tatsache, dass die Anekdote auch im *Journal of the Franklin Institute* wiedergegeben wird, das sich ansonsten hauptsächlich mit exakten wissenschaftlichen Abhandlungen beschäftigt. Beides zeigt, von welchem öffentlichen und wissenschaftlichen Interesse diese scheinbare Überwindung der Zeit durch die Telegrafie Mitte der 1840er-Jahre tatsächlich gewesen ist.

Durch die Dematerialisierung des Informationsflusses entkoppelte die Telegrafie Informationsübertragung von materiellem Transport. Daher entschied nun nicht mehr zwangsläufig die geografisch-räumliche Distanz zwischen zwei Punkten auch über deren kommunikative Entfernung. Das ist häufig als Überwindung des Raums (siehe vorheriges Kapitel) interpretiert worden, aus analytischer Perspektive gestaltet sich das Verhältnis von Raum und Telegrafie aber bedeutend komplexer. Wie im vorhergehenden Kapitel ausführlich dargelegt wurde, wurden durch die telegrafische Kommunikation neue Räume geschaffen, alte Räume umgebaut und dadurch letztlich das Verhältnis zwischen verschiedenen Räumen transformiert. Recht ähnlich kann man sich das auch für die Zeit vorstellen. Die zeitgenössische Rede von einer

16 *O.A.*, We Have Heard of Things Being Done, in: New Zealander vom 1. November 1845, 4.

17 *Thomas P. Jones* (Hrsg.), Journal of the Franklin Institute of the State of Pennsylvania and American Repertory of Mechanical and Physical Science, Civil Engineering, the Arts and Manufactures and of American and Other Patented Inventions. Philadelphia 1845, 203.

18 *O.A.*, Facts Connected with the Telegraph, in: New Zealand Spectator and Cook's Strait Guardian vom 26. Juli 1848, 4.

Überwindung der Zeit widerspiegelt die Faszination, die von einer praktisch immediaten Verbindung ausging. Der Telegraf war aber gleichzeitig ein zeitloses und zeitabhängiges, ein unmittelbares und mittelbares Medium.[19] Natürlich war den Zeitgenossen klar, dass auch die Telegrafie zumindest in der praktischen Umsetzung kein wirklich instantanes Medium war und schon gar nicht die Zeit aushebeln konnte, wie die oben vorgestellten Anekdoten es vielleicht suggerieren. Durch die Rekonfiguration von Zeitverhältnissen hatten viele aber dennoch den Eindruck, dass deren separierende Wirkung überwunden und die Zeit auf diese Weise „vernichtet" werden konnte. Mit dem Telegrafen gab es Mitte des 19. Jahrhunderts erstmals ein Kommunikationsmedium, das im praktischen Gebrauch schnell und unmittelbar genug war, um zum Beispiel Menschen in unterschiedlichen Zeitzonen (*avant la lettre*) so in Kontakt zu bringen, dass beide Seiten diesen chronometrischen Unterschied bemerkten.

Mit gewohnt kritischem Blick hinterfragte auch Karl Marx die allzu gefällige Metapher von der Vernichtung der Zeit. Er schrieb 1857/58 in den „Grundrissen":

> Während das Capital also einerseits dahin streben muß, jede örtliche Schranke des Verkehrs, i.e. des Austauschs niederzureißen, die ganze Erde als seinen Markt zu erobern, strebt es andrerseits danach den Raum zu vernichten durch die Zeit; d.h. die Zeit, die die Bewegung von einem Ort zum andren kostet, auf ein Minimum zu reduciren.[20]

---

19 Vgl. *Florian Sprenger*, Between the Ends of a Wire. Electricity, Instantaneity and the Globe of Telegraphy, in: Michaela Hampf/Simone Müller-Pohl (Hrsg.), Global Communication Electric. Actors of a Globalizing World. Frankfurt am Main 2013, 355–381, 356.

20 *Karl Marx*, Ökonomische Manuskripte 1857/58 *(Grundrisse der Kritik der politischen Ökonomie).* (Marx-Engels-Gesamtausgabe [MEGA], Abt. 2/Bd. 1.) 2. Aufl. Berlin 2006, 438.

Dieser Satz von Marx wird häufig als nur marginal abgewandelte Version des Postulats von der Vernichtung von Raum und Zeit interpretiert.[21] Der Unterschied zwischen beiden Annahmen ist aber ganz entscheidend. Nach Marx vernichtet bzw. ersetzt das Kapital – mit Hilfe neuer Transport- und Kommunikationstechnologien – den Raum durch die Zeit. Der Raum würde entsprechend vernichtet, die Zeit dadurch aber zentrale Bedeutung bekommen. Dieser Interpretation folgend würden Orte nicht mehr durch die geografisch-räumliche Distanz zwischen ihnen separiert, sondern ausschließlich durch die Zeit, die es braucht, um zwischen diesen Orten zu kommunizieren. Diese Zeit wird zwar durch die Telegrafie und andere Kommunikations- und Transporttechnologien immer kürzer, nicht aber unwichtiger. Denn je kleiner die zeitliche Differenz zwischen dem Senden und dem Empfangen einer Nachricht an zwei Orten ist, desto schneller kann der Kommunikationsprozess insgesamt vonstattengehen. Informationsvorsprünge gegenüber anderen halten nur für kurze Zeit. Kommunikationspartner erwarten schnellere Antwort. Märkte reagieren in der Zwischenzeit auf den steten Informationszufluss von allen Seiten. Wie zentral diese stete Beschleunigung des Kommunikationsprozesses auch für die Zeitgenossen war, wird in einem Brief deutlich, den Werner von Siemens im Jahr 1870 an seinen Bruder Carl schrieb:

> Man hätte beliebig schnell sprechen können und London und Teheran verderben viel durch langsames Arbeiten. Das beweist, dass wir künftig sehr sicher nach Kalkutta direkt werden sprechen können, da der Regel nach nur drei Translationen bis Teheran nötig sind. Macht jetzt nur tüchtig Geschrei und schlagt die 10 bis 12 Stunden der British Indian mit unserer einen Minute bis Teheran

---

21 Z.B. auch von *Jeremy Stein*, Reflections on Time. Time-Space Compression and Technology in the Nineteenth Century, in: Jon May/Nigel Thrift (Hrsg.), Timespace. Geographies of Temporality. (Critical Geographies, Bd. 13.) London/New York 2001, 106–119, 108.

> und 28 Minuten bis Kalkutta. Da wird sie schwer über renomieren können.[22]

Der Brief bezieht sich auf den am 12. April 1870 grandios geglückten Testlauf der sogenannten „Siemenslinie“, die nun London und Kalkutta telegrafisch verband. Es war gelungen, ein Telegramm in nur 28 Minuten nach Kalkutta zu schicken. Nur eine Stunde und fünf Minuten nach Versand hatte man die Antwort aus Indien in London auf dem Tisch. Dies war ein bis dahin kaum vorstellbarer Rekord und ein klarer Wettbewerbsvorteil gegenüber der existierenden Konkurrenz, den Siemens mit „tüchtig Geschrei“ auch richtig ausnutzen wollte. Zeit wurde durch die Telegrafie nicht vernichtet oder überwunden, sie wurde komprimiert und damit immer wichtiger gemacht. In immer kleineren Zeitspannen passierte immer mehr. Und deshalb wurde es auch immer wichtiger für alle Teilnehmer eines Kommunikationsprozesses, genauestens über den Zeitpunkt Bescheid zu wissen, an welchem diese oder jene Nachricht gesendet oder empfangen worden ist.[23]

---

22 *Werner von Siemens*, Brief an Carl von Siemens vom 12. April 1870, zitiert nach: *Hans Pieper/Kilian Kuenzi*, in: Museum für Kommunikation (Hrsg.), In 28 Minuten von London nach Kalkutta. Aufsätze zur Telegrafiegeschichte aus der Sammlung Dr. Hans Pieper im Museum für Kommunikation, Bern. (Schriftenreihe des Museums für Kommunikation, Bern.) Zürich 2000, 209.

23 Vgl. dazu beispielsweise das Vorgehen streikender Telegrafisten in Britisch-Indien, die im Rahmen des großen Telegrafenstreiks von 1908 versuchten ihren Forderungen unter anderem dadurch Nachdruck zu verleihen, dass sie Telegramme ohne Datum und Uhrzeit weiterleiteten und sie diese damit entwerteten, ohne aber den Dienst komplett zu verweigern. *Deep Kanta Lahiri Choudhury*, Treasons of the Clerks. Sedition and Representation in the Telegraph General Strike of 1908, in: Crispin Bates (Hrsg.), Beyond Representation. Colonial and Postcolonial Constructions of Indian Identity. Oxford 2006, 300–321, 312; *Dies.*, India's First Virtual Community and the Telegraph General Strike of 1908, in: Aad Blok/Greg Downey (Hrsg.), Uncovering Labour in Information Revolutions, 1750–2000. (IRSH. Supplements, Bd. 11.) Cambridge/New York/Melbourne 2003, 45–71, 66–67.

Es zeigt sich ganz klar, dass die Telegrafie in keiner Weise eine wie auch immer geartete Vernichtung der Zeit mit sich brachte. Vielmehr kam es im Zuge telegrafischer Kommunikation zu einer Transformation von Zeitstrukturen, einer Veränderung der Wichtigkeit von Zeiteinheiten und vergleichbaren Entwicklungen, die – ähnlich wie beim Raum – auf eine Verschiebung des Verhältnisses zwischen verschiedenen Zeitebenen zurückgeht. Im Folgenden soll dies anhand konkreter historischer Beispiele illustriert werden. Im nächsten Abschnitt wird zuerst das Verhältnis von Raum und Zeit näher erläutert, um aufzeigen zu können, wie sich durch die Telegrafie dieses Verhältnis nachhaltig veränderte. Danach soll veranschaulicht werden, wie die Verbreitung telegrafischer Kommunikation die Zeitwahrnehmung, das Zeitempfinden und die Zeitnutzung der an Kommunikationsprozessen Beteiligten zum Teil empfindlich verändern konnte.

Telegrafie, Raum und Zeit

Die Begriffe Raum und Zeit werden vor allem in kritischen Gegenwartsanalysen häufig gemeinsam verwendet. Die im 19. Jahrhundert von vielen empfundene Vernichtung von Raum und Zeit ist ein Beispiel dafür, genauso wie die aktuellere Rede von einer *time-space compression*[24] oder einer *time-space distanciation*[25], die beide im Kern dieselbe Entwicklung zu beschreiben versuchen. In diesen Konzeptionen sind Raum und Zeit untrennbar miteinander verwoben, hängen voneinander ab. Folgt man andererseits Marx, so vernichtet die Zeit den Raum. Dieser destruktive Akt

24 *David Harvey*, Between Space and Time. Reflections on the Geographical Imagination, in: Annals of the Association of American Geographers 80/3, 1990, 418–434; *Stein*, Reflections on Time, 106.

25 *Anthony Giddens*, A Contemporary Critique of Historical Materialism. Bd. 1: Power, Property and the State. London 1981; *Anthony Giddens*, The Constitution of Society. Outline of the Theory of Structuration. Cambridge 1984.

ist zwar ein bloß metaphorischer, ist aber dennoch nur möglich, wenn es sich um zwei klar voneinander getrennte Konzepte handelt. Interessiert man sich aus globalhistorischer Perspektive vor allem für die Bedingungen und Auswirkungen transregionaler Vernetzungsprozesse in der Geschichte, so sind beide Vorstellungen des Verhältnisses von Raum und Zeit zu schematisch und damit nur bedingt zweckdienlich. Einen besseren, wenn auch ergänzungsbedürftigen Ansatzpunkt bietet Reinhart Koselleck in der Einleitung seines im Jahr 2000 erschienen Bandes *Zeitschichten*. Diese beginnt wie folgt:

> Wer über Zeit spricht, ist auf Metaphern angewiesen. Denn Zeit ist nur über Bewegung in bestimmten Raumeinheiten anschaulich zu machen. Der Weg, der von hier nach dort zurückgelegt wird, das Fortschreiten, auch der Fortschritt selber oder die Entwicklung enthalten veranschaulichende Bilder, aus denen sich zeitliche Einsichten gewinnen lassen. […] Jeder geschichtliche Raum konstituiert sich kraft der Zeit, mit der er durchmessen werden kann, wodurch er politisch oder ökonomisch beherrschbar wird.[26]

Der Soziologe Manuel Castells verfolgt mit seinem Konzept eines *space of flows*, den er vom herkömmlichen Raum, dem *space of places*, unterscheidet, einen ganz ähnlichen Gedanken.[27] Castells schreibt:

Space and time are related, in nature as in society. In social theory, space can be defined as the material support of time-sharing social practices. […] The space of flows refers to the technological and organizational possibility of practicing simultaneity (or chosen time in time-sharing) without contiguity.[28]

26 *Koselleck*, Zeitschichten, 9.

27 *Manuel Castells*, Informationalism, Networks, and the Network Society: A Theoretical Blueprint, in: ders. (Hrsg.) The Network Society. A Cross-Cultural Perspective. Cheltenham, Northampton 2004, 3–45, 36–38.

28 *Castells*, Informationalism, 36.

Räume sind sowohl bei Koselleck wie auch bei Castells daher vor allem Funktionen der Zeit. Koselleck beschreibt sie als „kraft der Zeit“ konstituiert, während sie sich bei Castells ganz spezifisch um Praktiken des Zeitteilens bilden. In diesen Konzeptionen sind Raum und Zeit analytisch trennbar, stehen aber auf eine ganz bestimmte Art und Weise miteinander in Beziehung. Über die Allgemeingültigkeit dieser Beziehung kann man diskutieren. Insbesondere ist zu bezweifeln, dass nicht auch umgekehrt die Zeit eine Funktion des Raumes sein kann.[29] Aus Sicht der Globalgeschichte mit ihrem Fokus auf Verbindungen ist dieser Ansatz aber analytisch wertvoll, wenn man ihn um die Aussage erweitert, dass nicht jeder Raum zwingend eine Funktion der Zeit ist, sondern auch andere Verbindungsarten abbilden kann.[30] Man könnte zum Verhältnis von Raum und Zeit in globalhistorischer Hinsicht zusammenfassen: Ergeben sich im Zuge von transregionalen Vernetzungsprozessen in einem bestimmten Bereich neue, veränderte Zeitstrukturen, so verändern sich auch deren Räume, welche wiederum – wie im vorherigen Kapitel ausgeführt – ihre Bezüge zu anderen Räumen ändern. Genau an diesen Bezugs- und Schnittstellen manifestiert sich die Qualität von Vernetzungsprozessen.

Dies wird im Folgenden anhand von konkreten Beispielen aus der Telegrafiegeschichte illustriert, in denen ein solches verändertes Raum-Zeit-Gefüge greifbar wird. In kurzen Worten, der Telegraf entkoppelte Kommunikation von Transport und hatte dadurch eine entscheidende Bedeutung für Fragen von Koordination und Kontrolle. Information bewegte sich üblicherweise

29 Vgl. z.B. *Doreen Massey*, Politics and Space-Time, in: New Left Review 196, 1992, 65–84, 80.

30 Eines von vielen möglichen Beispielen, die gerade auch in der Global- und Globalisierungsgeschichte wichtig sind, wären globale Kostenräume. Vgl. z.B. *Roland Wenzlhuemer*, Globalization, Communication and the Concept of Space in Global History, in: ders. (Hrsg.), Global Communication. Telecommunication and Global Flows of Information in the Late 19th and Early 20th Century. (HSR 35/1. Special Issue: Global Communication.) Köln 2010, 19–47, 27–29; *Hunt*, Globalisation and Time, 201–202.

gemeinsam mit Menschen, Tieren oder Objekten – und tut das natürlich auch heute noch. Kommunikation und Transport waren demnach kaum getrennt zu denken. Durch die Verbreitung der Telegrafie aber konnten diese beiden Prozesse voneinander entkoppelt werden. Schnelle telegrafische Kommunikation eröffnete Möglichkeiten zur effektiven Kontrolle von Transport und damit zur Kontrolle der Bewegung von Menschen, Dingen und den weiterhin an diese gebundenen Informationen. Hier liegt die Bruchstelle, an der sich durch die Telegrafie aus einer stärkeren, schnelleren Verbindung schließlich eine eigene Form von Verbindung entwickelte, die in die verbundenen Gesellschaften hinein rückwirkte und den Denk- und Handlungshorizont der historischen Akteure neu gestaltete.

Um diese Neugestaltung so deutlich wie möglich zu machen, stammen die folgenden Beispiele aus einem klar umrissenen historischen Kontext. Sie handeln allesamt davon, wie die telegrafische Transformation des Verhältnisses von Raum und Zeit Möglichkeiten für illegales Handeln schuf. Die hier untersuchten Beispiele, in denen die Telegrafie zur Durchführung von Verbrechen eingesetzt wurde, setzen alle zu relativ frühen Zeitpunkten in der Sozialgeschichte der Technologie an. Sie trugen sich alle in einer Phase zu, in welcher der Telegraf selbst bereits wohlbekannt war, sich aber immer wieder neue Einsatzmöglichkeiten in neuen soziokulturellen Kontexten ergaben. Die Fallstudien erlauben uns daher einen forschenden Blick in eine Phase, in der sich neue Anwendungsformen einer Technologie mitsamt ihrem transformativen Potential in bestehende soziokulturelle Verhältnisse einfügen mussten. Dieser Integrationsprozess verlief naturgemäß nicht immer reibungsfrei. An vielen Stellen ächzte und krachte es. Es fehlte an Passgenauigkeit und es entstanden – zumeist temporäre – Freiräume, welche die Akteure in den folgenden Beispielen geschickt für sich zu nutzen wussten. Folgen wir ihren Intentionen und Aktionen, so lenken sie unseren Blick genau auf die besagten Stellen. Dadurch helfen sie uns dabei, ein Gespür für das tatsächlich Neue einer bestimmten Praxis oder einer bestimmten Technologie, in diesem Fall der Telegrafie, zu bekommen. In den konkreten Fallbeispielen richtet sich dieser Blick dabei immer wieder auf das sich verändernde und neu zu definierende Verhältnis von Transport und Kommunikation. Es wird deutlich, dass hier durch die Möglichkeiten der Telegrafie eine funktionale Verschiebung stattfand, die unter anderem die zeitgenössische Wahrnehmung von Raum und Zeit beeinflusste.[31]

Das erste Beispiel ist ein spektakulärer Betrugsfall, der sich Mitte des 19. Jahrhunderts in Britisch-Indien zugetragen hat. Der elektrische Telegraf wurde dort zur Manipulation von Preisentwicklungen verwendet. Aus der Fallstudie lassen sich interessante Einblicke in den Stellenwert der Telegrafie im britisch-kolonialen Kontext gewinnen. Erste Experimente mit dem Telegrafen fanden in Indien schon wenige Jahre nach der Eröffnung der ersten Linien in Europa statt und bereits in den frühen 1850er-Jahren wurden Schritte zur Errichtung eines Telegrafennetzwerks auf dem Subkontinent unternommen. Allerdings kam der Ausbau des Netzwerks aufgrund der schieren Größe der Kolonie nicht gut voran und unterschied sich auch strukturell von den europäischen Vorbildern. Während die europäischen Verbindungen üblicherweise viele Querverbindungen und alternative Routen kannten, war das entstehende indische Netzwerk vor allem auf die Überbrückung großer Distanzen ausgelegt. Es war in den 1850er- und 1860er-Jahren sehr lose gewoben und kannte wenige Alternativverbindungen oder Ausweichstrecken. Dies ist einer der Gründe dafür, warum während des Indischen Aufstands von 1857 der Telegraf als britisches Machtinstrument schnell ausgeschaltet werden konnte und kaum eine Rolle in diesem Konflikt spielte.[32] Nach

31 Detaillierter habe ich an anderer Stelle bereits versucht, diesen Umstand darzulegen. *Roland Wenzlhuemer*, Verbrechen, Verbrechensbekämpfung und Telegrafie. Kriminalhistorische Perspektiven auf die Entkoppelung von Transport und Kommunikation im langen 19. Jahrhundert, in: HZ 301/2, 2015, 347–374.

32 Dem zum Trotz entstand später die unter den fortschrittsgläubigen Kolonialherren populäre Legende, der Telegraf habe Indien für die Briten gerettet. Vgl. *O.A.*, How the Electric Telegraph Saved India, in: Daily

der Niederschlagung des Aufstands zogen die Briten entsprechende Schlüsse und begannen in den folgenden Jahrzehnten damit, das Netzwerk sukzessive auszubauen. Im Jahr 1861 – in welchem sich der folgende Betrugsfall abspielte – war man damit aber noch kaum vorangekommen. Die Betrüger hatten es also weiterhin mit einem lose gestrickten Netzwerk zu tun, das langsam und wenig effizient war und vor allem kaum Alternativrouten kannte. So zitierte *Lloyd's Weekly Newspaper* am 31. März 1861 einen Artikel aus der *Bombay Gazette* von Ende Februar:

> For some time past frauds on an extensive scale have been practiced on the electric telegraph wires. A few speculators in opium have caused messages to be most grossly falsified whilst passing through the wires between Galle and Bombay.[33]

Konkret handelt es sich um die Opiumpreise im wichtigsten Abnehmerland China. Diese erreichten die großen indischen Städte üblicherweise per Dampfschiff mit der sogenannten *China mail*. Der Dampfer machte auf seinem Weg von China nach Indien unter anderem im Hafen von Galle im Süden Ceylons Station. Da Ceylon bereits seit 1857/58 telegrafisch mit dem indischen Netzwerk verbunden war,[34] wurden die wichtigsten Preisinformationen dann von Galle nach Bombay telegrafiert, um den Erhalt der Informationen zu beschleunigen. Gleichzeitig bewegte sich der Dampfer mit der Post aus China aber auch selbst weiter Richtung Indien – allerdings in einem bedeutend gemächlicheren Tempo.

News vom 29. September 1897, 6.

33 *O.A.*, The Telegraph Frauds in India, in: Lloyd's Weekly London Newspaper vom 31. März 1861, 2.

34 *Paul Fletcher*, The Uses and Limitations of Telegrams in Official Correspondence between Ceylon's Governor General and the Secretary of State for the Colonies, circa 1870–1900, in: Roland Wenzlhuemer (Hrsg.), Global Communication. Telecommunication and Global Flows of Information in the Late 19th and Early 20th Century. (HSR 35/1. Special Issue: Global Communication.) Köln 2010, 90–107, 90–91.

Das Zeitfenster zwischen dem Erhalt der Telegramme und der Ankunft des Dampfschiffs nutzten die Betrüger für sich.

Das britisch-indische Telegrafennetzwerk war in den frühen 1860er-Jahren nicht nur weitmaschig, es verfügte auch über einen erheblichen Mangel an qualifiziertem Personal.[35] Eine Zeit lang war man daher bei der Einstellung von Telegrafisten alles andere als wählerisch. Auf diesem Wege kamen wohl auch George Pecktall und William Allen, beide scheinbar von zweifelhaftem Charakter, zum *Indian Telegraph Department*, wurden aber schon bald wieder aus dem Dienst entlassen. Das wusste ein indischer Kaufmann aus dem Fürstenstaat Marwar für sich zu nutzen und heuerte die beiden für seine Zwecke an. Pecktall und Allen gelang es, sich auf Umwegen einen Telegrafenapparat und eine Batterie zu besorgen. Sie suchten sich eine passende, weit abgelegene Stelle, an der sie die Telegrafenleitung kappten und ihren Apparat zwischenschalteten. Die beiden Telegrafisten konnten nun über diese Leitung gesandte Nachrichten abfangen und nach den Wünschen ihres Auftraggebers abgeändert weiterleiten. Wie gesagt manipulierten sie vor allem die Informationen über Opiumpreise und öffneten damit betrügerischen Geschäften Tür und Tor. „[E]normous sums of money were alleged to be made by the parties in secret."[36] Erst nach der Ankunft der tatsächlichen Preisdaten per Dampfschiff bemerkten die Händler in Bombay den Betrug. Pecktall und Allen konnten wenig später gefasst werden und verrieten ihren Auftraggeber, der schließlich zu zwei Jahren Gefängnis mit Strafarbeit verurteilt wurde.[37]

Dieser Betrug war nicht auf Dauerhaftigkeit ausgelegt. Dem Spekulanten blieb nur die Zeit zwischen Erhalt der Telegramme und Ankunft des Dampfschiffs als Fenster für seine betrügerischen Aktivitäten. Der Betrug wurde durch die unterschiedlichen Geschwindigkeiten der Informationsübertragung und letztlich durch

---

35 British Library. Oriental Collections IOR/V/24/4284, Administration Report of the Indian Telegraph Department for 1862–1863, 1863, 4.

36 *O.A.*, Telegraph Frauds, 2.

37 British Library. Oriental Collections IOR/V/24/4284, 9.

die Entkoppelung von Kommunikation und Transport möglich. Durch die Verfälschung der Daten wurde ein großer Spielraum für Betrug geschaffen, der aber nur bestehen blieb, solange die Informationen nicht gegenkontrolliert werden konnten. Funktionieren konnte diese auf Datenmanipulation beruhende Art des Betrugs nur durch die Dekontextualisierung des Nachrichteninhalts, die sozusagen als Nebeneffekt der Dematerialisierung bei telegrafischer Kommunikation auftrat, wie ich bereits im vorhergehenden Kapitel zum Raum dargelegt habe. Zwar konnte die in elektrische Impulse enkodierte Information sehr schnell übermittelt werden, die Übertragungskapazitäten waren aber üblicherweise gering und die Kosten für ein Telegramm entsprechend hoch. Dies führte zur Entstehung des sogenannten „Telegrammstils“, der ohne Rücksicht auf Grammatik oder Umgangsformen nur die absolut wesentlichen Inhalte zu übermitteln versuchte, um telegrafische Nachrichten kurz, schnell und billig zu halten. Telegramme lieferten daher, anders als zum Beispiel Briefe, kaum Kontext oder Hintergrund und der Empfänger erwartete dies auch nicht. Entsprechend einfach waren Telegramme zu verfälschen – Zugang zur notwendigen Technik einmal vorausgesetzt. Letztlich galt es nur einzelne Zeichen verändert weiterzuleiten. Es war keine Handschrift nachzuahmen, keine Unterschrift zu fälschen, und man musste auch nicht den gesamten Nachrichtenkontext dergestalt anpassen, dass die Manipulation nicht auffiel. Ein paar simple Eingriffe reichten aus, um den Nachrichteninhalt unerkennbar zu verändern. Und natürlich profitierte diese Form des Betrugs auch vom gesellschaftlichen Stellenwert der Telegrafentechnologie selbst. Während man in den frühen 1860er-Jahren in Britisch-Indien noch kaum praktische Erfahrung mit der Telegrafie hatte, so war sie dennoch mit bestimmten Assoziationen belegt. Nachrichten, die für eine vergleichsweise teure Übermittlung per Telegraf ausgewählt wurden, waren fast immer dringlich und wichtig. Ihnen wurde hohe Relevanz und Glaubwürdigkeit zugeschrieben. Kaum jemand wird daher die Richtigkeit der chinesischen Opiumpreise ernsthaft in Zweifel gezogen haben. Auch von diesen technokulturellen Zuschreibungen profitierten die Betrüger erheblich.

Aber nicht nur zur Übermittlung von Börsenkursen und Preisentwicklungen spielte der Telegraf schon früh in seiner Geschichte eine große Rolle. Auch in einem ganz anderen Wirtschaftszweig wusste man frühzeitig um die besonderen Qualitäten telegrafischer Informationsübertragung – und aus diesem Bereich kommt das zweite Beispiel für die Transformation des Raum-Zeit-Verhältnisses durch den Telegrafen. Die Rede ist von Sport- und insbesondere von Pferdewetten. Gerade in Großbritannien erfreuten sich Pferderennen traditionell großer Beliebtheit. Sie zogen nicht nur eine Vielzahl von Zuschauern auf die Rennstrecken hinaus, sondern wurden auch abseits der eigentlichen Schauplätze mit großem Interesse verfolgt. Der Ausgang der einzelnen Rennen interessierte vor allem auch deshalb, weil viele Menschen große Summen auf Rennpferde setzten. Mitte des 19. Jahrhunderts erreichte die Kunde über den Verlauf eines Rennens auf den berühmten Strecken in Ascot, Epsom, Newmarket oder Doncaster die großen Städte über die Eisenbahnen. Die Wettannahme endete dort gewöhnlich erst, wenn auf diesem Weg die Endergebnisse eingegangen waren. Es versteht sich entsprechend von selbst, dass es finanziell von großem Vorteil sein konnte, wenn man es irgendwie schaffte, die Resultate noch vor der Ankunft des Zuges mit der jeweiligen Information zu erhalten. Der Telegraf öffnete Wettbetrügern in dieser Hinsicht Tür und Tor. Deshalb durften in den frühen Jahren der Telegrafie – bevor man dazu überging, die Rennergebnisse auch offiziell per Telegraf zu verschicken – die Telegrafen- und Eisenbahnbetreiber auf ihren Drähten keine Informationen über die Rennen weiterleiten. Das bedeutete aber nicht, dass es nicht immer wieder von verschiedenen Seiten Versuche gab, diese Regeln zu umgehen, wie die zu Beginn des Kapitels bereits vorgestellte Londoner Anekdotensammlung aus den 1840er-Jahren zu berichten wusste:

> It was not to be supposed that the advantages of the exclusive obtainment of intelligence on such topics by its possessor would for a moment be overlooked by the turfites; and accordingly, we have to relate a few instances of the manœuvres of the sporting fraternity, which redound much to their ingenuity, but very slightly to their credit. […] The consequence was, that the „knowing ones" resorted to a variety of *ruses*, one of which, in sporting phraseology, would probably be called – NO GO! [Hervorhebung im Original][38]

Dass sich die erwähnte Anekdotensammlung unter der Unterschrift *The Telegraph and the Turf* ausgiebig mit diesem Thema beschäftigte, zeigt auf, wie verbreitet solche Betrugsversuche vor allem in den 1840er-Jahren waren, als der Telegraf in Großbritannien noch jung war. Auch im ersten konkret geschilderten Beispiel eines solchen Wettbetrugs wird durch die routinierte Reaktion des Schalterbeamten deutlich, dass es sich wohl um regelmäßige Vorkommnisse handelte. So erzählt eine Episode von einem Londoner, der auf Pferde wettete und sich am Tag eines wichtigen Rennens in Doncaster folgendermaßen an den Schalterbeamten im Telegrafenbüro der *Eastern Counties Railway* in London Shoreditch wandte:

> „Hangit! I'm heartily glad your're here, for I'm in a most awful fix. A friend I left at Doncaster, first thing this morning, not being able to let me have it when I left him, has promised to transmit by the next train a very valuable parcel, to be placed in one of the first-class carriages. Will you be kind enough to inquire for me the number of the carriage it is placed in, so that on the arrival of the train I may have no difficulty, as every moment is of consequence, in at once finding it there." So far so good; but

38 *New Anecdote Library*, Anecdotes of the Telegraph, 29–30.

> the clerk was too cunning for his customer, and explained to him that the object was rather too transparent for him to be gulled; and our disappointed turfite was compelled to retire, „grinning horrible a ghastly smile“ at the miscarriage of his manoevre. The fact was, as is known to all sportsmen, the horses when placed are *numbered*: of course, the number to be returned by the correspondent in concert at Doncaster, to the inquiry of the telegraph, would have been the number of the „winning horse“, the consignment of the parcel being the means of a cunningly devised end. Added to this, the turfite was informed, to his unutterable anguish, that the carriages on the Eastern Counties, by which route the intelligence could then only come [...], were *not numbered*, though the carriages on other lines were. [Hervorhebung im Original][39]

In diesem Fall wäre der etwas ungelenke Versuch, an telegrafische Vorabinformationen zu kommen, also ohnehin an der fehlenden Wagonnummerierung gescheitert – selbst wenn der Telegrafenbeamte die Finte nicht sofort durchschaut hätte. Manche Leute konnten sich allerdings auch geschickter anstellen, wie das folgende kurze Beispiel zeigt:

> A clerk on another occasion met with a redoubtable defeat. It was Derby day. An enterprising individual entered the office at Shoreditch in great agitation, saying he had left his luggage and a shawl behind him, and wished them to be sent on instanter, that he might take the north train at night. The request was one of an everyday description, and there seemed such truthfulness about it, that the telegraph clerk was taken off his guard, and he sent on the required message, which was thus answered by an accomplice at the other end: „Your luggage and

39 Ebd., 30–31.

> tartan will be safe by the next train." This was enough – the *ruse* had succeeded, our worthy had won, and he, doubtless, made the best use of his information, by betting bravely and clearing largely, upon the strength of information some hours in advance of all London besides. Of course, had the winning horse been any other colour, it would have been your „*pink*" shawl, or your „*yellow*" shawl, is all right. The information thus gained by a ruse for a shilling was, probably, productive of many pounds. [Hervorhebung im Original][40]

In diesem Fall wurde der Gewinner anhand der mit ihm assoziierten Farbe beziehungsweise des getragenen Musters identifiziert. Aufgrund der Alltäglichkeit der Anfrage hat sich der Schalterbeamte in diesem Fall hinters Licht führen lassen. Es ist anzunehmen, dass in unzähligen anderen Fällen auch der Telegrafenbedienstete am Gewinn beteiligt wurde und man so den Zugang zu Vorabinformationen sicherte. Die Möglichkeit, sich auf diesem Weg einen Informationsvorsprung zu verschaffen, existierte aber nur wenige Jahre. Bald ging man dazu über, die Ergebnisse generell per Telegraf zu verbreiten. Auf den wichtigen Rennstrecken wurden dafür sogar extra Telegrafenbüros eingerichtet.[41] Solange die Lücke aber existierte, machten sich die Betrüger dieselbe Logik zunutze, die auch im vorhergehenden Beispiel zum Tragen kam. Es ging zentral darum, sich durch den schnelleren Erhalt von Information einen Aktionsspielraum zu verschaffen. Funktionierte eine solche Finte, so hatten die Betrüger ein paar Stunden Zeit, ganz unverdächtig Geld auf die nur ihnen schon bekannten Gewinnerpferde zu setzen. Wieder war es die Entkoppelung von Kommunikation und Transport durch den Telegrafen, die dieses Zeitfenster herstellte.

---

40 Ebd., 31–32.

41 House of Commons. Parliamentary Papers C. 304. Telegraphs. Report by Mr. Scudamore on the Re-Organization of the Telegraph System of the United Kingdom. Presented to the House of Commons by Command of Her Majesty. London 1871, 34.

Zusammenfassend kann man festhalten, dass durch die Entkoppelung und die damit verbundene Beschleunigung bestimmter Informationsflüsse die dazugehörigen zeitabhängigen Räume verändert wurden. Im Zusammenspiel mit anderen Räumen, z.B. jenen der Kommunikation per Dampfschiff oder Eisenbahn, entstanden neue Chronologien, die für viele Zeitgenossen ungewohnt und anfangs schwer zu durchschauen waren. Das nützten in den hier vorgestellten Beispielen die Betrüger für ihre Zwecke aus. Die telegrafische Kommunikation (als ein Beispiel transregionaler Vernetzung) hatte demnach erheblichen Einfluss auf die Verschiebung des herrschenden Raum-Zeit-Verhältnisses. Zu Ende gedacht steckt dahinter eine ganz ähnliche Logik, wie sie schon im vorangehenden Kapitel für den Raum diskutiert wurde. Manche Zeitstrukturen verändern sich (z.B. durch Beschleunigungsprozesse), andere nicht. Sie haben jeweils ihre eigenen Räume, deren Verhältnis sich verschiebt. Genau darin manifestiert sich der qualitative Wandel, den transregionale Vernetzung mit sich bringen kann.

Telegrafie und Zeitempfinden

Sich verändernde Zeitstrukturen können sich aber auch jenseits räumlicher Vorstellungen niederschlagen. Sie brauchen nicht unbedingt den Raum als Manifestation. In vielen Fällen wirkten sie sich direkt auf die Zeitwahrnehmung und Zeitnutzungsmuster der historischen Akteure aus (obwohl auch diesbezüglich – wie die Beispiele des folgenden Abschnitts zeigen werden – der Raum als Hintergrundmotiv stets zugegen ist). Die Praxis bzw. häufig schon die Möglichkeit telegrafischer Kommunikation hatte unmittelbare Auswirkungen auf soziokulturelle Lebens- und Arbeitsrhythmen und dementsprechend auch auf das persönliche Zeitempfinden von telegrafisch angebundenen Menschen. Im Folgenden soll anhand einiger ausgewählter Beispiele illustriert werden, wie die technisch-praktischen Neuerungen, welche die Telegrafie mit sich brachte, sehr schnell in diesem Bereich wirkmächtig wurden.

Nachdem er seine Ausbildung am *Royal Engineering College* in Cooper's Hill, Surrey, erfolgreich beendete hatte, wurde Eustace Alban Kenyon am 26. September 1880 zum Assistant Superintendent in der britisch-indischen Telegrafenverwaltung ernannt und nach Kalkutta beordert. Kenyon hatte in den folgenden Jahrzehnten verschiedene Posten in der Verwaltung inne und beaufsichtigte den Bau oder Ausbau vieler Telegrafenlinien in der gesamten Kolonie. Bis mindestens 1898 schrieb er regelmäßig Briefe an seine Familie in England, in welchen er ausführlich über sein Leben und seine Arbeit in Britisch-Indien berichtete. Diese Briefe befinden sich heute im Archiv des *Centre of South Asian Studies* der Universität Cambridge und können dort eingesehen werden. In vielen dieser Schreiben beschäftigt sich Kenyon auch mit der Telegrafie, und es wird erkennbar, wie sehr seine privilegierte Anbindung an das weltweite telegrafische Kommunikationsnetz sein persönliches Raum- und Zeitempfinden veränderte. Am 9. März 1891 etwa schrieb er an seine Schwester Tizie. Kenyon war zuvor nach Ellore beordert worden, um dort den Bau einer Telegrafenlinie zu beaufsichtigen. Nun war die Arbeit zumindest an dem genehmigten Teil der Linie getan.

> I have just finished all work up to a little north of this, as far as the route is sanctioned and I am now just waiting for a boat – which ought to have been here long ago to take me off to Coconada from where I go on by sea on Friday to Vizagapatam; always supposing that I don't meanwhile get a telegram saying that the remainder of the line is sanctioned & that I am to go on with that. I shall be very annoyed if I do get any such telegram, as I have now broken up my working party and sent the men off to their homes, over 100 miles away.[42]

42 *Eustace Alban Kenyon*, Brief an Tizie, Cambridge 1891, in: Cambridge South Asian Archive, Centre of South Asian Studies, University of Cambridge.

Noch bevor Kenyon seinen Brief abschließen konnte, kam endlich das Boot, das ihn nach Coconada an der Ostküste Indiens bringen würde. Ob ihn tatsächlich während der Reise eine telegrafische Nachricht erreichte, die ihn nach Ellore zurückbeorderte, geht weder aus diesem noch aus späteren Briefen hervor. Kenyons diesbezügliche Sorge ist aber ein starker Indikator für ein sich rapid veränderndes Zeitempfinden. Durch den Umstand, dass er sich auf dem Boot praktisch während der ganzen Fahrt entlang einer Telegrafenlinie bewegte, war er zu fast jeder Zeit erreichbar. Verglichen mit der umfassenden Erreichbarkeit, die uns heutzutage Mobiltelefone, Pager und mobiles Internet schenken, mag dies noch relativ harmlos anmuten. Aus zeitgenössischer Perspektive betrachtet aber taten sich hier völlig neue Zeitstrukturen und Lebensrhythmen auf. Ohne Telegrafenlinie in Reichweite wäre Kenyon erst einmal in relativer Ruhe nach Coconada, Vizagapatam und vielleicht sogar weiter nach Kalkutta gereist, bis er neue Anweisungen erhalten hätte. Die nächsten Tage und Wochen wären planbar oder zumindest halbwegs vorhersehbar gewesen. Durch die telegrafische Anbindung aber konnte minütlich eine neue Order eintreffen. Kenyon war de facto auf Abruf – und schien diesen Zustand nicht besonders zu schätzen.

Ein sich veränderndes Zeitempfinden wird auch noch an anderer Stelle im Brief deutlich. Zwar beinhaltet der Text selbst keinen stichhaltigen Hinweis darauf, es ist aber dennoch anzunehmen, dass Kenyon per Telegraf von der bevorstehenden Ankunft eines Bootes in Kenntnis gesetzt worden ist. Wäre dies durch ein anderes Medium passiert, wäre kaum ein besonders genauer Zeitpunkt des Eintreffens benannt worden, sondern der mäßigen Geschwindigkeit des Informationsflusses entsprechend wohl auch ein größeres Zeitfenster dafür gesetzt worden. Erst durch die Übermittlung einer halbwegs genauen Zeitangabe aber konnten Kenyons diesbezügliche Erwartungen durch die Verspätung des Bootes enttäuscht werden. Der Telegraf schuf also ein Muster enger zeitlicher Abfolgen und damit auch Erwartungen, die von der Realität mitunter nicht eingehalten werden konnten. Während

die vorliegende Quelle keinen eindeutigen Nachweis dafür liefert, lässt sie dennoch vermuten, dass Kenyons frustriertes Warten also zumindest ebenso eine Folge der exakten Informationslage wie der Verspätung des Bootes war.
Während Eustace Alban Kenyon seine durch den Telegrafen gewährleistete Erreichbarkeit wohl als eher lästig empfunden hat, gab es unter seinen Zeitgenossen aber durchaus Menschen, die diese neu gewonnene Anbindung an die Welt zelebrierten. Dies verdeutlicht etwa eine Karikatur, die auch David Hochfelder in einem Artikel über die Ursprünge der Teilhabe sogenannter „kleiner Leute" an Finanzgeschäften zur Illustration verwendet hat.[43] Die Zeichnung (Abb. 8) von Charles Dana Gibson[44] stammt aus dem Jahr 1903 und zeigt einen Geschäftsmann im Garten seines Ferienhauses. Dieser ist offensichtlich „unwilling to forgo his stock quotations even while on vacation".[45] In Geschäftskleidung steht er im großzügigen Garten des Ferienhauses und hat in der rechten Hand Zeitung und *ticker tape*, das ein neben ihm stehender Telegrafenapparat ausspuckt. Der Rasen ist mit alten Zeitungen und telegrafischen Börseninformationen übersät. Seine Sekretärin sitzt am Schreibtisch und tippt auf einer Schreibmaschine. Neben ihr dösen zwei Botenjungen im Schatten eines Baumes. Am Stamm desselben ist ein Telefon montiert, in welches ein anderer Mann spricht. Der vielsagende Titel der Karikatur lautet: *Mr. A. Merger Hogg is taking a few days' much-needed rest at his country home.*

Das Zeitempfinden des Protagonisten in dieser Karikatur, die offensichtlich auf einen neuen Typus Geschäftsmann anspielt, ähnelt jenem von Kenyon, während er in Ellore auf sein Boot wartete – allerdings unter umgekehrten Vorzeichen. Während Kenyon

43 *David Hochfelder*, „Where the Common People Could Speculate": The Ticker, Bucket Shops, and the Origins of Popular Participation in Financial Markets, 1880–1920, in: JAH 93/2, 2006, 335–358, 337.

44 Library of Congress. Prints & Photographs Division, Reproduktion (LC-USZ62-61482) von *Charles Dana Gibson*, Mr. A. Merger Hogg is Taking a Much Needed Rest at His Country Home, Zeichnung, in: Life 41 vom 4. Juni 1903, 518–519.

45 *Hochfelder*, Common People, 337.

Abbildung 8: Mr. A. Merger Hogg is Taking a Much Needed Rest at his Country Home.

im Prinzip unwillig ist, seinen Lebensrhythmus an die Telegrafenzeit anzupassen, hat A. Merger Hogg dies längst getan. Er ist nicht nur stets erreichbar, sondern nimmt auch aktiv an der Kommunikation teil (wie etwa durch die Sekretärin, die Botenjungen oder das Telefon illustriert wird). Dadurch gibt er seinen Kommunikationspartnern am anderen Ende des Drahtes ebenso den neuen Rhythmus vor, wie er durch diesen geprägt wird.

Ein ähnliches Zeitverständnis wird auch in einem Leserbrief an den Herausgeber der *Times of London* aus dem Jahr 1870 erkennbar.[46] Der anonyme Absender nimmt dabei die Verantwortlichen der britischen Telegrafenverwaltung aufs Korn und erzählt in launigem Ton von seiner Odyssee durchs nächtliche London. Er beschreibt ausführlich, wie er eines Abends ein Telegramm von London nach Kalkutta schicken wollte und mit diesem Ansinnen aufgrund der mangelhaften Zusammenarbeit der verschiedenen

46 *O.A.*, The Post Office and the Telegraphs, in: Times of London vom 7. Dezember 1870, 6.

Telegrafenfirmen und -verwaltungen fast zu scheitern drohte. Die anschaulich geschilderten Wirrnisse[47] werfen ein interessantes Licht auf die Schnittstellen zwischen globalen und lokalen Kommunikationsstrukturen – aber auch auf ein sich veränderndes Zeitempfinden auf Seiten der Kunden. Zwar unterstreicht der anonyme Absender in vielen blumigen Worten, wie schwierig es sei, abends in der City of London ein Telegramm schnellstmöglich nach Kalkutta zu bekommen, er hinterfragt aber nie die Notwendigkeit dies zu tun. Eher lapidar beginnt er nach einem einleitenden Absatz seine Geschichte mit dem Satz: „I had occasion to telegraph to Calcutta between 9 and 10 in the evening." Dies zeigt, wie selbstverständlich es für viele Nutzer bereits wenige Jahre nach Herstellung der ersten telegrafischen Verbindung mit Indien geworden war, allzeit Zugriff auf das Medium zu haben. Natürlich ist der Wunsch des Leserbriefschreibers auch dem Zeitunterschied zwischen London und Kalkutta geschuldet. Im Osten von Britisch-Indien würde bereits in Kürze ein neuer Tag – und damit auch ein neuer Arbeitstag – anbrechen. Und wahrscheinlich war es von Vorteil, wenn dann das Telegramm aus London bereits früh morgens auf dem Schreibtisch lag. Dies förderte natürlich das Verlangen, zu jeder lokalen Zeit Zugang zu einem global wirkmächtigen Medium zu haben.

Der Zeitunterschied zwischen England und Britisch-Indien konnte aber auch zu Verwirrung führen – nämlich dann, wenn die scheinbare räumlich-zeitliche Nähe, die durch den Telegrafen hergestellt werden konnte, die Nutzer den ausgeprägten Unterschied zwischen den Lokalzeiten vergessen oder zumindest vernachlässigen ließ. Zwei Beispiele dafür finden sich auch in den unzähligen Telegrammen, die am 23. Juni 1870 im Rahmen der

---

47 Diese Wirrungen und Irrungen habe ich anderswo ausführlicher dargestellt und analysiert. *Roland Wenzlhuemer*, „I had occasion to telegraph to Calcutta". Die Telegrafie und ihre Rolle in der Globalisierung im 19. Jahrhundert, in: Themenportal Europäische Geschichte. Version von 2011, in: URL= http://www.europa.clio-online.de/2011/Article=513 (letzter Zugriff: 23.6.2016).

feierlichen Einweihung der Unterwasserlinie zwischen England und Indien hin und her geschickt wurden. John Pender, der Vorsitzende der *British Indian Submarine Telegraph Company*,[48] lud zu diesem Anlass in sein Haus in der vornehmen Londoner Arlington Street. Dort war extra für die Veranstaltung ein Telegraf installiert worden, um den hochrangigen Gästen die Möglichkeit zu geben, die Verbindung nach Indien mit Glückwunsch- oder Grußtelegrammen einzuweihen. Einer der Gratulanten war Sir Henry Bartle Frere, der ehemalige Gouverneur von Bombay. Er schickte herzliche telegrafische Grüße an seinen Amtsnachfolger William Vesey Fitzgerald und erhielt schon nach vier Minuten und fünfzig Sekunden eine Empfangsbestätigung – allerdings nur vom Superintendent der *British Indian Submarine Telegraph Company* in Bombay. Dieser schickte das Telegramm dann weiter zur Residenz des Gouverneurs. Dessen Grüße zurück ließen aber insgesamt 36 Minuten auf sich warten, da Vesey Fitzgerald zu so früher lokaler Stunde noch zu Bett gewesen war.[49] Ähnlich erging es Lady Mayo, die ihrem Mann, dem Generalgouverneur und Vizekönig von Indien, Grüße nach Shimla telegrafieren ließ. Der Eingang der Nachricht wurde zwar selbst vom im Mittleren Himalaya gelegenen Shimla aus binnen fünfzehn Minuten bestätigt, Lord Mayo

48 Die *British Indian* war nur eine der am Unterwasserkabel zwischen England und Indien beteiligten Firmen. Zwischen 1868 und 1870 hatte Pender insgesamt vier Firmen zu diesem Zweck gegründet: die *Falmouth, Gibraltar, and Malta Telegraph Company*, die *Anglo-Mediterranean Telegraph Company*, die *Marseilles, Algiers, and Malta Telegraph Company* und die *British Indian Submarine Telegraph Company*. Aus der Fusion dieser vier im Jahr 1872 ging schließlich die *Eastern Telegraph Company* hervor, die den Markt für viele Jahrzehnte beherrschen sollte. *Daniel R. Headrick*, The Invisible Weapon. Telecommunications and International Politics, 1851–1945. New York/Oxford 1991, 35–36; *Dwayne R. Winseck/Robert M. Pike*, Communication and Empire. Media, Markets, and Globalization, 1860–1930. Durham/London 2007, 37–38.

49 Cable and Wireless Archive. British-Indian Submarine Telegraph Co Ltd DOC/BISTC/6/2. Souvenir of the Inaugural Fête to Celebrate the Opening of Direct Submarine Telegraphic Communication to India, 2. Juni 1870, 18.

selbst aber antwortete erst nach über eineinhalb Stunden. „The explanation of delay in the reply from India received on the following day is, that Lord Mayo had arranged to be in his office at 5 a.m., and her Ladyship's message arriving at 4.7 a.m., found his Lordship still in bed."[50]

Redux: Zeit in der Globalgeschichte

Zeit ist in der Geschichtswissenschaft ein beliebtes Thema, das in den letzten Jahrzehnten von verschiedensten Seiten ausgeleuchtet worden ist. Trotz dieser eindringlichen Beschäftigung bleibt das Verhältnis von Zeit und Geschichte oft unpräzise erfasst, da sich verschiedenste semantische und damit auch analytische Ebenen des Zeitbegriffs überlagern. Für die Geschichtswissenschaft wirft vor allem die soziokulturelle Zeit hochinteressante Fragen auf. Wie nehmen Menschen Zeit wahr, welche Bedeutung weisen sie ihr zu, wie messen sie Zeit? Letztlich, wie schaffen Menschen und Gesellschaft dadurch ihre eigene Zeit? In diesem Zusammenhang spielt (ähnlich wie beim Raum) das Verhältnis zwischen verschiedenen Zeiten oder Zeitstrukturen eine entscheidende Rolle. Zeit ist für Menschen vor allem in der Verschiebung dieses Verhältnisses klar spürbar. Man denke etwa an die oft monierte Beschleunigung des Lebens, die sich im Wesentlichen aus der Verschiebung verschiedener zeitlicher Abläufe zueinander ergibt. Hier wird deutlich, warum die Globalgeschichte – versteht man sie als Verbindungsgeschichte – ein besonderes Interesse an der Untersuchung zeitlicher Strukturen und ihrer Veränderungen hat. Sie fragt, wie sich globale oder transregionale Verbindungen auf das Verhältnis zwischen verschiedenen Zeitstrukturen auswirken, wie sich dieses Verhältnis in Anbetracht globaler Vernetzung verschieben kann. Beispielhaft kann man das etwa anhand der Telegrafie nachvollziehen, die aufgrund der Entkoppelung von Transport und Kommunikation in diesem Zusammenhang einen besonders prägnanten Einfluss

50 Ebd., 19.

entfalten konnte. Ähnlich wie man an ihrem Beispiel auch die Pluralität von Räumen und die Bedeutung der Verhältnisse zwischen den Räumen illustrieren kann, so werden in der Telegrafiegeschichte auch Zeitregime und ihre Entwicklungen deutlich. So zeigen die verschiedenen untersuchten Betrugsfälle, wie ein neues Kommunikationsmedium (und damit eine neue Art von Verbindung) das Verhältnis von Raum und Zeit nachhaltig verändern kann. Andere Fallstudien verweisen darauf, wie sich durch telegrafische Anbindung Zeitempfinden und Zeitnutzungspraktiken verändern. Ganz ähnliches kann man auch in den Beispielen zum Spannungsverhältnis zwischen Anbindung und Isolation aus dem vorhergehenden Kapitel zum Raum sehen, die implizit immer auch mit Zeitfragen zu tun haben. Die dort diskutierten Räume sind in vielen Fällen Funktionen der Zeit und stellen diese auf räumliche Weise dar. Man denke in diesem Zusammenhang etwa an Hellmuth von Mücke, der auf einer entlegenen Insel durch den Telegrafen fast genauso schnell vom Erhalt des Eisernen Kreuzes erfährt, wie er dies zu Hause in Europa gekonnt hätte.

Insgesamt bestätigen diese und viele andere Fallbeispiele aus dem breiteren Bereich der Telegrafiegeschichte, wie deutlich sich transregionale Verbindungen auch auf zeitliche Strukturen und deren Wahrnehmung und Deutung auswirken. Telegrafische Verbindungen dienen aber nur als ein besonders anschauliches Beispiel für ein viel breiteres Phänomen, das auch in anderen Kontexten deutlich zu Tage tritt. Im bald folgenden Kapitel über Strukturen in der Globalgeschichte geht es unter anderem um die Zusammenführung verschiedener Teile einer globalen Verkehrsinfrastruktur. Dies hat nicht zuletzt eine bessere zeitliche Abstimmung zwischen den einzelnen Teilstücken, Transportmitteln und Reisemodi zum Ziel. Auch im Kapitel über das Transitkonzept ist der Fall Crippen in unterschiedliche, parallele Zeitlichkeiten eingebunden, aus deren Verhältnis sich eine besondere Spannung ergibt. Dabei trifft die Langsamkeit und Ereignisarmut der Schiffspassage auf die Schnelllebigkeit und den Ereignishunger der globalen Medienberichterstattung.

Indem sie solche und andere zeitliche Veränderungen untersucht, kann die Globalgeschichte besser sehen, wo und wie sich globale Vernetzungsprozesse historisch manifestieren und für ihre Zeitgenossen spürbar werden. Gleichzeitig ist natürlich auch der Umgang der Menschen mit solchen grundlegenden Veränderungen in ihren Lebenswelten von großem Interesse für die Globalgeschichte, da er ein Beispiel dafür ist, wie sich lokale Akteure mit den konkreten Konsequenzen von Globalisierungsprozessen auseinandersetzen, wie sie versuchen, mit ihnen zurechtzukommen und sie auch für sich zu nutzen wissen.

Akteure

Meuterei auf der Bounty

Akteure in der Globalgeschichte

Der Begriff des historischen Akteurs ist aus der Geschichtswissenschaft nicht mehr wegzudenken. In den meisten historiografischen Arbeiten jüngeren Datums wird früher oder später auf die wichtige Rolle der Akteure hingewiesen und man verspricht, diese zentral in den Blick zu nehmen. In diesen mittlerweile fast habituellen Verweisen auf die Akteure in der Geschichte spiegelt sich allerdings nicht immer ein gemeinsames historiografisches Paradigma oder eine bestimmte analytische Perspektive. Häufig wird der Begriff des historischen Akteurs lediglich dazu benutzt, um die in einem bestimmten historischen Rahmen vorkommenden Personen zu bezeichnen. Der Begriff meint dann lediglich die personelle Ausstattung eines bestimmten Untersuchungsszenarios, sozusagen die *dramatis personae*. Darüber hinaus hat der Akteursbegriff in vielen Studien aber kaum eine spezifische analytische Qualität. Diese Art der Verwendung des Begriffs wird seiner eigentlichen Bedeutung aber nicht gerecht. In ihrem Kern verweist die Idee des Akteurs auf den Menschen als Handelnden, der in der Summe seiner Handlungen die Geschichte gestaltet. Akteure – und somit im Kontext der Geschichtswissenschaften eben auch historische Akteure – nehmen ihre Umwelt und damit auch die Umstände, in denen sie handeln, auf eine bestimmte Weise wahr. Sie haben bestimmte Handlungskapazitäten und -grenzen. Sie verfolgen mit ihren Handlungen bestimmte Intentionen, die aber nicht mit den tatsächlichen Auswirkungen übereinstimmen müssen. Versteht man die menschliche Geschichte nun als Summe menschlicher Handlungen, so legt ein Fokus auf den Akteur und dessen *agency* unter anderem die Möglichkeiten der Geschichte, die Verantwortlichkeit des Menschen und natürlich das Wechselspiel von Mensch und Welt in besonderer Weise frei.

Aufbauend auf sozialtheoretischen Ideen von Forschern wie zum Beispiel Pierre Bourdieu[1] oder Anthony Giddens[2] war die Historische Anthropologie[3] einer der ersten dezidiert geschichtswissenschaftlichen Forschungsansätze, die einen solchen Fokus auf den handelnden Menschen analytisch geschärft und ausformuliert haben. Für die Historische Anthropologie, die sich vor allem aus dem angloamerikanischen und französischen Raum kommend im Laufe des letzten Viertels des 20. Jahrhunderts auch in der deutschsprachigen Geschichtswissenschaft langsam etablieren konnte, steht der Mensch und damit Subjekt und Subjektivität im Mittelpunkt der Geschichtsschreibung.[4] Aus diesem Zugang ergeben sich auch die fachlichen Schwerpunkte, mit denen sich das Feld gerne und viel beschäftigt: z.B. Körper, Kleidung, Krankheit

---

1 Vgl. z.B. die praxeologischen Ansätze in *Pierre Bourdieu*, Entwurf einer Theorie der Praxis. Frankfurt am Main 1979.

2 Vgl. z.B. Giddens Strukturierungsmodell in *Anthony Giddens*, The Constitution of Society. Outline of the Theory of Structuration. Cambridge 1984.

3 Für eine Definition und Zusammenfassung des Zugangs der Historischen Anthropologie kann man mittlerweile eine große Anzahl von Einführungsbänden konsultieren. Vgl. u.a. *Gert Dressel*, Historische Anthropologie. Eine Einführung. Wien/Köln/Weimar 1996; *Richard van Dülmen*, Historische Anthropologie. Entwicklung, Probleme, Aufgaben. 2. Aufl. Köln 2001; *Jakob Tanner*, Historische Anthropologie zur Einführung. Hamburg 2004.

4 Mit ihrem Interesse an der Handlungsmacht von Menschen, also ihrem Fokus auf Akteuren und *agency*, hat die Historische Anthropologie große Überlappungen mit anderen Feldern wie zum Beispiel der Alltagsgeschichte oder der Mikrogeschichte, die zwar ein etwas anderes Erkenntnisinteresse verfolgen, aber nicht immer ganz trennscharf von der Historischen Anthropologie abzugrenzen sind. Siehe dazu u.a. *Alf Lüdtke*, Alltagsgeschichte, Mikro-Historie, historische Anthropologie, in: Hans-Jürgen Goertz (Hrsg.), Geschichte. Ein Grundkurs. Reinbek 1998, 565–567; *Hans Medick*, Mikro-Historie, in: Winfried Schulze (Hrsg.), Sozialgeschichte, Alltagsgeschichte, Mikro-Historie. Eine Diskussion. Göttingen 1994, 40–53.

oder auch Arbeit.[5] Diese und ähnliche Schwerpunkte sind aus der Akteurszentriertheit der Historischen Anthropologie heraus konsequent, aber nicht zwingend. Der Fokus auf den Menschen als Handelnden kann auch in anderen Bereichen und Fragestellungen fruchtbar gemacht werden – insbesondere dann, wenn es darum geht, in bestimmter Hinsicht das Verhältnis zwischen Akteuren und Strukturen in seiner Geschichtsmächtigkeit besser greifbar zu machen. Zumeist geht es aus historisch-anthropologischer Perspektive dabei darum, die Handlungskapazitäten ebenso wie die Handlungsgrenzen der involvierten Personen oder Personengruppen auszuloten. Diese Kapazitäten und Grenzen entstehen in den verschiedenen Strukturen, in welche die Akteure eingebunden sind. Diese Strukturen, mit denen sich das nachfolgende Kapitel intensiver auseinandersetzt, sind selbst wiederum die mehr oder weniger verfestigten Muster menschlichen Handelns. Daraus ergibt sich die grundlegende Einsicht, dass Menschen zumindest aus analytischer Perspektive niemals nur eine zwingende Handlungsoption haben.[6] Ein Fokus auf den Menschen als historischen Akteur, als Handelnden, will diese variierenden Spielräume erfassen. Dadurch wird die jeweilige Sicht der Handlungsumstände – oder man könnte auch von der Weltsicht der Akteure sprechen – ebenso deutlich wie deren Handlungsmöglichkeiten und -grenzen innerhalb dieser Umstände.

Ein solcher Ansatz steht der Geschichtswissenschaft insgesamt gut an. Er stellt den Menschen, sein Fühlen, Denken und Handeln, in den Mittelpunkt des Erkenntnisinteresses und kennzeichnet die Geschichtswissenschaft damit als Humanwissenschaft, deren grundlegende Fragen sich um die Rolle des Menschen in der Welt drehen. Ein akteurszentrierter Zugang zur Geschichte ist damit ein Bekenntnis zu einer Geschichtswissenschaft, die in jeder Hinsicht „nah am Menschen" ist. Sie erlaubt es Historike-

5 *Michael Maurer*, Historische Anthropologie, in: ders. (Hrsg.), Aufriss der Historischen Wissenschaften. Bd. 7: Neue Themen und Methoden der Geschichtswissenschaft. Stuttgart 2003, 294–387, 379.

6 Vgl. *Dressel*, Historische Anthropologie, 162.

rinnen und Historikern dadurch auch, selbst eine aktive gesellschaftliche Rolle einzunehmen und aus ihrer Betrachtung der Geschichte heraus zu bewerten und zu empfehlen. Im engeren Sinne kann das nur eine anthropologisch interessierte und informierte Geschichtswissenschaft wirklich tun, die den Menschen in seinen Möglichkeiten und Befindlichkeiten ernst nimmt. Darüber hinaus verweist der Blick auf die historischen Akteure immer auch auf größere geschichtsphilosophische Fragen nach dem Verhältnis von Mensch und Geschichte als solchem, schließt die Untersuchung von Handlungskapazitäten doch unmittelbar an grundsätzliche Überlegungen zur Rolle von Konzepten wie Kontingenz, Determinismus oder freiem Willen an. Während diese Aspekte akteurszentrierter Forschung die Geschichtsschreibung in ihren Grundlagen prägen, erlaubt uns der verstärkte Fokus auf Menschen als Handelnde und ihre Auseinandersetzung mit den sie leitenden oder limitierenden Strukturen einen klareren Blick in das ansonsten oft verhüllte Räderwerk der menschlichen Geschichte. Die Geschichtswissenschaft gewinnt damit ein Instrumentarium, mit dem sie der Frage nachgehen kann, wie menschliches Handeln Historizität erlangt und in seiner Summe damit ebenjene Welt erschafft, in der sich menschliches Handeln abspielt.

Dank dieser analytischen Eigenschaften hat die Akteursperspektive mittlerweile auch in der globalhistorischen Forschung ihren festen Platz gefunden. Hinsichtlich ihres Interesses an globalen Verbindungen und Austauschprozessen will die Globalgeschichte unter anderem wissen, wie solche Verbindungen überhaupt zustande kommen, wie sie sich in lokalen Kontexten manifestieren können und wie sie schließlich in Kombination mit anderen Faktoren eine bestimmte Wirkung entfalten können. Es geht der Globalgeschichte also im Kern um die Untersuchung der Geschichtsmächtigkeit von globalen oder überregionalen Verbindungen, die wiederum aus den Handlungspotentialen und den tatsächlichen Handlungen der betroffenen Menschen entsteht. Der Blick auf den Menschen als Handelnden, auf Menschen, die Verbindungen herstellen, nutzen, verändern oder auch abbrechen lassen, dieser

Blick schnürt metaphorisch gesprochen das begriffliche Bündel der „globalen Verbindung“ auf. Er zeigt uns, aus welchen unterschiedlichen Elementen sich solche Verbindungen zusammensetzen. Es sind die historischen Akteure, in denen diese Einzelstränge zusammenlaufen und ihre Wirkung entfalten. Die Akteure sind sozusagen die Scharniere in globalen Verbindungszusammenhängen. In ihnen schneiden sich die Verbindungen in ihrer bereits herausgestellten Pluralität. Oder aufbauend auf den Einsichten aus dem Kapitel über den Raum in der Globalgeschichte könnte man auch sagen, dass sich in den Akteuren die verschiedensten Räume treffen. Historische Akteure gehören verschiedenen Räumen gleichzeitig an, sind gleichzeitig auf unterschiedliche Arten verbunden. Sie sind damit Übersetzer zwischen diesen Räumen und/oder Verbindungen. Und gleichzeitig werden die im Rahmen von Globalisierungsprozessen stattfindenden Verschiebungen des Verhältnisses zwischen mehreren Räumen, zwischen verschiedenen Verbindungen, wie ich sie in den vorhergehenden Kapiteln beschrieben habe, für die Akteure unmittelbar spürbar.

Für die globalhistorische Forschung hat ein Fokus auf die verbindenden und verbundenen Menschen daher eine doppelte Bedeutung. Die Akteure geben den Verbindungen Substanz, machen sie wirkmächtig, verleihen ihnen *agency*. Gleichzeitig manifestiert sich die Bedeutung globaler Verbindungen, die Verschiebung von Raumverhältnissen, in genau diesen Akteuren. Erst im Anlegen einer Akteursperspektive wird deutlich, wie genau solche Verbindungen aber zustande kommen, wie sie funktionieren und was sie für das Denken und Handeln der historischen Akteure bedeuten. Eine akteurszentrierte Perspektive erlaubt es der Globalgeschichte, die zentralen Scharniere der Vernetzung der Welt, deren Horizonte und Handlungsmöglichkeiten explizit in den Blick zu nehmen.[7] Globale Verflechtungen werden von erklärungsbedürftigen zu erklärungsbringenden Phänomenen und gleichzeitig erhalten

7 Ein hervorragendes Beispiel aus der letzten Zeit findet sich etwa bei *Johannes Paulmann*, Regionen und Welten. Arenen und Akteure regionaler Weltbeziehungen seit dem 19. Jahrhundert, in: HZ 296/3, 2013, 660–699.

globale Zusammenhänge eine lokale Verortung. Dies werde ich im Folgenden anhand eines weit über die Geschichtswissenschaft hinaus bekannten historischen Beispiels illustrieren.

Huzza for Otaheite

Am 23. Dezember des Jahres 1787 verließ die *Bounty* unter dem Kommando von William Bligh den Hafen von Portsmouth. Das Schiff war im Auftrag der britischen Admiralität unterwegs. Das Ziel der Fahrt war die Insel Otaheite, das heutige Tahiti. Unweit von dort, mitten in der Südsee, trug sich etwa sechzehn Monate später auch die berühmt-berüchtigte Meuterei zu,[8] die unter anderem durch mehrere hochkarätig besetzte Verfilmungen und unzählige literarische Verarbeitungen[9] einen festen Platz in der Populärkultur gefunden hat. Unter der Führung von Fletcher Christian, Master's Mate auf der *Bounty*, wandte sich ein Teil der Besatzung gegen Bligh und übernahm die Kontrolle über das Schiff. Bligh schilderte später in vielen verschiedenen Schriftstücken, aber immer in ähnlichen Worten, wie er von den Meuterern im Schlaf überwältigt worden sei. Exemplarisch dafür ist die folgende Passage aus einem Brief an seine Frau Elizabeth:

> On the 28th. April at day light in the morning Christian having the morning watch, He with several others came into my Cabbin while I was a Sleep, and seizing me, holding naked Bayonets at my Breast, tied my Hands

8 Wenn nicht anders vermerkt, so basiert die Rekonstruktion der Meuterei und ihrer Vorgeschichte auf *Greg Dening*, Mr Bligh's Bad Language. Passion, Power and Theatre on the Bounty. Cambridge/New York 1992; *Caroline Alexander*, The Bounty. The true Story of the Mutiny on the Bounty. New York 2004; *Anne Salmond*, Bligh. William Bligh in the South Seas. Berkeley 2011.

9 Für einen Überblick siehe *Donald A. Maxton*, The Mutiny on HMS Bounty. A Guide to Non-Fiction, Fiction, Poetry, Film, Articles and Music. Jefferson/London 2008.

> behind my back, and threatened instant distruction if I uttered a word. I however call'd loudly for assistance, but the conspiracy was so well laid that the Officers Cabbin Doors were guarded by Centinels, so that Nelson, Peckover, Samuels or the Master could not come to me. I was now dragged on Deck in my Shirt & closely guarded-I demanded of Christian the cause of such a violent act, & severely degraded him for his Villainy but he could only answer – „not a word Sir or you are Dead." I dared him to the act & endeavored to rally some one to a sense of their duty but to no effect.[10]

Bligh wurde mit 18 loyalen Besatzungsmitgliedern in das Beiboot der *Bounty* verfrachtet und mit spärlichem Proviant und wenig Ausrüstung in der Südsee zurückgelassen. In einem erstaunlichen navigatorischen Meisterstück schaffte es Bligh entgegen aller Wahrscheinlichkeit, das völlig überladene Beiboot in den nächsten Wochen über 3600 Seemeilen (ca. 6700 Kilometer) nach Kupang auf der Insel Timor zu steuern und die dortige niederländische Faktorei anzulaufen. Von dort aus schrieb Bligh am 19. August 1789 an seine Frau in England. Er wäre nun in einem Teil der Welt, den er niemals erwartet habe, der ihm allerdings das Leben gerettet habe. Er versicherte Elizabeth, dass er selbst bei bester Gesundheit sei – nicht aber ohne in den folgenden Zeilen auf die Gefahren hinzuweisen, die er eben überstanden hatte. Dann – bevor er in der oben zitierten Passage die genaueren Umstände skizzierte – folgte der zentrale Satz des Briefes, der in seiner schnörkellosen Komprimiertheit, die Gefühlslage Blighs auf den Punkt zu bringen scheint: „Know then my own Dear Betsy, I have lost the Bounty."[11]

Bligh schrieb aus Kupang nicht nur an seine Frau, sondern auch an seine heimischen Unterstützer Duncan Campbell und

10 *William Bligh*, Brief an Elizabeth Bligh, Kupang, 1789. Mitchell Library of New South Wales, ZML Safe 1/45, 17-24.

11 Ebd.

Joseph Banks. Wir können mit einiger Sicherheit annehmen, dass diese Briefe nicht nur dazu dienten, die Adressaten über seinen Verbleib und sein Wohlbefinden zu informieren. Wie Bligh in den Briefen an mehreren Stellen anmerkte, würde er selbst wohl in etwa zeitgleich mit den Schriftstücken in England eintreffen. Daher liegt die Vermutung nahe, dass der Kommandant der *Bounty* frühestmöglich seine eigene Erklärung für die Meuterei zu Papier bringen und sich damit die Deutungshoheit über diese für ihn sehr ungünstigen Geschehnisse sichern wollte. Zusätzlich zu den Briefen begann er bereits auf der Passage über Batavia zurück nach England einen detaillierten Bericht über die Fahrt der *Bounty* und die Meuterei zu verfassen.[12] Die Briefe und Berichte, die Bligh in dieser Zeit niederschrieb, konnten sein Entsetzen über die Vorfälle, vor allem aber seine unbändige Wut auf die Meuterer kaum hinter sachlichen Schilderungen der Vorkommnisse verbergen. Aus seiner Sicht handelte es sich bei Fletcher Christian und dessen Männern um disziplinlose Verräter, die ein zügelloses Leben in der Südsee dem Dienst am Vaterland vorzögen und dafür auch vor Meuterei und Desertion nicht haltmachten:

> [W]hat a temptation is it to such Wretches when they find it in their power (however illegally it can be got at,) to fix themselves in the midst of Plenty in the finest Island in the World, where they need not labour, And where the allurements of disipation are more than equal to any thing that can be conceived.[13]

Nach seiner Rückkehr nach England im März 1790 wurde Bligh für den Verlust der *Bounty* vor Gericht gestellt. Die Admiralität teilte allerdings seine Deutung der Hintergründe der Meuterei, und Bligh wurde von jeder Schuld freigesprochen. Dennoch

12 *Dening*, Bligh's Bad Language, 9.

13 *William Bligh*, Brief an Joseph Banks. Anhang, Batavia, 13. Oktober 1789, Papers of Sir Joseph Banks. State Library of New South Wales, Series 46.27.

mischten sich schon früh erste Misstöne in den öffentlichen Diskurs über die Vorkommnisse auf dem Schiff. So verlieh die *Times* schon weniger als zwei Wochen nach Blighs Rückkehr ihrer Verwunderung darüber Ausdruck, dass die Meuterei überhaupt in der beschriebenen Form stattfinden habe können. In einem kurzen Abschnitt, der hier vollständig wiedergegeben werden soll, hieß es dazu:

> There are three circumstances in the case of the disaster which happened to Captain BLIGH, that are, perhaps, unparalleled in the annals of mutiny.
> The first is, that out of forty-five men eighteen should suffer themselves to be pinioned and put on board a boat, at the almost certainty of death, without the least resistance.
> Second, that the secret of the conspiracy should be so well kept by twenty-seven men (most of them very young) as not to give the least suspicion to the rest of the crew.
> And, thirdly, that after having carried through this successful mutiny–the question might be asked *cui bono?* As in those seas there was no possibility of plunder, or committing the smallest act of piracy.[14]

Zwar zog der Artikel in der *Times* Blighs Fähigkeiten und Integrität nicht direkt in Zweifel, er warf aber erste Fragen zu den Gründen und genaueren Umständen der Meuterei auf, die in den folgenden Monaten immer größeres Gewicht bekommen sollten. Bligh selbst hielt dagegen und rechtfertigte sich öffentlich mit seiner eigenen, sehr detaillierten Darstellung der Vorgänge. Noch im Jahr 1790 veröffentlichte er *A Narrative of the Mutiny, on Board His Majesty's Ship Bounty.*[15] Die *Times* druckte am 7. September

14 *O.A.*, O.T., in: Times vom 26. März 1790, 3.

15 *William Bligh*, A Narrative of the Mutiny, on Board His Majesty's Ship Bounty; and the Subsequent Voyage of Part of the Crew, in the Ship's Boat from Tofoa, one of the Friendly Islands, to Timor, a Dutch Settlement in the East Indies. London 1790.

1790 einen Auszug aus diesen Darstellungen, der Blighs Einschätzung der Gründe für die Meuterei wiedergibt:

> It will very naturally be asked, What could be the reason for such a revolt? in answer to which, I can only conjecture, that the mutineers had assured themselves of a more happy life among the Otaheitans, than they could possibly have in England[.][16]

Für William Bligh war klar, dass die Meuterer nach Tahiti zurückkehren wollten, wo die Mannschaft der *Bounty* gerade fünf Monate verbracht hatte. Dass die *Bounty*, nachdem man ihn und seine Getreuen in der Barkasse ausgesetzt hatte, weiter Kurs nach Westnordwest hielt, also weg von Tahiti, hielt Bligh für eine Finte – wie sich herausstellen sollte zu Recht. So schrieb er in seinem *Narrative* über den Moment, als die *Bounty* sich von der Barkasse entfernte:

> While the ship was in sight she steered to the WNW, but I considered this only as a feint; for when we were sent away – „Huzza for Otaheite," was frequently heard among the mutineers.[17]

Bligh blieb vehement bei seiner Meinung. Der selbstsüchtige Wunsch nach einem besseren Leben sei der alleinige Grund für die Meuterei gewesen. Die öffentliche Meinung aber begann bald zunehmend von dieser Einschätzung abzuweichen. Blighs eigene Rolle in den Wirrnissen wurde mehr und mehr hinterfragt. Die Gründe für diesen Stimmungswechsel sind vielfältig und können heute auch nur in Ansätzen rekonstruiert werden. Man darf annehmen, dass die allzu rechtschaffene Entrüstung und der mitunter recht arrogante Ton in vielen von William Blighs Äußerungen

16 *William Bligh*, Extracts from Captain Bligh's Narrative, in: Times vom 7. September 1790, 3.

17 *Bligh*, A Narrative of the Mutiny, Eintrag vom April 1789.

nicht unbedingt zu seiner Beliebtheit beigetragen haben. Vielleicht darf man auch mutmaßen, dass die revolutionäre Stimmung im benachbarten Frankreich, die natürlich auch in England breit rezipiert und diskutiert wurde, ein Auflehnen gegen die Obrigkeit in ein anderes Licht stellte. Die wichtigste Rolle kam aber wohl den Familienmitgliedern, Freunden und Unterstützern einiger Meuterer zu, die versuchten, selbigen einen guten Leumund zu bezeugen und deren Taten soweit es ging zu rechtfertigen. Das Wort vieler dieser Unterstützer hatte im England des späten 18. Jahrhunderts durchaus Gewicht. So stammten Fletcher Christian und Peter Heywood, die Bligh als Hauptverschwörer identifizierte, aus gut situierten, einflussreichen Familien, deren Mitglieder nun versuchten, ihren guten Ruf zu wahren. Im Jahr 1792 wurden einige überlebende Meuterer nach England zurückgebracht, vor Gericht gestellt und bekamen so die Gelegenheit, ihre eigenen Versionen der Geschichte, in denen Bligh nicht immer besonders gut aussah, zu präsentieren. Sechs Meuterer wurden im Oktober 1792 schließlich zum Tode verurteilt, allerdings wurden nur drei von ihnen auch tatsächlich hingerichtet. Ein Verurteilter wurde aufgrund eines Verfahrensfehlers freigelassen. Zwei weitere – unter ihnen Peter Heywood – wurden vom König begnadigt.

Heywood machte nach seiner Begnadigung weiter Karriere in der Royal Navy und wurde 1803 sogar zum Kapitän befördert. Die Tatsache, dass ihm dies als verurteilter Meuterer gelang, zeigt anschaulich, wie gut vernetzt seine Familie war – und auch wie beschädigt der Ruf von William Bligh inzwischen war. Bligh selbst verblieb zwar auch in der Marine und erreichte schließlich den Rang eines Vizeadmirals, wurde den Makel der Meuterei gegen ihn aber nie mehr los. Das öffentliche Bild William Blighs wurde zunehmend das eines Leuteschinders, eines Geizhalses und Sadisten, der übermäßig brutal gegen die eigene Mannschaft vorgegangen war. Dadurch hätten die Meuterer vielleicht nicht das Recht auf ihrer Seite, sicherlich aber die Moral. Edward Christian – der Bruder von Fletcher und ein in Cambridge ausgebildeter Anwalt – hatte einen wesentlichen Anteil an dieser Neuinterpretation der

Geschehnisse. Er mühte sich nach Kräften, den Ruf der eigenen Familie so gut es ging zu schützen, und griff zu diesem Zweck William Bligh direkt an. Im Jahr 1794 veröffentlichte Christian einen Text, in dem er explizit sagte, die Meuterei bzw. das Verhalten seines Bruders könne nicht gerechtfertigt werden, müsse aber im Lichte der Exzesse von Bligh gesehen werden.[18] Detailliert schilderte er sodann die verbalen Ausfälle und Ungerechtigkeiten, derer Bligh sich seiner Meinung nach während der Fahrt der *Bounty* schuldig gemacht hätte, und stellte dadurch die Meuterei indirekt als Aufbegehren gegen einen Tyrannen dar. Bligh reagierte darauf mit einer öffentlichen Rechtfertigung,[19] woraufhin Christian nochmals nachlegte.[20]

Spätestens nach dieser öffentlichen Infragestellung von Blighs Verhalten und der Durchsetzung seiner Autorität an Bord, war sein Ruf nachhaltig geschädigt und die Meuterei gegen ihn erschien vielen in einem neuen Licht. Diese Interpretation der Vorkommnisse blieb in der Öffentlichkeit lange Zeit sehr populär und wurde schließlich in der literarischen und filmischen Verarbeitung des *Bounty*-Stoffs als grundlegendes Thema aufgenommen. So tritt Bligh in den allermeisten der zahlreichen Verfilmungen der Geschichte als sadistischer Tyrann auf, der den mehr oder weniger noblen Fletcher Christian praktisch zur Meuterei gegen ihn zwingt. Am deutlichsten herausgearbeitet wurde diese Darstellung

---

18 *Edward Christian/Stephen Barney*, Minutes of the Proceedings of the Court-Martial Held at Portsmouth, August 12, 1792. On Ten Persons Charged with Mutiny on Board His Majesty's Ship the Bounty. With an Appendix, Containing A Full Account of the Real Causes and Circumstances of that Unhappy Transaction, the Most Material of Which Have Hitherto Been Withheld from the Public. London 1794.

19 *William Bligh*, An Answer to Certain Assertions Contained in the Appendix to a Pamphlet, Entitled Minutes of the Proceedings on the Court-Martial Held at Portsmouth, August 12th, 1792, on Ten Persons Charged with Mutiny on Board His Majesty's Ship the Bounty. London 1794.

20 *Edward Christian*, A Short Reply to Capt. William Bligh's Answer. London 1795.

Blighs und Christians in der Verfilmung von 1962 mit Trevor Howard als Bligh und Marlon Brando als Christian.[21]

Die Brotfruchtmission

Aus wissenschaftlicher Perspektive lässt sich dieses Charakterbild William Blighs allerdings nicht bestätigen. Die Geschichtswissenschaft kann sich in diesem Zusammenhang auf eine ungewöhnlich große Zahl von Quellen stützen, die im Verlauf der Fahrt der *Bounty*, vor allem aber als Reaktion auf die Meuterei entstanden sind. Bligh schilderte seine Eindrücke und Sichtweisen im Logbuch des Schiffs, in seinen Briefen und seinen diversen Rechtfertigungsschriften. Die überlebenden Meuterer wurden im Zuge eines ausführlichen Gerichtsverfahrens befragt und haben zum Teil in eigenen Schriften ihre Version der Geschehnisse dargestellt. Auf deren Aussagen wiederum stützen sich die Darstellungen Edward Christians. Dazu kommt die Berichterstattung in den zeitgenössischen Medien. Aus der Sichtung dieser und anderer Quellen ergibt sich ein überaus differenziertes Bild von William Bligh. So hat Greg Dening, der mit *Mr Bligh's Bad Language* das wohl einsichtsreichste Werk zur Meuterei auf der *Bounty* vorgelegt hat, zum Beispiel nachgewiesen, dass Bligh etwa hinsichtlich des Einsatzes körperlicher Züchtigungen gegenüber seiner Mannschaft zu den am wenigsten strengen Kommandanten seiner Zeit zählte.[22] Gleichzeitig schien er aber während der gesamten Reise Schwierigkeiten gehabt zu haben, seine Autorität an Bord durchzusetzen.[23]

21 Vgl. *Johannes Paulmann*, Macht-Raum. Die Geschichte(n) von der Meuterei auf der Bounty, in: ders. (Hrsg.), Ritual – Macht – Natur. Europäische-ozeanische Beziehungswelten in der Neuzeit. (TenDenZen Sonderband.) Bremen 2005, 53–74, 61–66.

22 *Dening*, Bligh's Bad Language, 63.

23 Vgl. *Markus Pohlmann*, Die Meuterei auf der Bounty – Über Revolution und einige der Mythen, die sich um sie ranken, in: Ingrid Artus/Rainer Trinczek (Hrsg.), Über Arbeit, Interessen und andere Dinge. Phänomene, Strukuren und Akteure im modernen Kapitalismus. München/Me-

Dies mag bis zu einem gewissen Grad natürlich auf Blighs Persönlichkeit zurückzuführen sein, hatte in erster Linie aber mit den außergewöhnlichen Umständen der Fahrt der *Bounty* zu tun, die Blighs Kommando vor große Herausforderungen stellte.

Damit greifen Erklärungen, die die Gründe für die Meuterei hauptsächlich bei Bligh selbst suchen, deutlich zu kurz. Insgesamt hatte Blighs sicherlich nicht ganz einfacher Charakter nur indirekt mit den Geschehnissen zu tun. Vielmehr waren die Ursachen unauflöslich in den Kontext der Mission der *Bounty* eingebettet. William Bligh hatte im August 1787 das Kommando über das Schiff übernommen, um auf Geheiß der britischen Admiralität in die Südsee zu fahren und dort in großen Mengen Setzlinge des Brotfruchtbaumes zu laden. Zum Zeitpunkt der Meuterei gegen Bligh befand sich das Schiff gerade auf der Rückreise von Tahiti – beladen mit knapp über tausend Setzlingen, die man auf Tahiti gezogen und auf die *Bounty* verfrachtet hatte. Die Order, diese Mission zu unternehmen, stammte direkt vom englischen König George III., der unter anderem wegen seines großen Interesses an landwirtschaftlichen Reformen auch Farmer George genannt wurde. Er hatte die Admiralität angewiesen, die in der Südsee heimische Brotfrucht in die britischen Kolonien in der Karibik zu transferieren.[24] Auf Seiten der Royal Navy suchte man in der Folge nach einem möglichst effizienten und kostengünstigen Weg, diese Weisung umzusetzen. Man kaufte daher das zivile Kohleschiff *Bethia* und ließ dieses in der Marinewerft in Deptford so umbauen, dass das Schiff den speziellen Anforderungen der Mission gewachsen war. Aus dem Kohletransporter wurde ein schwimmendes Gewächshaus, das auf den Namen *Bounty* umgetauft wurde. Wo immer es ging, wurde Platz für die Brotfruchtbäume, deren Schutz und Versorgung geschaffen. Die Great Cabin, die üblicherweise

---

ring 2004, 77–97.

24 Ein solches Engagement der Navy als die Welt gestaltende und/oder ordnende Institution war in dieser Zeit nicht ungewöhnlich. Vgl. *Julia Angster*, Erdbeeren und Piraten. Die Royal Navy und die Ordnung der Welt 1770-1880. Göttingen 2012.

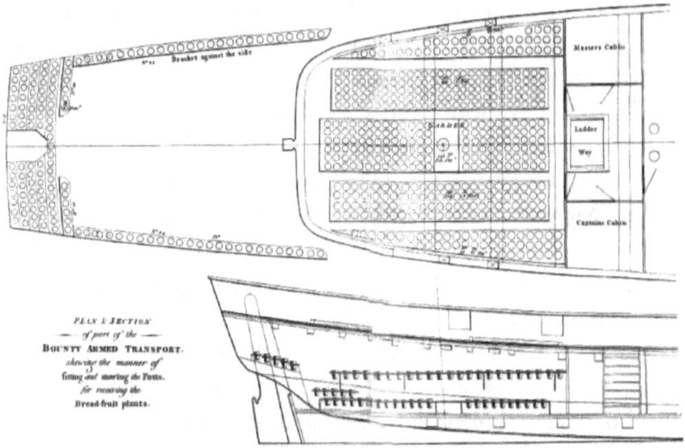

Abbildung 9: Pläne der umgebauten Bounty, aus denen deutlich wird, wieviel Platz an Bord für die Setzlinge vorgesehen war.

relativ großzügige Kajüte des Kapitäns oder Kommandanten am Heck des Schiffes, wurde in ein Arboretum konvertiert und ging damit als Aufenthaltsraum zur Gänze verloren. In Kombination mit den anderen Umbauten verringerte das den für die Besatzung zur Verfügung stehenden Platz an Bord des ohnehin schon recht kleinen Schiffs deutlich (Abb. 9). Es wurde für Kommandant, Offiziere und Mannschaft gleichermaßen sehr eng an Bord.

Seeleute sind Enge und fehlende Rückzugsräume eigentlich gewöhnt. Mit den Umbauten verringerte sich aber nicht nur das zur Verfügung stehende Platzangebot, es verschob sich vor allem auch die soziale Ausgestaltung des Raumes, der nicht mehr die hierarchische Ordnung und die nautischen Arbeitsabläufe des Schiffes widerspiegelte, sondern alleine einer botanischen Funktionalität untergeordnet war. So standen Bligh sowie seinem Sailing Master John Fryer jeweils nur eine kleine Kabine im Unterdeck zur Verfügung. Acht Besatzungsmitglieder, darunter auch Fletcher Christian und Peter Heywood, teilten sich einen kleinen Raum in der Mitte des Decks. Daran schloss direkt ein offener Raum mit Ofen an, der für mehr als dreißig Matrosen genügen musste. Die sich üblicherweise hier befindende Kabine des Bootsmanns war aus Platzgründen abgebaut und sein Quartier eins tiefer in den Laderaum verlegt worden. Dadurch wurde, wie Greg Dening anmerkt, gerade das Besatzungsmitglied, das am meisten mit der Aufrechterhaltung von Disziplin und Ordnung betraut war, von der Mannschaft völlig isoliert.[25] Ein weiteres Beispiel für die Transformation des sozialen Raumes der *Bounty* durch die Umbauten findet sich in der allgemeinen Nutzung des Achterdecks. Dieses höher gelegene Oberdeck war normalerweise dem Kommandanten, den Offizieren und wichtigen Gästen vorbehalten und stellte damit einen zeremoniellen Raum dar, der unter anderem durch seine höhere Lage die Schiffshierarchie symbolisierte. Diese Raumordnung konnte auf der *Bounty* aufgrund des hohen botanischen Platzbedarfs aber nicht eingehalten werden. Auch gewöhnliche Matrosen bewegten sich hier auf dem Achterdeck.

Dies sind nur einige Beispiele dafür, wie die durch die Umrüstung notwendigen räumlichen Veränderungen an Bord auch das soziale Gefüge des Schiffs beeinflussten. Als Kommandant wäre es William Blighs Aufgabe gewesen, die durcheinandergebrachte symbolische Ordnung durch eine klare Linie in der Führung des Schiffs wiederherzustellen. Vor allem daran aber scheint Bligh gescheitert zu sein. Man kann mutmaßen, dass ein strenges Regiment, das sich auch auf körperliche Bestrafung stützte, hier vielleicht sogar zweckdienlicher – wenn auch nicht besonders aufgeklärt – gewesen wäre. Wie gesagt gehörte Bligh aber zu den vergleichsweise milden Kommandanten seiner Zeit und teilte ungern mit der Peitsche aus. Er trug aber auch auf andere Art und Weise zum Untergraben der Bordhierarchie bei. Häufig scheint sein Agieren geprägt durch hohen Anspruch gepaart mit Unsicherheit.[26] Diese Unsicherheit, so kann man vermuten, rührte

25 *Dening*, Bligh's Bad Language, 28.

26 Greg Denings Rede von *Mr Bligh's Bad Language* spielt auf diesen Umstand, v.a. den unsicheren, zweideutigen und oft widersprüchlichen Einsatz von Sprache an.

zu einem guten Teil von der Tatsache, dass Bligh nicht den Rang eines Kapitäns innehatte – obwohl vor allem die Verfilmungen der Meuterei ihn als *Captain* Bligh darstellen. In Wirklichkeit bekleidete Bligh zu dieser Zeit weiterhin lediglich den Rang eines Leutnants. Schiff und Besatzung waren nicht groß genug, um die Beförderung zum Kapitän zu rechtfertigen. Der Etablierung klarer Hierarchien auf dem Schiff war dies nicht unbedingt zuträglich. Der Admiralität kam es aber durchaus nicht ungelegen, weil sich Blighs Sold damit auf recht niedrigem Niveau halten ließ. Das wiederum war einer der Gründe, warum Bligh zusätzlich zu seinem Kommando auch das Amt des Proviantmeisters der *Bounty* bekleidete. Es kam in der britischen Marine gelegentlich vor, dass der kommandierende Offizier auch diese Funktion übernahm. Gemeinhin galt diese Kombination aber als hochproblematisch, weil dadurch zwei sehr unterschiedliche Verhaltensprofile in einer Person zusammenkamen.[27] Ein guter Kommandant kümmerte sich um seine Mannschaft. Der Proviantmeister wiederum arbeitete auf eigene Rechnung und war der Admiralität gegenüber finanziell haftbar. Entsprechend wenig Großzügigkeit gegenüber der Mannschaft war von dieser Seite zu erwarten. Bligh musste versuchen, diese beiden widersprüchlichen Rollen zu vereinbaren, und hatte offenbar wenig Erfolg darin. Regelmäßig kam es zu verbalen Ausbrüchen und wahllosen Anschuldigungen gegen seine Leute. So beschuldigte er kurz vor Beginn der Meuterei Fletcher Christian und andere öffentlich, einige Kokosnüsse aus den Schiffsvorräten gestohlen zu haben.[28]

Die Atmosphäre an Bord war aufgrund dieser Konstellationen schon relativ früh angespannt. Verschärft wurde die Situation unter anderem durch den Versuch, mit der Umsegelung von Kap Hoorn den kürzesten Weg in die Südsee zu nehmen. Diese Routenplanung ging ebenfalls auf die britische Admiralität zurück, die versuchte, den Aufwand für die ungeliebte Mission so gering wie möglich zu halten. Bligh wollte diesen Auftrag umsetzen, ob-

27 *Dening*, Bligh's Bad Language, 22–23.
28 Ebd., 58, 86–87.

wohl sich die Abfahrt der *Bounty* in England lange verzögert hatte, und man das Kap daher erst zu Beginn der Sturmsaison erreichte. Bligh versuchte es trotzdem und riskierte damit Schiff und Mannschaft. Im Anhang eines Briefes an Joseph Banks beschrieb Bligh die Situation in recht nüchternen Worten:

> [I] met with such dreadfull, tempestuous Weather and mountainous Seas, with Hail and Snow Storms, that altho I tryed it for 30 Days I could not accomplish it. I therefore (as my people were getting ill, and I had the Honor to have the most discretionary Orders to do as I thought best for the good of the Voyage,) determined to bear away for the Cape of Good Hope on the 22d of April […].[29]

Erst im Oktober 1788 erreichte die *Bounty* schließlich Tahiti. Das war Monate später als ursprünglich geplant und man musste feststellen, dass sich der Brotfruchtbaum gerade in einer saisonalen Ruhephase befand und zurzeit keine Setzlinge gezogen werden konnten. Es dauerte daher über fünf Monate, bis genügend Setzlinge des Brotfruchtbaums verfügbar und an Bord der *Bounty* verstaut waren. Aufgrund des knappen Platzes an Bord verbrachte die Mannschaft diese fünf Monate zum größten Teil an Land und nicht, wie sonst eigentlich üblich, auf dem Schiff. Die Besatzung wurde von der einheimischen Bevölkerung freundlich aufgenommen und teilweise in die lokale Gemeinschaft integriert. Wasser und Nahrung waren vor allem im Vergleich zur üblichen Rationierung auf dem Schiff zur Genüge vorhanden. Es kam relativ häufig zu sexuellen Kontakten vieler Besatzungsmitglieder mit tahitianischen Frauen. Einige Seeleute heirateten während dieser Zeit einheimische Frauen und zeugten Kinder. Kurz gesagt, vor allem im Vergleich zur beengten, unterversorgten Lage während der Reise, aber auch im Vergleich zu den ärmlichen Verhältnissen, aus welchen viele Mann-

29 *Bligh*, Brief an Joseph Banks.

schaftsmitglieder stammten, erschien vielen dieser Aufenthalt als geradezu paradiesisch. Einige versuchten in dieser Zeit zu desertieren. Das war auf Fahrten in die Südsee nicht unüblich und überraschte Bligh auch nicht besonders. Mit Hilfe der einheimischen Anführer ließ er die Deserteure wieder zurückbringen.[30]

Als die *Bounty* am 4. April 1789 Tahiti wieder verließ, war die Situation an Bord noch beengter als zuvor. Der Schiffszimmerer hatte die Great Cabin und andere Teile der *Bounty* für die Aufnahme der eingetopften Setzlinge hergerichtet. Das hatte weiter Platz gekostet. Auch ein Teil des aufgenommenen Frischwassers wurde für die Versorgung der Setzlinge benötigt. Entsprechend war die *Bounty* nach dem Aufbruch von Tahiti stetig auf der Suche nach geeigneten Zwischenstopps, um die Vorräte aufzufüllen. Es überrascht kaum, dass viele Besatzungsmitglieder angesichts dieser Umstände wieder zurück in ihr Paradies wollten. Sie fanden in Fletcher Christian, der auf Tahiti ebenfalls geheiratet hatte, schließlich ihren Anführer. Drei Wochen nach der Abreise von Tahiti kam es zur Meuterei. Bligh und seine Getreuen wurden im Beiboot ausgesetzt (Abb. 10 und 11). Demonstrativ warfen die Meuterer sämtliche Brotfruchtbaumsetzlinge über Bord und steuerten die *Bounty* zurück nach Tahiti (und schließlich weiter nach Pitcairn).

---

30 *William Bligh*, Chapter IX, in: ders., A Voyage to the South Sea, Undertaken by Command of His Majesty, for the Purpose of Conveying the Bread-Fruit Tree to the West-Indies, in His Majesty's Ship the Bounty, Commanded by Lieutenant William Bligh. London 1792, 105–122. Bligh äußert in vielen seiner Rechtfertigungsschriften seinen Verdacht, dass die Meuterer sich darüber im Klaren gewesen seien, wie aussichtslos die Desertion während eines Landgangs wäre, da die Einheimischen sie immer wieder zurückbringen würden. Daher, so Bligh, hätte man sich entschieden, direkt die Kontrolle über das Schiff zu übernehmen. „Desertions have happened, more or less, from many of the ships that have been at the Society Islands; but it ever has been in the commanders power to make the chiefs return their people: the knowledge, therefore, that it was unsafe to desert, perhaps, first led mine to consider with what ease so small a ship might be surprized, and that so favourable an opportunity would never offer to them again." *Bligh*, A Narrative of the Mutiny, Eintrag vom April 1789.

Abbildung 10: Kurz nach Blighs Rückkehr nach England angefertigtes Gemälde von der Aussetzung im Beiboot.

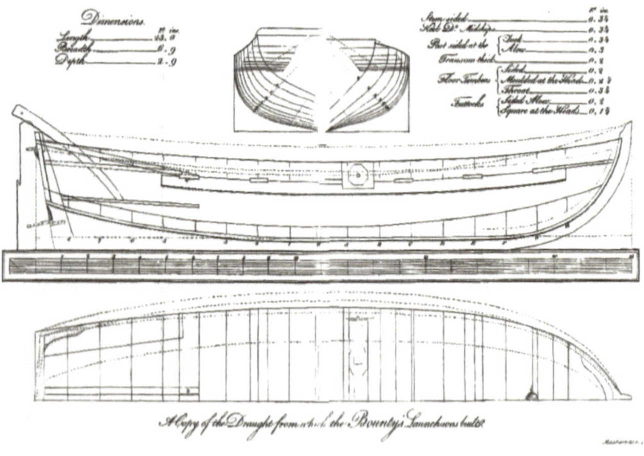

Abbildung 11: Pläne des Beiboots der Bounty.

Die vorhergehenden Absätze illustrieren, dass der Ausbruch der Meuterei auf vielschichtige Weise mit der ungewöhnlichen Mission der *Bounty* verwoben war. Die Enge an Bord, die zweideutigen Hierarchien, die schlechte Versorgungslage und natürlich die Versprechungen eines Lebens im Paradies – all dies nährte den Boden für die Revolte gegen Bligh. Die Brotfruchtmission selbst wiederum war eingebettet in eine Vielzahl von globalen Verflechtungen, deren verschiedene Stränge in den involvierten Akteuren zusammenliefen. Dies möchte ich im Folgenden anhand nur zweier ausgewählter solcher Stränge untersuchen, die beide mit der Rolle der Brotfrucht direkt zu tun haben. Die folgenden Abschnitte handeln von der idealisierten europäischen Wahrnehmung der Südsee im 18. Jahrhundert und vom Bedarf an günstigen Nahrungsmitteln für die Sklaven auf den karibischen Zuckerplantagen. In beiden Zusammenhängen spielte die Brotfrucht eine zentrale Rolle – wenn auch auf ganz unterschiedlichen Bedeutungsebenen.

Südsee und Karibik

Von seinem Aufkommen als *El Mar del Sur* Anfang des 16. Jahrhunderts über die Anglisierung als *South Sea* vor allem im 18. Jahrhundert bis in die heutige Zeit ist der Begriff Südsee geografisch nicht eindeutig definiert worden. Er bezeichnete anfangs den ganzen Pazifik und später grob seinen südwestlichen Teil und die dortige Inselwelt. Seit Magellan hatten Europäer diesen Teil der Weltmeere in unregelmäßigen Abständen befahren. Seine einigermaßen zielgerichtete Erforschung durch europäische Seefahrer begann aber erst Mitte des 18. Jahrhunderts mit den Fahrten von Samuel Wallis, James Cook, Louis Antoine de Bougainville und anderen. Es waren die Berichte dieser Reisenden und – aus europäischer Perspektive – Entdecker, die das europäische Bild dieser kaum bekannten Weltregion erstmals prägten. Dieses Bild, das sie in ihren Aufzeichnungen aus recht unterschiedlichen Perspektiven malten, war komplex und teilweise widersprüchlich.[31] So wurden die Einheimischen einerseits oft als unzivilisierte, gottlose Wilde geschildert und grauenerregende Fälle von Kannibalismus überliefert. Insbesondere die zeitgenössischen Schilderungen Tahitis aber wiesen bereits eben jene idealisierte und sehnsuchtsvolle Vorstellung der Südsee auf, die bis heute in der westlichen Welt weit verbreitet ist. Die Einheimischen waren hier „edle Wilde", die im Einklang mit der Natur in nahezu paradiesischen Umständen leben würden.[32] Es war diese idealisierte Sicht der Südsee, die in Europa, auch durch ihre Anschlussfähigkeit an die Ideen der Aufklärung, die größte Resonanz fand.

Eine zentrale Rolle in diesen Vorstellungen vom irdischen Paradies spielten von Beginn an Berichte über den Überfluss der Natur und über die sexuelle Freizügigkeit der einheimischen Frauen. Im Auftrag der britischen Admiralität verfasste der Schriftsteller John Hawkesworth einen mehrbändigen Reisebericht, der auf den Aufzeichnungen von John Byron, Samuel Wallis, Philip Carteret, James Cook und Joseph Banks basierte und aus deren jeweiliger Sicht in der Ersten Person berichtete. Das von den Europäern als überaus freizügig empfundene Verhalten der Insulanerinnen stellte in den aufbereiteten Berichten ein allgegenwärtiges Thema dar. So schildert Hawkesworth etwa wie Kapitän Wallis bereits kurz nach seiner Ankunft in Tahiti im Jahr 1767 die physische Integrität des Schiffes durch gewisse Umstände gefährdet sah.

31 Vgl. *Joachim Meißner*, Mythos Südsee. Das Bild von der Südsee im Europa des 18. Jahrhunderts. Hildesheim 2006.

32 Diese exotische Vorstellung der Südsee und insbesondere Tahitis wird auch im Trailer der Verfilmung der *Mutiny on the Bounty* von 1962 greifbar, wenn der Film unter anderem damit beworben wird, dass er an Originalschauplätzen gedreht worden sei. Der Sprecher fährt anschließend fort: „Tahiti! For generations the dream island of the Western world; a land of easy-going, fun-loving people; a land that has always represented escape from civilization; a land where there is no time, no tomorrow, only today." Original Theatrical Trailer, in: Warner Brothers, Mutiny on the Bounty (1962) Blu-Ray. Los Angeles 2011.

> While our people were on shore, several young women were permitted to cross the river, who, though they were not averse to the granting of personal favours, knew the value of them too well not to stipulate for a consideration: the price, indeed, was not great, yet it was such as our men were not always able to pay, and under this temptation they stole nails and other iron from the ship. The nails that we brought for traffick, were not always in their reach, and therefore they drew several out of different parts of the vessel, particularly those that fastened the cleats to the ship's side. This was productive of a double mischief; damage to the ship, and a considerable rise at market.[33]

Wallis selbst war bei der Ankunft in Tahiti krank und wurde einige Tage später von der als Queen Oberea bezeichneten Anführerin für eine besondere Behandlung an Land gebeten.

> As soon as we entered the house, she made us sit down, an then calling four young girls, she assisted them to take off my shoes, draw down my stockings, and pull off my coat, and then directed them so smooth down the skin, and gently chase it with their hands.[34]

Im Bericht über die erste Südseefahrt von James Cook nahm Oberea eine noch größere Rolle ein als bei Wallis. Hawkesworth stützte sich in seinen Beschreibungen hier nicht nur auf Cooks

33 *John Hawkesworth*, An Account of the Voyages Undertaken by the Order of His Present Majesty for Making Discoveries in the Southern Hemisphere, and Successively Performed by Commodore Byron Captain Wallis, Captain Carteret, and Captain Cook, in the Dolphin, the Swallow, and the Endeavour Drawn Up from the Journals Which Were Kept by the Several Commanders, and from the Papers of Joseph Banks. Bd. 1/ Part 2: Captain Wallis's Voyage. London 1773, Kapitel VI, 280–301, 285–286.

34 *Hawkesworth*, Captain Wallis's Voyage, 290–291.

Notizen sondern, auch auf die Aufzeichnungen von Joseph Banks, einem Londoner Gentleman und Botaniker, der Cook auf seiner Fahrt begleitete, und später einer der zentralen Akteure in der Geschichte der *Bounty* werden sollte. Banks machte in seinen Aufzeichnungen keinen Hehl daraus, dass er von der tahitianischen Frauenwelt durchaus nicht unbeeindruckt war.[35] Auch seinen Umgang mit Oberea schilderte er in ungewöhnlich offenen Worten. In England erregte unter anderem eine von ihm selbst beschriebene und von Hawkesworth wiedergegebene Episode Aufsehen, in der Banks bei Oberea in ihrem Kanu übernachtete, sich dabei all seiner Kleider entledigte und schließlich feststellen musste, dass ihm diese im Schlaf gestohlen worden waren.[36]

Durch diese und viele andere Schilderungen in Hawkesworths Buch wurde Oberea zu „the conduit of new and ancient fantasies of exotic femininity."[37] Hawkesworth wurde wegen der großen Zahl an sexuellen Anspielungen und expliziten Szenen in seinem Sammelbericht von vielen Zeitgenossen, darunter zum Beispiel der Prediger John Wesley, harsch kritisiert.[38] In der öffentlichen Wahrnehmung aber waren es gerade diese Szenen, die einen bleibenden Eindruck verursachten. So begann sich alsbald die Satire des Themas generell und vor allem Joseph Banks amouröser Verwicklungen in Tahiti anzunehmen. Anonyme Autoren ließen

35 Vgl. *Patty O'Brien*, The Pacific Muse. Exotic Femininity and the Colonial Pacific. Seattle/London 2006, 63–64.

36 *Joseph Banks*, Eintrag vom 28. Mai 1769, Endeavour Journal. Bd. 1: 25. August 1768 – 14. August 1769, State Library of New South Wales, ML Safe 1/12; *John Hawkesworth*, An Account of the Voyages Undertaken by the Order of His Present Majesty for Making Discoveries in the Southern Hemisphere, and Successively Performed by Commodore Byron Captain Wallis, Captain Carteret, and Captain Cook, in the Dolphin, the Swallow, and the Endeavour Drawn Up from the Journals Which Were Kept by the Several Commanders, and from the Papers of Joseph Banks. Bd. 2/Part 1: Lieutenant Cook's Voyage. London 1773, Kapitel XIII, 132–141, 132–133.

37 *O'Brien*, The Pacific Muse, 64.

38 *Anthony Pagden*, The Enlightenment and Why It Still Matters. Oxford 2013, 186.

Banks und Oberea fiktive Briefe[39] austauschen. Eine Stelle darin spielte direkt auf Hawkesworth an:

> One page of *Hawkesworth*, in the cool retreat,
> Fires the bright maid with more than mortal heat;
> She sinks at once into her lover's arms
> Nor deems it vice to prostitute her charms
> „I'll do", she cries, „what Queens have done before";
> And sinks, *from principle*, a common whore[40]

Durch die explizite Reiseberichterstattung und die Aufnahme gerade der farbenfroheren Themen in den heimischen Medien, wurden Vorstellungen von Nacktheit und sexueller Freizügigkeit zu einem Teil des populären Südseebildes in Europa. Das befeuerte natürlich auch die Fantasie der Seeleute und lenkte ihre Erwartungen in eine bestimmte Richtung. Bei Ankunft vor Ort war es häufig entsprechend schwierig, die Disziplin unter den Europäern aufrechtzuerhalten. So hielt beispielsweise Louis Antoine de Bougainville, der zwei Jahre vor James Cook für die Franzosen die Welt umsegelt und dabei ebenfalls einen relativ langen Aufenthalt auf Tahiti eingelegt hatte, in seinem Bericht fest:

> Je le demande; comment retenir au travail, au milieu d'un spectacle pareil, quatre cents François, jeunes, marins, & qui depuis six mois n'avoient point vu de femmes?[41]

Bougainville erwähnt als Beispiel einen seiner Bordköche, der den expliziten Einladungen der Einheimischen folgend ohne Erlaub-

39 *O.A.*, An Epistle from Mr. Banks, Voyager, Monster-Hunter, and Amoroso, to Oberea, Queen of Otaheite. London 1773; *o.A.*, An Epistle from Oberea, Queen of Otaheite, to Joseph Banks Esq. London 1774.

40 *O.A.*, An Epistle from Mr. Banks to Oberea, 13.

41 *Louis Antoine de Bougainville*, Voyage autour du monde, par la frégate du Roi la Boudeuse, et la flûte l'étoile; en 1766, 1767, 1768 & 1769. Paris 1771, 190.

nis das Schiff verließ, schließlich von den hiesigen Gepflogenheiten überfordert aber wieder an Bord zurückkehrte.[42] Neben der Betonung von Sexualität und Freizügigkeiten prägten aber auch andere Elemente das europäische Bild von der Südsee entscheidend mit. Vor allem der Topos der Nacktheit, und damit der Natürlichkeit, war oft auch mit der Idee eines Lebens im Einklang mit der Natur verbunden. Diese idealisierte Wahrnehmung des Verhältnisses zwischen Mensch und Natur in der Südsee ist in fast allen zeitgenössischen Reiseberichten anzutreffen, nirgendwo aber wird es so zentral gestellt und so poetisch ausformuliert wie in Bougainvilles Reisebericht *Voyage autour de monde*, der 1771 veröffentlicht wurde und sich exzellent verkaufte. Insbesondere Bougainvilles Schilderungen von Tahiti wurden unter anderem von Denis Diderot oder Jean-Jacques Rousseau direkt aufgenommen und entfalteten eine große ideengeschichtliche Bedeutung. Bougainville beschreibt Tahiti nämlich nicht nur als *Île de la Nouvelle Cythère* – in direkter Anspielung auf die Aphrodite-Insel Kythera und damit auf die bereits beschriebenen sexuellen Elemente –, sondern er vergleicht sie auch unmittelbar mit dem Garten Eden.

> J'ai plusieurs fois été, moi second ou troisieme, me promener dans l'intérieur. Je me croyois transporté dans le jardin d'Eden; nous parcourions une plain de gazon, couverte de beaux arbres fruitiers & couplée de petites rivieres qui entretiennent une fraîcheur délicieuse, sans aucun des inconvéniens qu'entraîne l'humidité. Un peuple nombreux y jouit des trésors que la nature verse à pleine mains sur lui.[43]

Die Natur würde die Insulaner mit allem versorgen, was diese bräuchten, und demnach also ihre Schätze mit vollen Händen über den Menschen ausschütten. In dieser europäischen Idee einer in sich ruhenden, von der Natur beschenkten Gesellschaft spielte

42 Ebd., 191.
43 Ebd., 198.

die Brotfrucht eine zentrale Rolle. Der Brotfruchtbaum kam auf Tahiti praktisch überall vor. Er brauchte kaum Pflege. Die Früchte von nur zwei Bäumen würden zur Versorgung einer Person über das ganze Jahr ausreichen. Und im Ofen gebacken würde das Innere der Frucht wie frisch gebackenes Brot schmecken – daher auch der Name.[44] Die Brotfrucht wurde so in der Wahrnehmung der Europäer zu einem Grundstein der Lebensweise der Südseeinsulaner, deren Gesellschaftsordnung vielen Aufklärern wie ein vielversprechender Gegenentwurf zur vorrevolutionären europäischen Ordnung erschien. In den Worten von Emma Spary und Paul White wurde die Brotfrucht so zu einem ideologisch hochaufgeladenen Symbol, zum „food of paradise" und damit auch zur „autocritique of European consumption."[45] Die Mission der *Bounty*, die Brotfrucht aus der Südsee in die Karibik und nach Kew zu transferieren, ist daher ganz klar auch im Zusammenhang des zeitgenössischen Aufklärungsdiskurses zu sehen.

Man konnte auf die Bedeutung der Brotfrucht aber auch eine viel profanere, weit weniger idealisierte Perspektive haben. Im Jahr 1775 verfasste John Ellis – ein Mitglied der *Royal Society*, wichtiger aber noch Kaufmann für die Westindischen Inseln – ein Traktat gerichtet an den Earl of Sandwich, der zu diesem Zeitpunkt First Lord of the Admiralty war. Der Titel der Schrift beschreibt den Inhalt treffend: *A Description of the Mangostan and the Bread-fruit: The first, esteemed one of the most delicious; the other, the most useful of all the Fruits in the EAST INDIES*. Ellis schilderte die beiden genannten Nutzpflanzen aus botanischer Perspektive. Vor allem aber setzte er sich vehement und gestützt auf ein großes Fachwissen für den Transfer des Mangostan- und des Brotfruchtbaums (Abb. 12) aus der Südsee in die Karibik ein. Entsprechend lautet der Untertitel seiner Schrift auch *DIRECTIONS to VOYAGERS, for bringing over these and other Vegetable Productions, which would*

44 *Emma Spary/Paul White*, Food of Paradise. Tahitian Breadfruit and the Autocritique of European Consumption, in: Endeavour 28/2, 2004, 75–80, 75–76.

45 Ebd.

Abbildung 12: Zeitgenössische Darstellung einer Brotfrucht.

be extremely beneficial to the Inhabitants of our West India Islands. In diesem Zusammenhang verwies der Autor auf eine ganze Reihe Entdeckungsreisender, die ja vor allem den Brotfruchtbaum als eine Art Wundernahrungsmittel beschrieben hätten. Ellis selbst aber gab sich keinerlei ideologischer Interpretation der Brotfrucht hin. Ihn interessierte lediglich das wirtschaftliche Potential des Baums. Er machte keinen Hehl daraus, was ihm als grundlegender Nutzen des Brotfruchtbaumes vorschwebte:

> [T]he Bread-fruit affords a most necessary and pleasant article of subsistence to many. This, likewise, might be easily cultivated in our West India islands, and made to supply an important article of food to all ranks of their inhabitants, especially to the Negroes.[46]

46 *John Ellis*, A Description of the Mangostan and the Bread-Fruit: The First, Esteemed One of the Most Delicious; the Other, the Most Useful

Ellis wies damit schon in den einführenden Sätzen zur Brotfrucht auf deren potentiellen Nutzen für die britischen Plantagenbesitzer auf den westindischen Inseln hin. Seit Mitte des 17. Jahrhunderts war in der Karibik eine Plantagenwirtschaft entstanden, die fast ausschließlich auf dem Anbau von Zuckerrohr fußte. Zur Bewirtschaftung der Großplantagen wurden afrikanische Sklaven eingesetzt. Die Zuckerinseln waren von einer Monokultur beherrscht. Das hieß auch, dass Lebensmittel für die Arbeitskräfte in großen Mengen importiert werden mussten. Hauptsächlich hatte es sich dabei um billiges Getreide aus Nordamerika gehandelt. Unter anderem aufgrund der Unstimmigkeiten zwischen den nordamerikanischen Kolonien und dem britischen Mutterland war dieser Getreideimport in den 1770er-Jahren aber fast völlig zum Erliegen gekommen. Lebensmittel mussten von weit her zu hohen Preisen importiert werden. Ellis und viele andere in den Zuckerrohranbau involvierte Zeitgenossen sahen im Transfer der Brotfrucht eine relativ einfach umsetzbare Lösung für ihr Problem. Der Baum brauchte wenig Platz und stand nicht in Konkurrenz zum Zuckerrohr. Viel wichtiger noch, er brauchte praktisch kaum Aufmerksamkeit und zog keine Arbeitskräfte von den Zuckerplantagen ab. Rein wirtschaftlich gesehen, schien der Transfer der Brotfrucht die ideale Lösung für die Probleme der karibischen Wirtschaft zu sein.

Während Ellis Traktat selbst noch keine nachhaltige Wirkung entfalten konnte, wurde es zur ersten Äußerung einer immer wichtiger werdenden westindischen Lobbygruppe, welche die britische Regierung die nächsten Jahre zu einer Brotfruchtmission drängen sollte. Dieses Drängen kulminierte schließlich in der Weisung von König George III. an die Admiralität, den Brotfruchtbaum aus der Südsee in die Karibik zu verpflanzen. Die Fahrt der *Bounty* war also nicht nur in den Bedeutungszusammenhang der Aufklärung und Südseewahrnehmung eingebettet, sondern auch mit dem sogenannten „Plantagenkomplex der Karibik“ auf das engste verwoben. Damit öffnet sich letztlich auch der globale Kontext des

---

of All the Fruits in the EAST INDIES. London 1775, 11.

Revolutionszeitalters, in welchem die Fahrt stattfindet. Die sich anbahnende Amerikanische Unabhängigkeit machte die Transplantation der Brotfrucht aus Sicht der Pflanzerlobby nötig, während die Französische Revolution und ihre Folgen einen Teil des Interpretationskontexts der Meuterei lieferten.

Durch die Meuterei scheiterte der erste Versuch, die Brotfrucht zu transferieren. Anschließend an Blighs Rückkehr nach England und seinem Freispruch wurde er allerdings nochmals mit derselben Mission beauftragt. Diesmal gelang das Unternehmen. HMS *Providence* erreichte unter Blighs Kommando und beladen mit unzähligen Setzlingen im Jahr 1792 Westindien. Der Anbau des Baums begann unverzüglich. Allerdings mussten die Pflanzer feststellen, dass sich die Sklavenbevölkerung trotz Mangelernährung anfangs weigerte, die Brotfrucht als Nahrungsmittel anzunehmen.[47] Die europäischen Plantagenbesitzer hielten sich davon ohnehin fern. So gelang zwar im zweiten Anlauf der geografische Transfer der Brotfrucht. Mit dem Wandel des soziokulturellen Kontexts ging aber auch ein Statusverlust vom „food of paradise" zum Arme-Leute-Essen einher.[48]

Globale Akteure

Aus den hier nur in aller Kürze geschilderten Hintergründen der Brotfruchtmission ergeben sich verschiedene historische Kontexte und Bedeutungszusammenhänge, in welche die Fahrt der *Bounty* und die Meuterei eingebettet waren. Das sogenannte „zweite Entdeckungszeitalter" mit den Reisen von Wallis, Bougainville

47 Vgl. *Norbert Ortmayr*, Kulturpflanzen. Transfers und Ausarbeitungsprozesse im 18. Jahrhundert, in: Margarete Grandner/Andrea Komlosy (Hrsg.), Vom Weltgeist beseelt. Globalgeschichte 1700–1815. Wien 2004, 73–102, 80; *Richard B. Sheridan*, Captain Bligh, the Breadfruit, and the Botanic Gardens of Jamaica, in: Journal of Caribbean History 23/1, 1989, 28–50, 28–30.

48 *Spary/White*, Food of Paradise, 79–80.

oder Cook und der damit verbundenen Entstehung des Südseemythos in all seinen Spielarten stellte einen solchen Kontext dar. An diesen Mythos schließen aber auch aufklärerische und später revolutionäre Diskurse über Freiheit und Gleichheit an, die in den Südseegesellschaften einen Gegenentwurf zu Europa sahen und der Brotfrucht in diesem Zusammenhang eine zentrale Rolle zuwiesen. Diese revolutionären Ideale wiederum standen im Widerspruch zu den grundlegenden Prinzipien der Sklavenwirtschaft in der Karibik, wo die Pflanzerlobby der Brotfrucht eine ganz andere, aber kaum weniger heilsbringende Rolle zuschrieb. Dadurch wiederum wurde die Mission der *Bounty* auch in das interkontinentale System des Transatlantischen Dreieckshandels mit all seinen Nebenlinien (wie zum Beispiel dem zum Erliegen gekommenen Getreidehandel mit Nordamerika) eingebunden. Hier wird auch der größere historische Hintergrund des Revolutionszeitalters komplettiert, in welchem die zentralen Schauplätze in Nordamerika, der Karibik und Frankreich zusammenkommen.

So unterschiedlich diese und andere Bedeutungszusammenhänge hinsichtlich ihrer inhaltlichen Dimension und ihrer geografischen Verortung auch sind, so stellen sie in ihrer Kombination den historischen Kontext dar, in dem sich die Fahrt der *Bounty* zutrug. Will man die Meuterei als historisches Ereignis erklären und verstehen, braucht es ein grundlegendes Verständnis dieser verschiedenen Rahmen, vor allem aber der Zusammenhänge und Wechselspiele zwischen ihnen. Dass es diese Zusammenhänge und Einflüsse gab, konnte in den bisherigen Schilderungen bereits gezeigt werden. Aus der wissenschaftlich-analytischen Perspektive der Globalgeschichte ist es aber entscheidend, über die Nullaussage, dass irgendwie eben alles mit allem zusammenhänge, hinauszukommen. Vielmehr geht es der Globalgeschichte um die Geschichtsmächtigkeit globaler Verbindungen, um ihre Vorbedingungen, Mechanismen und Auswirkungen. Kurz, die Globalgeschichte fragt nicht, *ob* einzelne historische Phänomene oder Kontexte miteinander zusammenhängen, sondern *wie* sie das tun und was das bedeutet. Es geht demnach um die Art der Verbindung und um die Frage, wie sich solche Verbindungen konkret manifestieren. Das führt uns unmittelbar zu den historischen Akteuren.

Wenn wir die Akteure im eigentlichen Wortsinn als Handelnde auffassen, die durch ihr Handeln die Geschichte schaffen, so führt uns das Verlangen, die Geschichte zu verstehen, zur Notwendigkeit, das Denken und Handeln der Akteure zu verstehen. Und dieses Denken und Handeln findet nicht in klar zugeschnittenen Rahmen, sondern in sich überlappenden Kontexten statt, die durch die einzelnen Akteure miteinander verbunden werden. Die handelnden Personen selbst sind die Scharniere zwischen unterschiedlichen Schauplätzen und Bedeutungszusammenhängen. Im konkreten Beispiel der *Bounty* führen die Akteure der Geschehnisse die oben genannten Räume und Kontexte zusammen und bringen diese darüber hinaus in Korrespondenz mit den lokalen Handlungsumständen – also zum Beispiel mit der Lokalität des Schiffes oder den Lebensumständen auf Tahiti, mit dem Spardrang der britischen Admiralität ebenso wie mit William Blighs unklarem Rollenverständnis an Bord. All diese Umstände in Kombination, so unterschiedlich und disparat sie auf den ersten Blick aussehen mögen, bilden den Rahmen und den Horizont, in welchem die einzelnen Akteure ihre Handlungen setzen.

Für die hier diskutierte Meuterei auf der *Bounty* lassen sich diese Überlegungen an vielen Beispielen konkretisieren. So müssen die Handlungen der Meuterer natürlich im lokalen, beengten und unterversorgten Kontext des Schiffs gesehen werden, dem der fünfmonatige Aufenthalt auf Tahiti quasi diametral gegenübersteht. Darüber hinaus sind auch die Erwartungen und Vorstellungen, welche sich die Seeleute von der Südsee während ihrer Reise gemacht haben, für ihr Handeln wichtig. Und auch die Tatsache, dass Fletcher Christian und Peter Heywood beide aus gutem Hause von der Isle of Man stammten, und damit auch in ein paralleles Beziehungsgeflecht eingebunden waren, muss berücksichtigt werden.

Die verflechtungsgeschichtliche Scharnierrolle der Akteure lässt sich demnach schon anhand der Meuterer selbst illustrieren, am

Abbildung 13: Sir Joseph Banks, 1772.

deutlichsten wird sie aber wohl in den Figuren von Joseph Banks und William Bligh. Stellvertretend sollen diese beiden Akteure und ihre verschiedenen Ereignis- und Handlungshorizonte daher in der Folge etwas ausführlicher beleuchtet werden. Den Anfang darf Joseph Banks (Abb. 13) machen, denn immerhin stammte die Idee, Bligh und die *Bounty* auf die Brotfruchtmission zu schicken, ursprünglich von ihm.[49] Banks wurde 1743 in Westminster in eine bürgerliche, gut situierte Familie geboren.[50] Er besuchte ab 1752

49 Vgl. *David Mackay*, Banks, Bligh and Breadfruit, in: New Zealand Journal of History 8/1, 1974, 61–77.

50 Zu Joseph Banks Biografie vgl. u.a. *John Gascoigne*, Banks, Sir Joseph, baronet, in: Oxford Dictionary of National Biography 2004. Version September 2013, in: URL= <http://www.oxforddnb.com/view/article/1300?docPos=1> (letzter Zugriff: 25.6.2016); *Harold B. Carter*,

Harrow und wechselte 1756 nach Eton. Aufgrund einer Pockenerkrankung verließ er die Schule frühzeitig. Ende 1760 schrieb er sich an der Universität Oxford ein, um Botanik zu studieren. Im folgenden Jahr verstarb sein Vater William und Banks erbte ein nicht unbeträchtliches Vermögen. Dies ermöglichte es ihm, die Universität ohne Abschluss zu verlassen, und sich finanziell unabhängig der Botanik zu widmen. So nahm er zum Beispiel 1766 auf der Fahrt von HMS *Niger* nach Neufundland und Labrador teil. Banks sammelte auf der Reise unzählige bisher in Europa unbekannte Exemplare von Pflanzen und Tieren und legte damit das Fundament für seine botanische Laufbahn. Zudem machte er in St. John's, Neufundland, möglicherweise die Bekanntschaft von James Cook, den er später auf seiner ersten Südseereise begleiten sollte.[51] Dieser Kontakt und seine schon seit der Jugend gepflegten Beziehungen in die Londoner Politik ermöglichten es Banks, sich 1769 mit sieben weiteren Personen James Cooks erster Weltumseglung als Botaniker anzuschließen. Das botanische und zoologische Material, das Banks und sein Freund Daniel Solander von dieser Reise mit nach Hause brachten, zementierte seinen Status als Botaniker. Banks galt in diesem Feld vor allem als Spezialist für die Südsee und den australischen Kontinent. Er trug durch die recht unzensierten Schilderungen der Südsee und seiner amourösen Abenteuer ebendort einerseits zur erotischen Aufladung des Südseemythos bei; andererseits schrieb er aber auch detailliert über die Pflanzenwelt auf Tahiti und anderswo und wies darin der Brotfrucht direkt eine wichtige sozioökonomische Rolle zu. In einem in sein Reisetagebuch eingefügten Bericht mit dem Titel *Manners*

Sir Joseph Banks, 1743–1820. London 1988; *John Gascoigne*, Joseph Banks and the English Enlightenment. Useful Knowledge and Polite Culture. Cambridge 1994; *Patrick O'Brian*, Joseph Banks. A Life. Chicago 1997.

51 *Averil M. Lysaght*, Joseph Banks in Newfoundland and Labrador, 1766. His Diary, Manuscripts, and Collections. Berkeley 1971, 41. Andere Autoren ziehen diese Begegnung allerdings in Zweifel. *John C. Beaglehole*, The Life of Captain James Cook. Stanford 1974, 88; *Richard Hough*, Captain James Cook. A Biography. New York, London 1997, 49.

and Customs of South Sea Islands bemerkt er, dass die Insulaner dank der Brotfrucht kaum für ihr Auskommen arbeiten müssten.

> [S]carcely can it be said that they earn their bread with the sweat of their brow when their cheifest sustenance Bread fruit is procurd with no more trouble than that of climbing a tree and pulling it down.[52]

Zwar müsse man auch den Brotfruchtbaum erst einmal pflanzen, aber das würde für die zum Auskommen notwendigen zehn Bäume kaum eine Stunde dauern. Anschließend müsse man sich ein Leben lang nicht mehr für die eigene Ernährung anstrengen. Dieser Sachverhalt begründete seine langwährende Faszination mit der Brotfrucht, die ihn zurück in England noch lange umtreiben sollte. Banks teilte seine Erkenntnisse über den Brotfruchtbaum unter anderem mit John Ellis, mit dem er in engem Kontakt stand. Ellis, der schon in den frühen 1770er-Jahren immer wieder für den Transfer verschiedenster Nutzpflanzen vor allem in die amerikanischen Kolonien plädiert hatte, nahm daraufhin den Brotfruchtbaum in seine lange Liste von zu transferierenden Pflanzen auf und brachte in diesem Zusammenhang 1775 die oben zitierte Schrift heraus.[53] Aber auch andere einflussreiche Persönlichkeiten aus den britischen Kolonien in der Karibik standen mit Banks über diese Sache in den 1770er- und 1780er-Jahren in direktem Kontakt – etwa Valentine Morris, Gouverneur von St. Vincent, den Banks aus Eton kannte, oder Hinton East, Receiver General von Jamaika.

In England stieg Banks nach seiner Rückkehr von der Reise mit Cook zu einer Art inoffiziellem Regierungsberater in allen botanischen Angelegenheiten auf. Banks beriet König George III. in

52 *Joseph Banks*, Manners and Customs of the South Sea Islanders, in: ders., Endeavour Journal. Bd. 1: 25. August 1768 – 14. August 1769, State Library of New South Wales, ML Safe 1/12.

53 Vgl. *Julia Bruce*, Banks and Breadfruit, in: RSA Journal 141, 1993, 817–820, 818.

dieser Hinsicht. Er wurde inoffizieller Direktor des Botanischen Gartens in Kew und wurde, auch aufgrund seiner exzellenten Kontakte in Wirtschaft und Politik, bald bei praktisch jeder Frage zur kolonialwirtschaftlichen Nutzbarmachung von Pflanzen involviert. In dieser Rolle fing er schließlich an, den Transfer der Brotfrucht aus der Südsee in die Karibik vorzubereiten. Dieser Transfer war aus Banks Sicht in einen größeren britisch-imperialen Plan eingebettet. Um Großbritannien einen besseren Zugang zu qualitativ hochwertiger Baumwolle zu sichern, sollte diese aus Indien in die Karibik transplantiert werden. Banks antizipierte, dass – sollte dieser Plan gelingen und dort dann auch Baumwollplantagen entstehen – noch mehr Sklaven zum Betrieb der Plantagen benötigt würden. Dadurch würde der Bedarf an billigen Grundnahrungsmitteln weiter steigen, was die Kolonien vor allem in Anbetracht der durch die amerikanische Unabhängigkeit ohnehin schon beeinträchtigten Getreideimporte vor eine große Herausforderung stellen würde. Dem wollte Banks mit dem vorausschauenden Transfer der Brotfrucht, der sich so in einen größeren Kontext des Nutzpflanzentransfers einordnen lässt, vorgreifen.[54]

Banks hatte ursprünglich vor, die Verpflanzung der Brotfrucht im Rahmen der Fahrt der sogenannten *First Fleet* zur Besiedlung Australiens umzusetzen, änderte seinen Plan im Laufe des Jahres 1787 aber ab, um die Ressourcen der noch zu gründenden australischen Kolonie nicht mit dieser Aufgabe zu belasten.[55] Stattdessen legte er Regierung und Admiralität einen neuen Plan vor, der schließlich mit dem Kauf und Umbau der *Bethia* und ihrer Fahrt unter dem neuen Namen *Bounty* umgesetzt wurde. Banks war die treibende Kraft hinter dieser Mission und er war es auch, der William Bligh als Kommandanten vorschlug. Banks wurde zu einem der wichtigsten Förderer von Bligh und unterstützte ihn auch nach der Meuterei weiter – zum Beispiel dadurch, dass er

---

54 Vgl. *Bruce*, Banks and Breadfruit, 817; *Alan Frost*, Sir Joseph Banks and the Transfer of Plants to and from the South Pacific, 1786–1798. Melbourne 1993.

55 *Mackay*, Banks, Bligh and Breadfruit, 86–70.

Bligh auch für die zweite Brotfruchtmission als Kommandant der HMS *Providence* durchsetzte.

Wie sich zeigt, füllte Joseph Banks viele Rollen aus. Er war Botaniker und auch über dieses Feld hinaus wissenschaftlich interessiert, wie etwa seine Mitgliedschaft in der *Royal Society* bezeugt. Er verfügte früh über ein großes Vermögen und war in der Londoner Gesellschaft exzellent vernetzt. Er war abenteuerlustig, bereiste die Welt und verschaffte sich dadurch Eindrücke von anderen Gesellschaften und Kulturen aus erster Hand. Nicht zuletzt war Banks überzeugt von der kolonialen Idee und stellte seine botanischen und anderweitigen Kenntnisse in den Dienst der britischen Kolonialherrschaft – vor allem wenn es um die wirtschaftliche Nutzbarmachung von kolonialen Territorien ging. Diese verschiedenen Seiten und Interessen des historischen Akteurs Joseph Banks lassen sich nicht sauber voneinander trennen und dann einzeln auf ihre Wirkmächtigkeit hin untersuchen. Vielmehr zeugen sie von der Scharnierfunktion, die solchen Akteuren aus globalhistorischer Perspektive zufällt. Banks brachte in seiner Person, in seinem Denken und Handeln, Räume und Kontexte von ganz unterschiedlicher Reichweite und Bedeutung zusammen, in welche er als Akteur gleichzeitig und unauflöslich eingebettet war. Damit stellte er durch seinen Denk- und Handlungshorizont direkte, wirkmächtige Verbindungen her zwischen der Wissenschaft der Botanik, der Plantagenwirtschaft in der Karibik, der zeitgenössischen Wahrnehmung der Südsee und der Mission der *Bounty*, um nur einige Beispiele zu nennen. Sein Tun fand nicht nur in einem einzelnen dieser und anderer Kontexte statt, sondern brachte sie in unmittelbare Berührung.

Banks war zum Zeitpunkt der Meuterei selbst nicht auf der *Bounty* präsent, seine Handlungen im Vorfeld hatten aber zur Entstehung des verwobenen Kontexts der Brotfruchtmission erheblich beigetragen. Anders William Bligh (Abb. 14): Als Kommandant der *Bounty* und einer der unfreiwilligen Hauptfiguren der Meuterei war er auf dem Schiff und auf der Insel Tahiti als Handelnder vor Ort und gestaltete dadurch den Lauf der Dinge

Abbildung 14: William Bligh, wie er sich selbst in seinen Büchern gerne sah.

unmittelbar mit. Während sein Agieren üblicherweise in dem sehr lokalen Raum des Schiffes betrachtet und ihm dabei entweder die Rolle des unmenschlichen Tyrannen oder des heldenhaften Navigators zugeteilt worden ist, war aber auch sein Denken und Tun in Rahmen mit ganz unterschiedlicher Reichweite eingebettet – wenn auch auf andere Weise als dies für Joseph Banks der Fall war.

Über William Blighs Kindheit ist nicht viel bekannt.[56] Er wurde 1754 wahrscheinlich in Plymouth geboren und fuhr eventuell schon mit sieben Jahren zur See, spätestens aber mit fünfzehn. Bis 1782 gehörte er in verschiedenen Funktionen der Royal Navy an. Zwischen 1776 und 1780 war er unter James Cook *Master* der *Resolution* und musste auf Hawaii den Tod Cooks miterleben, was für ihn zu einem prägenden Erlebnis wurde und auch auf

56 Zu William Blighs Biografie vgl. *Alan Frost,* Bligh, William (1754–1817), in: Oxford Dictionary of National Biography 2004. Version September 2013, in: URL= <http://www.oxforddnb.com/view/article/2650?docPos=1> (letzter Zugriff: 25.6.2016); *Salmond,* Bligh.

seine Wahrnehmung der einheimischen Gesellschaften abfärbte. Im Jahr 1781 heiratete er Elizabeth Betham, die Tochter eines Zollbeamten auf der Isle of Man. Durch diese Heirat bekam Bligh Zugang zu den besseren gesellschaftlichen Kreisen auf Man. So verließ er 1783 die Navy und stieg als ziviler Kapitän in den Westindienhandel ein – und zwar im Dienst des Kaufmanns und Unternehmers Duncan Campbell, einem Onkel von Elizabeth. Campbell, der später tief in die Fahrt der *First Fleet* involviert sein sollte, wurde neben Banks zum wichtigsten Förderer William Blighs. Durch seine Fahrt mit Cook, seine Kenntnisse der westindischen Inseln und seine Verbindungen auf der Isle of Man wurde Bligh schließlich das Kommando über die *Bounty* angetragen. In dieser Rolle brachte er unter anderem Fletcher Christian und Peter Heywood mit an Bord des Schiffes. Beide stammten aus gutem Hause auf der Isle of Man. Christian war schon zuvor unter Bligh gefahren und wurde von diesem gefördert. Heywood heuerte auf Vermittlung von Blighs Schwiegervater, der die Heywoods gut kannte, auf der *Bounty* an. Die beiden *manxmen* verbrachten auf der Fahrt sehr viel Zeit miteinander. So unterrichtete Christian den jüngeren Heywood in Latein, Griechisch und Navigation.[57] Ihre Rollen in der Meuterei waren aber trotz dieser Freundschaft sehr unterschiedlich. Während Christian hier eine zentrale Position einnahm, sah Heywood sich selbst als unbeteiligt und daher völlig unschuldig an. Heywood nahm nach seiner Festsetzung mit großem Erstaunen zur Kenntnis, dass Bligh und viele andere das ganz anders sahen. Für Bligh war Heywood ein zentraler Teil der Verschwörung gegen ihn, deren Ursprung er im Zirkel der *manxmen* ortete. Schon in dem Brief, den er von Kupang aus an seine Frau schreibt, wird das deutlich:

> It is incredible! these very young Men I placed every confidence in, yet these great Villains joined with the most able Men in the Ship got possession of the Arms and took

57 Vgl. *Dening*, Bligh's Bad Language, 258.

> the Bounty from me, with huzza's for Otaheite. I have now reason to curse the day I ever knew a Christian or a Heywood or indeed a Manks man.[58]

Auch Blighs Ereignis- und Handlungshorizont war damit das Ergebnis mehrerer sich überlappender Kontexte. Er verfügte zum einen bereits über eine bestimmte Vorstellung der Südsee, über Erfahrungen mit den Einheimischen und eine gewisse Kenntnis der Brotfrucht. Gleichzeitig war er durch Campbell auch Teil des karibischen Plantagenkomplexes geworden und kannte sich dort gut aus. Seit seiner Kindheit hatte er in der Royal Navy in verschiedenen Funktionen gedient und war dementsprechend tief in deren Strukturen involviert. Dazu kommt die lokale Umgebung der *Bounty*, mit ihrer räumlichen und sozialen Enge. All diese Deutungs- und Aktionsrahmen bildeten den Hintergrund für William Blighs Denken und Handeln vor, während und nach der Brotfruchtmission. Sie schneiden sich in seiner Figur und kommen dadurch in direkte Berührung, so unterschiedlich und regional disparat sie ansonsten auch sein mögen.

Redux: Akteure in der Globalgeschichte

Joseph Banks und William Bligh sind besonders anschauliche Beispiele dafür, wie sich gänzlich verschiedene globale Bedeutungszusammenhänge in den historischen Akteuren selbst schneiden können und damit in Interaktion treten. Es sind demnach die Akteure selbst – und zwar nicht nur solch hervorgehobene wie Banks und Bligh –, die globalen Verbindungen ihre Wirkmächtigkeit verleihen, indem ihr Denken und Tun gleichzeitig in verschiedensten Kontexten stattfindet. Diese Scharnierfunktion manifestiert sich dramatisch im Beispiel der Meuterei auf der *Bounty*, die uns hier als Fallstudie dient, um die unmittelbaren Zusammenhänge

58 *Bligh*, Brief an Elizabeth Bligh, Kupang, 1789.

zwischen scheinbar separaten Rahmen sichtbar zu machen. Hier zeigt sich anschaulich, wie globalgeschichtliche Akteure in eine Vielzahl von Zusammenhängen ganz unterschiedlicher Reichweite eingebunden waren. Diese müssen wir mitdenken, wollen wir das Handeln der beteiligten Personen verstehen. Daher können Genese und Bedeutung der Meuterei auf der *Bounty* nur adäquat verstanden und erklärt werden, wenn sie in diesem globalen Verflechtungszusammenhang betrachtet werden. Nur so können wir den tatsächlichen Ereignis- und Handlungshorizont der Handelnden erfassen und somit den Blick durch die Augen der Akteure wagen. Daraus ergibt sich aber umgekehrt auch, dass ein relativ punktuelles historisches Ereignis wie die Meuterei auf der *Bounty* durch eine solche akteurszentrierte Betrachtung selbst zu einem analytischen Prisma werden kann. Der Blick durch dieses Prisma macht das volle Spektrum globaler Verbindungsmuster sichtbar und sensibilisiert den Betrachter dementsprechend für die vielen sich überlagernden Bedeutungsebenen der Geschehnisse und ihre Kontexte. Kurz, der Fokus auf die involvierten Akteure und ihre Einbettung in einen größeren globalhistorischen Zusammenhang erlauben es uns, eng miteinander verwobene transregionale Kausalstränge und Bedeutungsfäden zu erkennen und zu entflechten.

Die Meuterei eignet sich dafür nicht nur aufgrund ihrer breiten Rezeption, sondern vor allem auch dank der hervorragenden Quellenlage, die uns die verschiedensten Verflechtungszusammenhänge bis ins Detail nachvollziehen lässt, in besonderem Maße. Dem Prinzip nach kann diese verbindende Rolle der Akteure aber in nahezu jedem beliebigen globalhistorischen Szenario analytisch eingesetzt werden. Dabei geht es nicht nur darum, die Existenz von globalen Verbindungen und Austauschprozessen in einem bestimmten Zusammenhang nachzuweisen. Vielmehr können mittels einer akteurszentrierten Perspektive die konkreten Wirkzusammenhänge und Funktionsweisen solcher Verbindungen in den Blick genommen werden. Dies ist schon in der ersten in diesem Buch besprochenen Fallstudie zum großen Mondschwindel deutlich geworden. Neben verschiedenen anderen Personen war hier natürlich Richard Adams Locke der zentrale Akteur, der durch sein geschicktes Spiel mit globalen Verbindungen und Nicht-Verbindungen den Schwindel orchestrierte. In seiner Figur liefen die verschiedenen Fäden zusammen und durch einen Fokus auf ihn werden sie für uns heute wieder sichtbar. Vielleicht noch deutlicher wird die Scharnierfunktion der historischen Akteure im Abschnitt über den Raum in der Globalgeschichte. Im Wechselspiel von kommunikativer Anbindung und geografischer Isolation zeigt sich, wie die Protagonisten dieses Kapitels parallel in ganz unterschiedliche Räume eingebunden waren und diese dadurch in Relation brachten. Die Verschiebung des Verhältnisses dieser Räume manifestiert sich letztlich durch und in diesen Akteuren. Genauso verhält es sich auch mit den Telegrafennutzern im Abschnitt über die Zeit, mit den verschiedenen Akteuren, die sich im folgenden Kapitel für den Bau des Mont Cenis-Tunnels engagieren oder mit Dr. Crippen, der in der letzten Fallstudie versucht, über den Atlantik zu fliehen. Sie alle bringen durch ihr Denken und Handeln verschiedenste Bedeutungszusammenhänge in Austausch und schenken damit globalen Verbindungen Wirkungsmacht. Gleichzeitig erleben sie selbst die Wirkung ebendieser Verbindungen. In diesen und vielen anderen globalhistorischen Beispielen erlaubt uns der Blick auf die Akteure daher sowohl die Genese globaler Verbindungen wie auch ihre Geschichtsmächtigkeit im Detail zu betrachten und sie in ihren Mechanismen besser zu verstehen.

Strukturen

Durchbruch am Mont Cenis

Strukturen in der Globalgeschichte

Der im vorangehenden Kapitel eingeführte Begriff des Akteurs erlangt seine analytische Qualität vor allem durch die Betrachtung der Handlungskapazität eines oder mehrerer Akteure – der sogenannten *agency*. Er verweist damit auch auf die Existenz von Bedingungen, die die Handlungskapazität von Akteuren einschränken, leiten oder anderweitig beeinflussen können. Setzt man den Begriff analytisch ein, so verweist der Akteur damit immer auch auf die Struktur bzw. die Strukturen, in welche sein Handeln eingebettet ist und die selbiges gleichzeitig auch mit erschaffen. Thomas Welskopp hat diesen wechselseitigen Verweis zwischen Handeln und Struktur sowie die Frage, „ob eher die Verhältnisse den Menschen machen […] oder ob nicht vielmehr umgekehrt der Mensch die Verhältnisse produziert" als ein Kernproblem der Sozial- und Kulturwissenschaften identifiziert. Welskopp schreibt weiter: „Eine Vorentscheidung für eine der beiden Positionen prägt die Bauprinzipien jeder Gesellschaftstheorie tiefgreifend; umgekehrt hinterläßt sie tiefe Spuren in der Physiognomie jeder historischen Darstellung."[1]

Das wird in den unterschiedlichen Zugängen der Geschichtswissenschaft sehr deutlich. Das Studium der Geschichte führt zurück auf das Denken und Handeln der historischen Akteure und auf die Bedingungen, in denen dies stattgefunden hat. Die grundlegende Frage für die Geschichtswissenschaft ist in diesem Zusammenhang, inwieweit die Menschen ihre Geschichte selbst machen. Welche Gestaltungsräume haben sie? Wodurch und wie werden diese Räume begrenzt? Welche Rollen spielen Zufall und

---

1 *Thomas Welskopp*, Geschichte zwischen Kultur und Gesellschaft. Beiträge zur Theoriedebatte. München 1997, 39.

Kontingenz? Wo geben Strukturen eine Entwicklungsrichtung vor? Wie entstehen solche Strukturen und wie bindend sind sie hinsichtlich der Handlungen der einzelnen Akteure? Dies sind zentrale Fragen, wenn wir anhand historischer Untersuchungen das Denken und Handeln von Menschen erklären und verstehen wollen. Über die Zeit haben unterschiedliche Strömungen in der Geschichtswissenschaft diese Fragen implizit oder explizit zu beantworten gesucht und dabei ihre „Vorentscheidungen" ganz unterschiedlich getroffen.

Während die Begriffe Akteur oder *agency* erst seit wenigen Jahrzehnten zunehmend Eingang in das Vokabular der Geschichtswissenschaft finden, so ist der Fokus auf den Menschen als Gestalter der Geschichte alles andere als neu. Die historistisch geprägte Geschichtsschreibung des 19. Jahrhunderts hat sich in der Hauptsache mit der politischen Geschichte beschäftigt, also zumeist mit den Handlungen von Politikern, Regierungen, Diplomaten oder Militärs. Die Ereignisse, die aus diesen Handlungen hervorgingen, machten in ihrer Gesamtheit die Geschichte aus. Die Handelnden, an denen die Geschichtswissenschaft in dieser Zeit ein Interesse hatte, gehörten dabei der gesellschaftlichen Elite an. Sie verfügten über vergleichsweise vielfältige Handlungskapazitäten. Dies fand auch im historistischen Geschichtsbild seine Resonanz, das strukturelle Handlungsvorgaben wenig berücksichtigte. Das spiegelt sich unter anderem auch in Leopold von Rankes berühmten Zitat, jede Epoche sei „unmittelbar zu Gott"[2], wider und manifestiert sich in einem größeren Rahmen in der Distanz des Historismus zum Fortschrittsglauben der Zeitgenossen. Übergreifende, langlebige Strukturen, die die gesellschaftliche Entwicklung entlang bestimmter Linien (z.B. im Sinne eines aufgeklärten Fortschrittsgedankens) leiten könnten, spielten für die Historisten eine untergeordnete Rolle.[3]

2 *Theodor Schieder/Helmut Berding* (Hrsg.), Leopold von Ranke. Über die Epochen der neueren Geschichte. Historisch-kritische Ausgabe. (Aus Werk und Nachlass, Bd. 2.) München 1971, 60.

3 Vgl. als Einführung *Friedrich Jäger/Jörn Rüsen*, Geschichte des Historis-

An dieser weitgehenden Strukturlosigkeit begannen sich im 20. Jahrhundert verschiedene geschichtswissenschaftliche Denkrichtungen zu reiben. Insbesondere die französische Schule der *Annales* und die deutsche Sozialgeschichte stellten die Bedeutung von Strukturen in der Geschichte zentral und begannen nach dem 2. Weltkrieg mit diesem Zugang zunehmend die Geschichtswissenschaft zu prägen. Reinhart Koselleck fasste die damit einhergehende Veränderung der Perspektive 1973 folgendermaßen zusammen: „Nun hat sich unter dem Vorgebot sozialgeschichtlicher Fragestellungen in der jüngsten Historie das Wort ‚Struktur', speziell der ‚Strukturgeschichte' eingebürgert [...]. Unter Strukturen werden im Hinblick auf ihre Zeitlichkeit solche Zusammenhänge erfaßt, die nicht in der strikten Abfolge von erfahrenen Ereignissen aufgehen. Damit werden – temporal gesprochen – die Kategorien der relativen Dauer, der Mittel- oder Langfristigkeit, werden die alten ‚Zustände' wieder in die Untersuchung einbezogen."[4] Prägend für diese Strukturgeschichte wurden Historiker wie etwa Fernand Braudel mit seinem Verweis auf die Bedeutung von Entwicklungen langer Dauer (*longue durée*)[5] oder Werner Conze[6] als einer der Gründerväter der deutschen Sozialgeschichte, welche die Geschichtswissenschaft der 1960er- bis 1980er-Jahre in der Bundesrepublik so nachhaltig geprägt hat. Ebenso wie im geschichtswissenschaftlichen Programm der *Annales* nahmen langlebige, oft unterschwellige Strukturen im Geschichtsbild dieser Historischen Sozialwissenschaft die entscheidende Rolle ein.

---

mus. Eine Einführung. München 1992.

4 *Reinhart Koselleck*, Ereignis und Struktur, in: Reinhart Koselleck/Wolf-Dieter Stempel (Hrsg.), Geschichte, Ereignis und Erzählung. München 1973, 560–570, 561–562.

5 *Fernand Braudel*, Histoire et Sciences Sociales. La Longue Durée, in: Annales. Économies, Sociétés, Civilisations 4/13, 1958, 725–753.

6 Programmatisch für die Strukturgeschichte nach Conze: *Werner Conze*, Die Strukturgeschichte des technisch-industriellen Zeitalters als Aufgabe für Forschung und Unterricht. (Arbeitsgemeinschaft für Forschung des Landes Nordrhein-Westfalen. Geisteswissenschaften, Bd. 66.) Köln/Opladen 1957.

Nimmt man die Worte von Thomas Welskopp wieder auf, so haben sowohl der Historismus wie auch die Sozialgeschichte der Nachkriegszeit ihre „Vorentscheidungen“ hinsichtlich der Einschätzung menschlicher Handlungskapazitäten klar getroffen. Beide positionierten sich im Spannungsfeld von Handeln und Struktur. Das hieß aber nicht, dass dem jeweils anderen Konzept überhaupt keine Bedeutung zugesprochen wurde. So hielt Conze beispielsweise schon 1952 fest: „So unzeitgemäß auch heute eine Fortführung der einst so beliebten wie verlästerten Geschichte der Bataillen und fürstlichen Häuser erscheint, so bleibt doch bestehen, daß Geschichte geschieht. Dies Geschehen aber ist mehr als bloße Entwicklung in der Zeit, es ist Entscheidung und Tat, Zerstören, Gestalten und Ordnen im Bezirk der uns als Freiheit erscheinenden menschlichen Möglichkeiten.“[7] Schon hier wird deutlich, dass beide Positionen nicht unvereinbar sein müssen – auch wenn eine Synthese, die beiden Standpunkten gerecht wird und sowohl die Handlungskapazität des einzelnen Menschen wie auch die leitende Kraft der Strukturen angemessen berücksichtigt, lange auf sich warten ließ. Mittlerweile aber liegen solche Syntheseangebote vor, die häufig auf die Gedanken des britischen Soziologen Anthony Giddens zurückgehen. Giddens legte 1984 eine Theorie zur Strukturierung vor, in der er versuchte, individuelles Handeln und kollektive Strukturen analytisch zusammenzubringen.[8] Kurz zusammengefasst wirken nach Giddens beide wechselseitig aufeinander ein. Strukturen geben gewisse Handlungsoptionen vor, lassen manche Handlungen sinnvoller erscheinen als andere. Gleichzeitig aber schaffen bzw. verfestigen die entsprechenden Handlungen wiederum die leitenden Strukturen.[9]

7 *Werner Conze*, Die Stellung der Sozialgeschichte in Forschung und Unterricht, in: GWU 3, 1952, 648–657, 652.

8 *Anthony Giddens*, The Constitution of Society. Outline of the Theory of Structuration. Cambridge 1984.

9 Eine differenzierte, sehr gelungene Einführung in das Verhältnis zwischen Struktur und Handeln findet sich bei Thomas Welskopp: *Thomas Welskopp*, Der Mensch und die Verhältnisse. ‚Handeln‘ und ‚Struktur‘ bei Max Weber und Anthony Giddens, in: ders./Thomas Mergel (Hrsg.),

Die Geschichtswissenschaft hat diese Anregungen aus der jüngeren Soziologie, aber auch aus anderen Richtungen wie etwa der Anthropologie (siehe Kapitel Akteure), in den letzten Jahrzehnten aufgenommen und versucht, sie für sich fruchtbar zu machen, um das Verhältnis zwischen Handelnden und Strukturen in historischer Perspektive besser verstehen zu können. Die aktuelle historische Forschung baut daher im Allgemeinen auch auf der Grundlage auf, dass Menschen zwar selbstständig handeln und damit ihre Lebenswelt (und ihre Geschichte) gestalten. Sie schaffen durch ihr aggregiertes Handeln aber auch Strukturen, die den Weg weiteren Handelns weisen und damit bis zu einem gewissen Grad auch vorgeben. Von diesem ausgetretenen Weg kann man abweichen, handelt dann aber außerhalb (oder sogar entgegen) eines kollektiven Konsenses.

Ein solches, größtenteils ausgewogenes Verständnis des Verhältnisses von Individuum und Kollektiv kann auch mit der Rolle von Zufall und Kontingenz oder der Allgegenwart von unbeabsichtigten Handlungsfolgen (*unintended consequences*) umgehen. Es geht davon aus, dass menschliche Handlungen immer untereinander verwoben sind und sich aufeinander beziehen. Die daraus entstehenden Handlungskombinationen sind häufig so komplex, dass die Folgen einer Handlung nicht abzusehen sind und die so geschaffenen Strukturen eine scheinbare Eigendynamik entwickeln.[10] Aus diesem Grund geht die Struktur als analytischer

---

Geschichte zwischen Kultur und Gesellschaft. Beiträge zur Theoriedebatte. München 1997, 39–70 und *Ders.*, Die Dualität von Struktur und Handeln. Anthony Giddens' Strukturierungstheorie als ‚praxeologischer' Ansatz in der Geschichtswissenschaft, in: Andreas Suter/Manfred Hettling (Hrsg.), Struktur und Ereignis. (Geschichte und Gesellschaft, Sonderheft Bd. 19.) Göttingen 2001, 99–119.

10 Besonders prägnante Beispiele dafür findet man in der Technikgeschichte, deren theoretische Sicht auf das Verhältnis von Mensch und Technik in den letzten Jahren ebenfalls durch akteurszentrierte, strukturierende Zugänge (z.B. *Actor-Network-Theory*) erweitert worden ist. Für eine kritische Diskussion siehe *Roland Wenzlhuemer*, Connecting the Nineteenth-Century World. The Telegraph and Globalization. Cambridge u.a. 2013, 50–56.

Begriff auch nicht einfach in den Akteuren, aus deren Handeln sie entsteht, auf, sondern verdient weiterhin direkte Beachtung – auch und ganz besonders in der Globalgeschichte. Diese fragt nach der Rolle von transregionalen Verbindungen in der Geschichte. Sie will also wissen, wie solche Verbindungen sich im Denken und Handeln von Menschen niederschlagen, gleichzeitig aber auch von den Akteuren geschaffen werden. Verfestigen sich transregionale Verbindungsmuster, so entstehen Verbindungsstrukturen, die bestimmte Praktiken und Wege globalen Austauschs vorzeichnen. Globalisierungs- und Verflechtungsprozesse sind nicht losgelöst von ihren Strukturen zu denken. Handeln über große Distanzen, über kulturelle Grenzen und andere Barrieren hinweg ist mit großen Unsicherheiten verbunden und lehnt sich gewöhnlich entsprechend eng an existierende Strukturen an. Nicht umsonst ist die Metapher von der Verflechtung selbst eine strukturelle, die uns auf verfestigte Verbindungsmuster hinweist. Beispiele für die Bedeutung von transregionalen Strukturen gibt es unzählige. Der transatlantische Dreieckshandel als interkontinentales Handelsmuster etwa trägt die grundlegende Struktur bereits im Namen. Aber auch verbindende Infrastrukturen spielen für die Globalgeschichte eine wesentliche Rolle. Strukturen können sich materiell manifestieren und Infrastrukturen bilden, die bestimmte menschliche Handlungen erst möglich machen oder deutlich erleichtern. Transregionale Verbindungen nutzen eine breite Palette solcher Infrastrukturen, z.B. in Form von Straßen, Eisenbahnen oder Telegrafenkabeln. Die Materialität dieser Strukturen zeugt vom großen Aufwand, der in ihre Errichtung und Erhaltung geflossen ist, und steuert dadurch für gewöhnlich ein weiteres beharrendes Element bei.

Im Folgenden soll anhand eines konkreten Beispiels gezeigt werden, wie globale Infrastrukturen – stellvertretend für Strukturen im Allgemeinen – hinsichtlich des Handelns einzelner Akteure wirksam werden können, wie sie Entwicklungen in scheinbar deutlich voneinander getrennten Sphären miteinander in Verbindung setzen und dadurch die Handelnden in diesen Regionen miteinander verflechten. Als Fallstudie in diesem Zusammenhang dient der Bau des Tunnels durch den Mont Cenis in den Jahren 1857 bis 1871.

Der Mont Cenis

Noch im Jahr 1865 hielt die *Times of London* in einem Artikel zu den neuesten verkehrstechnischen Entwicklungen am Mont Cenis knapp aber präzise fest: „Between France and Italy, as poets sing and conquerors discover, nature has interposed the Alps and snow."[11] Will man von Resteuropa auf dem Landweg nach Italien, so stellen die Alpen seit jeher ein natürliches Hindernis dar, das von vielen Reisenden über die Jahrhunderte als geradezu monumental wahrgenommen worden ist. Laurence Sterne schickte 1768 seinen Reverend Yorick auf eine *Sentimental Journey Through France and Italy*. Als dessen Kutsche von Lyon aus langsam in bergiges Terrain vordringt, klagt Yorick:

> Let the way-worn traveller vent his complaints upon the sudden turns and dangers of your roads – your rocks – your precipices – the difficulties of getting up – the horrors of getting down – mountains impracticable – and cataracts, which roll down great stones from their summits, and block up his road.[12]

Yorick ist im Roman auf dem Weg zum Pass über den Mont Cenis, neben dem Simplonpass im Walis der zweite bedeutende Weg über die Alpen nach Italien.[13] Kurz nach seinem Lamento

11 *O.A.*, The Times of London vom 29. Juni 1865, 11.

12 *Laurence Sterne*, A Sentimental Journey through France and Italy. Basil 1792, 149.

13 Vgl. *Jean-Francois Bergier*, Pour une Histoire des Alpes, Moyen Age et Temps Modernes. (Collected Studies Series, Bd. 587.) Aldershot 1998, VII/39-49.

endet der erste Teil des Romans unvermittelt in einer Unterkunft irgendwo vor Modane. Sterne verstarb kurz nach Fertigstellung dieses Teils und konnte sein Werk nicht mehr fortsetzen. Damit endete auch Yoricks Reise kurz vor dem Mont Cenis auf für viele Leser nicht zufriedenstellende Weise und zementierte damit nochmals unabsichtlich das Bild des Mont Cenis als schwer zu überwindendes Hindernis auf der Reise nach Italien.[14]

Das Mont Cenis-Massiv erhebt sich zwischen Savoyen und dem Piemont. Es bildet hier eine natürliche Grenze zwischen dem heutigen Frankreich und Italien. Das Gebirgsmassiv hat schon immer Austausch und Handel zwischen den beiden Regionen beeinflusst. Zum einen behinderten die Berge den regulären Waren- und Personenverkehr, zum anderen boten sie eine Menge (teilweise sehr gefährlicher und schwer kontrollierbarer) Schmuggelpfade. Zumindest seit dem frühen Mittelalter gab es einen wegbaren Pass über den Mont Cenis, der Savoyen und das Piemont miteinander verband. Diesen benutzte angeblich etwa Heinrich IV. bei seinem Gang nach Canossa im Jahr 1077. Der Berg blieb aber dennoch lange Zeit ein wesentliches Hindernis für regionalen Handel und Kommunikation.

Davon wussten im 17. und 18. Jahrhundert unter anderem auch viele reisende Adelige auf der Kavalierstour zu berichten, die die Alpen auf dem Weg nach Italien üblicherweise entweder am Simplonpass oder am Mont Cenis überquerten. Für sie war der Alpenübergang weniger ein spektakuläres Naturerlebnis, sondern vielmehr „ein technischer Vorgang, bei dem die Kutschen am Fuß des Passes zerlegt und auf Maultieren über die Berge getragen wurden."[15] Auch die Kavaliere selbst wurden dabei häufig in Sänften über den Pass getragen. Dennoch wurde

---

14 *Cara Murray*, Victorian Narrative Technologies in the Middle East. New York/Abingdon 2008, 138.

15 *Jan Pieper*, Die Grand Tour in Moderne und Nachmoderne – Zur Einführung, in: ders./Joseph Imorde (Hrsg.), Die Grand Tour in Moderne und Nachmoderne. Tübingen 2008, 3–8, 4.

die Überquerung gemeinhin als extrem beschwerlich und risikoreich empfunden.[16]

Napoleon ließ zwischen 1803 und 1810 den Maultierpfad zu einer befestigten Straße ausbauen.[17] Diese in der Theorie ganzjährig nutzbare Straße machte die Passüberquerung etwas einfacher, aber auch sie hinterließ bei vielen Reisenden bleibende Eindrücke. Sie führte in unzähligen Serpentinen so steil den Berg hinauf, dass ein vergrößertes Gespann benötigt wurde. War der Anstieg schließlich geschafft, musste man auf der anderen Seite wieder hinunter – was sowohl die Bremsen wie auch die Nerven der Reisenden häufig an die Belastungsgrenze brachte. Nur wenige einheimische Kutscher befuhren die Passstraße regelmäßig mit ihren Gespannen. War die Überquerung im Sommer schon mühevoll, so konnte sie im Winter zum Abenteuer werden. Die Gespanne waren dann auf Kufen unterwegs. Ein Reisender berichtete noch im Jahr 1866 in der *Gartenlaube*:

> [A]uch im hohen Sommer fröstelt es uns, wenn wir Nachts hinaufsteigen, von dem Winter nicht zu reden, in welchem die Massen des Schnees sich oft zu dreißig Fuß hohen Mauern aufthürmen. In dieser Zeit hält es oft sehr schwer, die Straße frei zu halten. Der Sturm heult dann oft mit unerhörter Wuth durch diese Schluchten und droht in dem furchtbaren Schneewirbel, mit dem er den Berg umhüllt, Alles, was nicht fest ist wie seine Felsen, in die Abgründe hinabzuschleudern. An solchen Tagen stockt der Verkehr gänzlich.[18]

Zu einer ähnlichen, allerdings um einiges nüchterneren Einschätzung gelangte auch der britische Eisenbahninspekteur Henry W.

16 *Edward Chaney*, The Evolution of the Grand Tour. Anglo-Italian Cultural Relations since the Renaissance. London/Abingdon/New York 1998, 330.

17 *Tom F. Peters*, Building the Nineteenth Century. Cambridge 1996, 133.

18 *O.A.*, Durch und über den Mont Cenis, in: Die Gartenlaube 17, 1866, 267–270, 267.

Tyler, der im selben Jahr die Route über den Mont Cenis besichtigte. Bis St. Michel kam man mittlerweile mit dem Direktzug. Dort musste man dann aber auf die Passstraße ausweichen. „The service by horses and mules from St. Michel over the Mont Cenis to Susa can be performed, during the summer season, with as much regularity as any other part of the route, but it is uncertain during the winter.“[19] Tyler untermauerte dies mit präzisen Messungen, die zeigten, dass ein Pferdekurier über den Mont Cenis zwischen sieben und 48 Stunden für die Passage benötigte.[20] Insbesondere im Winter war diese Strecke daher schwer zu kalkulieren. Aus Tylers Sicht war das höchst bedauernswert. Für ihn war der Mont Cenis nicht nur ein Verkehrshindernis von regionaler Bedeutung, sondern wirkte sich negativ auf den interkontinentalen Postverkehr aus. Tyler war 1866 nämlich auf Geheiß der britischen Regierung in Frankreich und Italien unterwegs, um nach der besten Route für die sogenannte *Eastern Mail* – die Post aus den und in die asiatischen Kolonien – zu suchen. Schon auf der ersten Seite seines Berichts an den britischen Postmaster-General machte Tyler klar, dass diese Route effizienzbedingt fast notwendigerweise von London nach Frankreich, über den Mont Cenis nach Italien, von dort nach Ägypten und schließlich weiter nach Indien führen müsse. Die Querung des Mont Cenis war damit Mitte des 19. Jahrhunderts Teil einer der wichtigsten globalen Kommunikationsrouten der Zeit.

19 House of Commons. Parliamentary Paper 466, Tyler, Eastern Mails. Copy of Report from Captain Tyler, R. E., to Her Majesty's Postmaster General, of His Recent Inspection of the Railways and Ports of Italy, with Reference to the Use of the Italian Route for the Conveyance of the Eastern Mails, 1866, 6.

20 Ebd.

Tunnelbau am Mont Cenis

Es gab auch andere Wege nach Asien. In der Einleitung seines Berichts über eine Chinareise im Jahr 1872 diskutierte der britische Künstler und Kriegskorrespondent William Simpson verschiedene Möglichkeiten. Alle möglichen Überlandrouten tat Simpson als impraktikabel oder schlicht zu gefährlich ab. Für einen gewöhnlichen Reisenden kam dies wohl kaum infrage. Allerdings hielt er fest:

> The way round the Cape of Good Hope is not yet quite given up; but it has fallen into disuse since the opening of the Suez Canal. In 1859 I made the voyage to Calcutta round the Cape in a sailing-ship; and with the exception of a very distant view of Madeira, we saw no land all the way from Start Point to the sand-heads at the mouth of the Hooghly. We did the passage in ninety days, which was considered to be a quick voyage.[21]

Der Weg um das Kap wurde vor allem von Segelschiffen im Ostindienhandel weiter rege genutzt, im Post- und Passagierverkehr aber wurde diese Route bereits lange vor der Eröffnung des Suezkanals im Jahr 1869 von anderen Routen abgelöst. Entsprechend schrieb Captain James Barber in seinem populären Reisehandbuch *The Overland Guide-Book* im Jahr 1850:

> The sea route round the Cape of Good Hope still has its partisans, in spite of the tedium, extra risk and absence of all objects of interest, which necessarily distinguish such a voyage. [...] Still in this – the comparative infancy of the steam route – nine-tenths of those whom fortune may

21 *William Simpson*, Meeting the Sun. A Journey all round the World through Egypt, China, Japan and California, Including an Account of the Marriage Ceremonies of the Emperor of China. London 1874, 5.

> carry to India will prefer the most expeditious manner of proceeding thither [.][22]

Und diese schnellste Route führte in der Mitte des 19. Jahrhunderts über das Mittelmeer, durch Ägypten und schließlich über das Rote Meer und den Indischen Ozean nach Bombay. Das wurde vor allem durch die Dampfkraft möglich. Seit den 1830er-Jahren wurde der europäische Kontinent zunehmend von Eisenbahnen durchmessen, was von den Britischen Inseln aus gesehen den Zugang zum Mittelmeer deutlich schneller und einfacher machte. Gleichzeitig machte das Aufkommen von Dampfschiffen die Durchquerung des Roten Meers, das für große Segler schwierig zu navigieren war, bedeutend praktikabler. Die Route über Ägypten kannte Mitte des 19. Jahrhunderts verschiedene Variationen. Entweder kam man mit dem Dampfschiff direkt aus einem britischen Hafen nach Alexandria. Immer häufiger aber kürzten die Reisenden den Weg ab, setzten zuerst auf den Kontinent über, um dann mit der Eisenbahn in einen Mittelmeerhafen – gewöhnlich Marseille – zu kommen, wo man schließlich das Dampfschiff Richtung Alexandria bestieg. In Ägypten selbst hatte sich bis zur Jahrhundertmitte eine gut organisierte Infrastruktur entwickelt, mit Hilfe derer die Reisenden von Alexandria nach Kairo und von dort durch die Wüste nach Suez kamen.[23] Von dort ging es mit dem Dampfer weiter nach Bombay.

Auch in den einleitenden Passagen aus Tylers Inspektionsbericht wird deutlich, dass es in den 1850er- und 1860er-Jahren kaum mehr eine Alternative zur Route über das Mittelmeer und Ägypten gab, so Geschwindigkeit eine Rolle spielte. Tyler schrieb über den Postverkehr: „Under the existing circumstances, the fast mails between Great Britain and the East must necessarily pass through Egypt, and it is only requisite to determine at present

22 *James Barber*, The Overland Guide-Book. A Complete Vade-Mecum for the Overland Traveller. London 1845, 1–2.

23 *Barber*, Guide Book, 24-32.

the best route through Europe towards Alexandria and Suez."[24] Hier verschoben sich Mitte des Jahrhunderts allerdings vor allem durch den Ausbau der Verkehrsinfrastruktur auf dem Kontinent ständig die Parameter. Tyler und seine Zeitgenossen gingen davon aus, dass man zu Lande per Eisenbahn mehr als doppelt so schnell unterwegs war als zu Wasser:

> [B]ut inasmuch as it is practicable to travel more than twice as fast on land, where good railways are available, as by sea, and with less risk of delay from stress of weather, it becomes advantageous to decrease the sea passage as far as possible, when this can be done without too heavy a cost, in order to effect a saving of time.[25]

Damit veränderte sich vor allem durch neue Eisenbahnlinien auch die jeweils optimale Route. Zuerst war der Umstieg auf das Dampfschiff nach Alexandria vor allem in Marseille passiert. In den 1850er-Jahren aber wurde die Eisenbahn in Savoyen bis Modane an den Mont Cenis herangeführt. Und auf der Alpensüdseite ging es auf der Schiene weiter bis Bologna. In den frühen 1860er-Jahren wurde die Strecke dann schrittweise bis Brindisi fortgesetzt[26], von wo Alexandria in einer bedeutend kürzeren Überfahrt erreicht werden konnte als von Marseille aus. In den späten 1860ern wurde schließlich der Hafen von Brindisi ausgebaut, um als Umsteigehafen noch attraktiver zu werden. Durch diesen laufenden Ausbau des europäischen Verkehrssystems wurde die Strecke über den Mont Cenis in den 1850er- und 1860er-Jahren immer wichtiger. Damit wurde der Mont Cenis von einem eher regionalen zu einem globalen Verkehrshindernis, das es nun mit vermehrter Anstrengung zu überwinden galt.

---

24 *Tyler*, Eastern Mails, 1.

25 Ebd.

26 Ebd., 9.

Die Idee, einen Tunnel durch das Mont Cenis-Massiv zu bauen, gab es schon seit mindestens 1841.[27] Allerdings waren diesbezügliche Pläne in den frühen Jahren entweder aufgrund technischer Probleme oder politischer Unwegbarkeiten im Sande verlaufen. Erst als sich in den 1850er-Jahren der Baubeginn des Suezkanals langsam abzuzeichnen begann, gewann das Unterfangen weiter an Dringlichkeit. Mit dem Suezkanal würde das vorletzte große Verkehrsnadelöhr zwischen Europa und Asien – die Passage durch die ägyptische Wüste – wegfallen und die Querung des Mont Cenis als letztes großes Hindernis übrigbleiben. Nicht zuletzt deshalb stimmte im Juni 1857 das Parlament des Königreichs Sardinien-Piemont in Turin für den Bau eines Tunnels von Modane in Savoyen nach Bardoneccia im Piemont.[28] Der Bau selbst war zeitlich wie finanziell schwer zu kalkulieren. Durch technische Fortschritte im Tunnelbau sollten die Arbeiten aber deutlich früher zum Abschluss kommen als ursprünglich angenommen. Nur etwas mehr als vierzehn Jahre später im Herbst 1871 wurde der Tunnel fertiggestellt (Abb. 15). Da der Suezkanal bereits zwei Jahre zuvor eröffnet worden war, war damit die Dampfroute von Großbritannien in die indische Kolonie komplettiert. William Simpson hielt entsprechend im Bericht über seine 1872 unternommene Reise fest: „Any one wishing to reach Egypt by the quickest means will go by the Mont Cenis Tunnel."[29]

Simpson hielt fest, dass die Reisezeit durch den Tunnel nur mehr 21 Minuten betragen[30] und im Übrigen auch ohne große Unannehmlichkeiten von statten gehen würde: „[A]nd there was no smoke nor any of the disagreeables which French authorities had prophesied."[31] Die verkehrstechnische Bedeutung des Mont

27 *Peters*, Building, 133.

28 Ebd., 143.

29 *Simpson*, Meeting the Sun, 6.

30 Ebd., 13–14.

31 Ebd., 14. Aus Frankreich kamen zum Bau des Mont Cenis Tunnels üblicherweise kritische Töne, da man mit der Eröffnung des Tunnels einen weiteren Verlust der Bedeutung der Route über Marseille befürchtete.

Abbildung 15: Portal des Eisenbahntunnels durch den Mont Cenis bei Modane.

Cenis Tunnels erschließt sich aber nicht nur durch die Berechnung der gesparten Reisezeit. Legt man Tylers Erhebungen zugrunde, so verkürzte der Tunnel die Zeit, die man zur Überwindung der Alpen benötigte, im Durchschnitt wohl um etwa sieben bis acht Stunden.[32] Es muss bezweifelt werden, dass diese Beschleunigung alleine – vielleicht noch in Kombination mit dem höheren Komfort für die Reisenden – als Grund für den kostspieligen Bau des Tunnels ausgereicht hätte. Vielmehr ist der Ausbau der Strecke in einem überregionalen bzw. globalen Zusammenhang zu sehen. Tyler ging es bei seiner Untersuchung einerseits um den Vergleich der italienischen Route über den Mont Cenis mit jener durch Frankreich nach Marseille. Selbst bei einem Transport über die Passstraße, so Tyler, wäre die Strecke über Italien schon 35 ¼ Stunden schneller als jene über Marseille.[33] Durch den Tunnel

32 *Tyler*, Eastern Mails, 12.
33 Ebd.

wurde dieser Vorteil zwar nochmals ausgebaut, bestanden hatte er aber auch zuvor. Wichtiger als diese punktuelle Beschleunigung war die erhöhte Planbarkeit der Reise. Tyler erwähnte diesen Umstand schließlich am Ende seiner vergleichenden Berechnungen:

> [...] I have pointed out that, in laying down the periods of time on which the above calculations have been made, it was desirable to fix, not the shortest time in which the journey could be performed, but such rates of speed as would admit of punctuality. [...] I am of opinion, further, that the time may be kept with greater certainty *viâ* Brindisi than *viâ* Marseilles, because – (1) land transit generally may be performed more punctually than sea transit – (2) the sea passage would be less stormy and more certain, inasmuch as the worst part of it, across the Gulf of Lyons, would be avoided – (3) there would be a special railway service through Italy.[34]

Hier wird sehr deutlich, dass es aus Sicht der Briten vor allem um eine Abstimmung der einzelnen Teile der Reise ging, um eine Minimierung der Umstiege bzw. Postumladungen und um eine Anpassung der Anschlüsse. Laut Tyler würde eine solche Abstimmung auf der Route durch Italien vor allem durch die Verkürzung der Seereise bereits viel einfacher. Aus dieser Warte betrachtet stellten die großen Schwankungen in der für die Passquerung benötigten Zeit ein erhebliches Koordinationshindernis dar. Es kam immer wieder zu einer Verzögerung der Anschlüsse am Mont Cenis, die sich dann entlang der Route bis in den Hafen von Brindisi fortsetzen konnte. Die mit dem Tunnelbau verbundene Optimierung der Gesamtroute brachte daher zum einen eine Verkürzung der Gesamtreisezeit, die weit über die am Mont Cenis eingesparten Stunden hinausging. Zum anderen lag aber insbesondere im Post-, natürlich aber auch im Personenverkehr eine erhebliche

34 Ebd.

Tugend in der Planbarkeit und Kalkulierbarkeit der Reise. Für die Kolonialverwaltung, für Händler und Investoren, aber bis zu einem gewissen Grad auch für Privatleute war es wichtig zu wissen, wie lange die Informationsflüsse zwischen Europa und Asien dauerten, wann ihre Schreiben ankamen und wann mit Antwort zu rechnen war.

In dieser besseren Berechenbarkeit von Kommunikations- und Transportprozessen liegt auch eines der zentralen Innovationsmomente der Dampftechnologie. Eisenbahnen und Dampfschiffe waren in ihrer Fortbewegung viel weniger von Umweltbedingungen abhängig als dies zuvor der Fall war. Strömungen, Windverhältnisse oder auch die Verfügbarkeit frischer Zugtiere spielten kaum noch eine Rolle. Besonders deutlich wurde dies für den Seeweg. Auch wenn Tyler im obigen Zitat Seepassagen auch 1866 noch als unkalkulierbarer als eine Reise an Land schildert, so hatte mit dem Dampfschiff dennoch bald eine gewisse Regelmäßigkeit und Planbarkeit in den maritimen Verkehr Einzug gehalten – insbesondere auf langen Überfahrten. Es war vor allem diese Planbarkeit und nicht unbedingt die absolute Geschwindigkeit, die von den Zeitgenossen als wichtigste Neuerung der Dampfschifffahrt wahrgenommen wurde. Sichtbar wird dies beispielsweise in einem Bericht, der am 4. April 1857 in der *Times of London* an prominenter Stelle die Rückkehr des Dampfers *Simla* aus Australien feierte. Die *Simla* war Ende 1856 als erstes Dampfschiff nach Australien losgefahren und hatte nun mit ihrer Rückkehr die Möglichkeit einer regulären Dampferlinie in die Antipoden nachgewiesen. Dazu schrieb die *Times*:

> [We] congratulate the public, and in especial the mercantile community. Nothing could have been more injurious to the operations of trade than the extreme uncertainty which has too long characterized our communications with our Australian Colonies. Had there simply been tediousness and delay, so long as the delay and the tediousness were of regular occurrence the inconvenience,

> deplorable enough in all cases, might have been borne; but, with dates, varying from three months and a half to two months, it was well-nigh impossible to use forecast for the future. [...] Our merchants must acquire the satisfactory conviction that they are not venturing their fortunes on a mere hazard when they engage in Australian operations, or else the trade will fall into the hands of mere speculators. Regularity, and then speed, are the necessary conditions of commercial intercourse.[35]

Hier zeigt sich, wie insbesondere auf langen Strecken Regelmäßigkeit und Verlässlichkeit von Kommunikation und Transport als wichtiger wahrgenommen wurden als die reine Geschwindigkeit. Der Artikel in der *Times* schaute dabei hauptsächlich auf die lange Dampfschiffpassage nach Australien, die in diesem Fall noch über Marseille führte. Im Gegensatz zu früheren Fahrten mit dem Segelschiff über die Kaproute war die Fahrt der *Simla* nun berechenbar. Aus dieser Perspektive lässt sich das Beispiel ohne Weiteres auf die Optimierung des europäischen Streckenabschnitts umlegen. Diese wurde in Australien genauestens verfolgt. So berichteten viele australische Zeitungen beispielsweise über Henry W. Tylers Inspektionsmission und seinen Abschlussbericht.[36] Noch während am Mont Cenis gebaut wurde, druckte *The Argus* aus Melbourne eine Empfehlung, die eben per Post aus England eingelangt wäre:

> It is quite worth the while of homeward-bound travellers to take this route [i.e. via Brindisi] into serious consideration. [...] Thus, in comparison with the Marseilles route, there are the advantages of a shortened sea voyage, a saving of from twelve to thirty-six hours in the home journey, and the opportunity of seeing Italy.[37]

35 *O.A.*, The Times of London vom 4. April 1857, 9.

36 Z.B. *o.A.*, South Australian Register vom 1. Dezember 1866, 2; *o.A.*, Sydney Morning Herald vom 19. Oktober 1869, 5.

37 *O.A.*, The Argus vom 4. Juli 1867, 5.

Abbildung 16: Karte des Verlaufs der Eisenbahnroute durch / über den Mont Cenis.

Mit Fertigstellung des Tunnels, so der Briefschreiber, würde sich die Reisezeit weiter verkürzen. Die Durchbohrung des Mont Cenis versprach also eine ganz ähnliche Zunahme von Planbarkeit, wie sie auch im Fall der *Simla* beobachtet worden war. Für die wirtschaftliche Entwicklung der weit entfernten australischen Kolonien war eine solche engere Anbindung an Europa eine überaus positive Aussicht. Ähnliches gilt für Britisch-Indien und andere asiatische Gebiete, die mit Europa in wirtschaftlicher oder kolonialadministrativer Hinsicht eng verflochten waren. Aus dieser Perspektive betrachtet war der Bau des Mont Cenis Tunnels kein regionales, nicht einmal ein europäisches Verkehrsprojekt, sondern war von globaler Bedeutung (Abb. 16). Damit ist der Tunnelbau in unmittelbarer Verbindung mit dem Aufkommen der Dampfschifffahrt, dem Ausbau des europäischen Eisenbahnsystems, dem Bau des Suezkanals und diversen kleineren Infrastrukturprojekten wie etwa dem Ausbau des Hafens von Brindisi zu sehen. Nur in einem solchen integrierten Kontext können wir die Gründe für den Tunnel und dessen übergeordnete Bedeutung überhaupt einordnen. Die einzelnen Entwicklungen, Bauten und Infrastrukturprojekte hängen zusammen, bedingen und beeinflussen sich gegenseitig, teilweise über erhebliche Distanzen hinweg. Ein starkes strukturelles Wirken wird hier deutlich. So hat etwa die Entscheidung, in Ägypten einen Kanal zu graben, ganz konkrete und kaum zu übersehende Auswirkungen auf die Abläufe in den Alpen. Der Bau des Mont Cenis Tunnels bietet uns damit ein sehr schönes Beispiel, an welchem wir das Wirken entstehender globaler Strukturen (in diesem Fall Infrastrukturen) in ihrer Logik nachvollziehen können.

Die *Mont Cenis Pass Railway*

Der Versuch, den Mont Cenis als globales Verkehrshindernis zu überwinden, weist allerdings noch eine Besonderheit auf. Denn parallel zur kostspieligen und technisch aufwändigen Durchbohrung des Bergmassivs lief für einige Jahre noch eine andere Unternehmung, die mit unterschiedlichem Instrumentarium ganz Ähnliches zu erreichen suchte. William Simpson blickte in seinem bereits zitierten Bericht über seine Chinareise, im Zuge derer er 1872 bereits den Tunnel durchquerte, auch auf eine frühere Reise zurück, die ihn ebenfalls über den Mont Cenis geführt hatte – allerdings mit anderen Mitteln. Er schrieb:

> I had spent Christmas Day of 1868 in St. Michel, and I remember it as a very pleasant time. There was then a small English colony composed of the gentlemen who managed the Fell Railway over Mont Cenis. […] The French railway ended at that date at St. Michel, and the Fell line began.[38]

Die Eisenbahn, auf die Simpson hier verweist, hatte ihren Namen vom britischen Ingenieur John Barraclough Fell, der ein neuartiges Antriebssystem für Eisenbahnlinien mit großen Steigungen entwickelt und dies 1864 erfolgreich auf einem steilen Abschnitt der *Cromford and High-Peak Railway* in Derbyshire getestet hatte. Fell wollte eine auf diesem System basierende Linie über den Mont Cenis errichten und legte seine Pläne der zuständigen italienischen Kommission vor, die den Plänen schließlich zustimmte. Der britische Ingenieur tat sich in der Folge mit Investoren zusammen.[39] Zwischen 1866 und 1868 wurden etwa 80 Kilometer Schiene zumeist entlang der Passstraße über den Mont Cenis gelegt (Abb. 17).[40] Der britische Journalist und Alpinist Edward Whymper, der vor allem durch die Erstbesteigung des Matterhorns 1865 Berühmtheit erlangte, schilderte die Passeisenbahn in seinem 1871 erschienen *Scrambles Amongst the Alps* ausführlich:

> The fell railway follows the great Cenis road very closely, and diverges from it only to avoid villages or houses, or, as at the summit of the pass on the Italian side, to ease the gradients. The line runs from St. Michel to Susa. […] From St. Michel to the summit of the pass it rises 4460 feet, or 900 feet more than the highest point of Snowdon is above the level of the sea; and from the summit of the pass to Susa, a distance less than that from London to

38 *Simpson*, Meeting the Sun, 10–11.
39 *Peters*, Building, 155.
40 *Philip J. G. Ransom*, The Mont Cenis Fell Railway. Truro 1999, 33.

Abbildung: 17: Verlauf der Mont Cenis Pass Railway.

> Kew, it descends no less than 5211 feet! The railway itself is a marvel.[41]

Die entsprechenden Pläne wurden bereits vor Baubeginn mit großem Interesse verfolgt. Captain Tyler, der ein Jahr später seinen umfassenderen Bericht zur Postroute nach Indien vorlegen sollte, befasste sich zuvor bereits mit der Praktikabilität einer solchen Passeisenbahn und bescheinigte Fells Vorhaben Praxistauglichkeit. Das Interesse der Öffentlichkeit war so groß, dass Tylers technischer Bericht im Juni 1865 in voller Länge in der *Times of London* abgedruckt wurde.[42] Wenige Seiten später in derselben Ausgabe fragte sich die *Times* angesichts des vielversprechenden Projekts und der positiven Einschätzung Tylers sogar, ob der Bau des Tunnels dann überhaupt notwendig gewesen sei:

---

41 *Edward Whymper,* Scrambles amongst the Alps in the Years 1860-69. London/Murray 1871, 49–50.

42 *O.A.*, The Times of London vom 29. Juni 1865, 6.

> It is rather too late now to raise the question, at any rate in the case before us, but [Tyler's] Report will certainly suggest an inquiry whether the Mont Cenis Tunnel was required at all. No doubt, when finished, it will make the line far more complete and the journey more expeditious, but the cost will be immense.[43]

Auch in dieser kritischen Frage zur Sinnhaftigkeit des Tunnels selbst scheint der zentrale Nutzen, den man sich von einer Überwindung des Mont Cenis erhoffte, durch. Zwar freute sich der Schreiber darauf, wenn mit dem Tunnel die Linie komplett und die Reise „more expeditious" sein würde, er war aber nicht überzeugt, ob sich der Bau dafür lohnen würde. Die Planbarkeit und Anschlussfähigkeit des Reiseabschnitts würde auch mit der Passeisenbahn gegeben sein. Allerdings stellt sich immer noch die Frage, warum man angesichts des fortschreitenden Tunnelbaus überhaupt noch das nicht zu unterschätzende Projekt einer Eisenbahn über den Pass anschob. In seinem Bericht aus dem Jahr 1866 schätzte Henry Tyler für beide Projekte den ungefähren Zeitpunkt der Fertigstellung. Zwar verwies er in beiden Fällen – insbesondere aber hinsichtlich des Tunnels – auf die Unvorhersehbarkeit der Bauprozesse. Dennoch aber traute er sich, zumindest grobe Einschätzungen abzugeben. Im Bezug auf die Passeisenbahn schrieb Tyler in seinem Bericht:

> The printed prospectus of the company refers to the 1st May 1867 as the date on which this railway is to be opened throughout from St. Michel to Susa for public traffic, and the calculations of the directors have been based upon that supposition; but to this end the line and works from Lanslebourg to Molaret, 27 kilometres over the mountain, must be completed before the mountain is covered with snow in the autumn of this year[.][44]

43 Ebd., 11.

44 *Tyler*, Eastern Mails, 7.

Aus diesen Worten wird deutlich, dass Tyler eine Verzögerung um ein Jahr für durchaus möglich hielt. So kam es mit der Eröffnung im Jahr 1868 schließlich auch. Hinsichtlich des Tunnels sollte sich seine Einschätzung ebenfalls als recht akkurat erweisen. In fachmännischer Abwägung aller technischen Faktoren datierte Tyler die frühestmögliche Eröffnung des Tunnels auf Ende 1871[45] und wurde damit von der Realität nur um wenige Monate überholt. Tylers Angaben sind insofern interessant, als sie zeigen, dass man sich Mitte der 1860er-Jahre über den ungefähren Zeitpunkt der Eröffnung des Tunnels bereits im Klaren war und auch eine gute Idee bezüglich der Fertigstellung der Passeisenbahn hatte. Es musste demnach allen Beteiligten – Ingenieuren und Investoren ebenso wie den Konzessionsgebern – klar gewesen sein, dass die Passeisenbahn bestenfalls fünf Jahre betrieben werden würde. Sobald der Tunnel befahrbar war, würde niemand mehr den längeren, teureren und anstrengenderen Weg über den Berg wählen. In Wirklichkeit sollten es schließlich nur drei Jahre von 1868 bis 1871 werden, in denen die Eisenbahn über den Mont Cenis in Betrieb war.

Für die Verantwortlichen aber stellte der temporäre Charakter der Unternehmung deren Sinnhaftigkeit nicht in Frage. Zu überzeugt waren sie von der Notwendigkeit einer zügigen Lösung. Eisenbahninspekteur Tyler zweifelte, wie gesagt, nicht an der Praktikabilität der Passeisenbahn. Aber auch Eugène Flachat, ein französischer Ingenieur, der seit Jahren mit der Überwindung des Mont Cenis beschäftigt war, stellte während der schon fortgeschrittenen Tunnelgrabung fest:

> D'accord avec nous que les passages des Alpes ne doivent être abandonées aux lenteurs d'exécutions et aux éventualités des projets en voie d'exécution, qu'il faut une solution immédiate, fût-elle provisoire, et qu'en conséquence il ne faut pas hésiter à passer les cols à ciel ouvert[.][46]

45 Ebd., 8–9.

46 *Flachat Memoire,* zitiert nach *Peters,* Building, 155, Fußnote 173.

Flachat hielt es also für nötig, die wichtige Querung der Alpen nicht nur mittels eines langwierigen und gefährlichen Tunnelbaus zu bewerkstelligen, sondern eine unmittelbare, wenn auch provisorische Lösung für das Problem zu finden. Ganz ähnlich sah das ein Korrespondent der *Times of London*, der direkt aus Lanslebourg berichtete. Sein dort bereits am 2. Juli verfasster Bericht wurde erst vier Wochen später am 29. Juli 1865 in der *Times* veröffentlicht und machte die Rolle der Passeisenbahn in einem größeren verkehrstechnischen Ensemble klar:

> As far then, as my opportunities and capacity permitted, I have examined, and with intense interest, the works of the tunnel and the railway on Mont Cenis, and have come to this conclusion, that so far from being rivals, they are necessary coadjutors, the one to the other. Such is the feeling which animates all concerned with the railway. The gigantic enterprise of piercing the mountain, and the means employed to effect the object, embody the highest poetry of genius. But when will this triumph of engineering be completed? Fresh obstacles may arise, and years may pass before that event takes place, and in this age, when infants go at a gallop, other lines of transit will be found, and the commerce which should have enriched the countries on either side Mont Cenis will be diverted into other channels. It cannot be long before the railway from Nice to Genoa is completed, and then, when a comparatively easy and rapid communication is opened from Marseilles to the north of Italy, what will become of the tunnel? It will remain a useless marvel.[47]

Für den Korrespondenten war die Passeisenbahn damit hauptsächlich ein Provisorium, das zwei grundlegende Ziele hatte: zum einen eine regelmäßige Verbindung über den Mont Cenis zu ge-

47 *O.A.*, The Times of London vom 29. Juli 1865, 10.

währleisten, solange der Tunnel noch nicht fertig war; und dadurch in dieser Zeit zum anderen die Attraktivität der Gesamtstrecke aufrechtzuerhalten, damit sich der Bau des Tunnels schließlich auch lohnen würde. Diese Einschätzung spiegelt deutlich den Geist einer Zeit wider, in der angesichts des ungeahnten und vor allem rasanten technischen Fortschritts – „when infants go at a gallop“ – mit stetigem Wandel zu rechnen war. Aus heutiger Sicht darf man in Zweifel ziehen, dass es mit Blick auf die erheblichen Reise- und Transporterleichterungen durch den Tunnel die Passeisenbahn tatsächlich gebraucht hätte, um die Gesamtstrecke für den Tunnel sozusagen warm zu halten.

Hinsichtlich der effizienten, regelmäßigen Querung der Alpen bis zur Tunneleröffnung allerdings leistete die Fell-Eisenbahn tatsächlich Beachtliches. Wie unter anderem auch aus Edward Whympers detaillierter Beschreibung hervorgeht, war die Zugfahrt über den Pass nicht nur eine beachtenswerte Ingenieursleistung, sondern auch für die Passagiere nicht unaufregend. Die steilen Anstiege und vielen scharfen Kehren machten Eindruck:

> [O]ne looks down some three or four thousand feet of precipice and steep mountain-side. The next moment the engine turns suddenly to the left, and driver and stoker have to grip firmly to avoid being left behind; the next it turns as suddenly to the right; the next, there is an accession or diminution of speed from a change in the gradient. An ordinary engine, moving at fifty miles an hour, with a train behind it, is not usually very stead, but its motion is a trifle compared with that of a Fell engine when running down hill.[48]

Selbst das Personal hatte offensichtlich Respekt vor den Anforderungen der Strecke. Whymper erinnerte sich an ein Gespräch, das er mit einem der Zugführer geführt hatte. Dieser habe zu ihm gesagt:

48 *Whymper*, Scrambles, 52–53.

> Yes, mister, they told us as how the line was very steep, but they didn't say that the engine would be on one curve, when the fourgon was on another, and the carriages was on a third. Them gradients, too, mister [...] they didn't say as how we was to come down them in that snakewise fashion. It's worse than the [Great Indian Peninsular Railway], mister: there a fellow could jump off, but here, in them covered ways, there ain't no place to jump to.[49]

Den erheblichen Anforderungen der Strecke zum Trotz funktionierte die Passeisenbahn insgesamt aber recht zuverlässig. Es geschahen nur sehr wenige Unfälle. Nicht ohne Stolz berichtete Fell beim jährlichen Treffen der *British Association for the Advancement of Science* im September 1870 über die bisherige Bilanz.[50] In zwei Jahren und drei Monaten hätten die Züge bereits mehr als 100.000 Passagiere über die Alpen transportiert. Die Post aus und nach Asien, die seit September 1869 von der *Mont Cenis Railway* übernommen wurde, sei immer zuverlässig und ohne nennenswerte Verzögerungen übergeben worden.

> Since the month of September last it has carried the accelerated Indian mail, and by the service thus established the delivery of the Indian mail in London viâ Marseilles has been anticipated by the Brindisi and Mont-Cenis route by about thirty hours. The ordinary mails between France and Italy have been carried by the Mont-Cenis Railway since its opening, and one night of travelling has been cut of the journey between Paris and Turin.[51]

Die meiste Zeit ihres Bestehens konnte die Eisenbahn trotz so mancher zum Beispiel durch starke Schneefälle oder Über-

49 Ebd., 54–55.
50 *O.A.*, Report of the British Association of the Advancement of Science. London 1871, 216–218.
51 Ebd., 217.

schwemmungen verursachter Schwierigkeiten profitabel betrieben werden.[52] Das änderte aber nichts daran, dass die Eröffnung des Tunnels im September 1871 auch das Ende der Passeisenbahn bedeutete. Zwar hatte die *Illustrated London News* bei Baubeginn noch davon geträumt, dass der Weg über den Mont Cenis auch nach der Tunneleröffnung weiter von vielen Reisenden bevorzugt werden würde.[53] Aber mit Ende 1871 bestand keine ausreichende Nachfrage mehr für die Dienste der Passeisenbahn, auch wenn für so manchen die aufregende Zugfahrt über die Alpen attraktiver gewesen sein mag als die vergleichsweise unspektakuläre Reise durch den Tunnel. Ebenso erfolgte nun der Transport der *Eastern Mail* durch den Tunnel. Angeblich boten die Betreiber die Eisenbahn den lokalen Kommunen zur Übernahme an, was diese aber ausschlugen.[54] Schließlich wurde die Infrastruktur wieder abgebaut und die verwertbaren Teile an andere Linien verkauft. Heute zeugen vor allem für den Schutz vor Lawinen gedachte Streckenüberbauungen entlang der Passstraße noch von dem kurzlebigen Unterfangen.

Akteure und Strukturen

Die temporäre Natur der Passeisenbahn war allen daran Beteiligten zu jeder Zeit bewusst. Auch die Regierungskonzession für den Bau und Betrieb der Strecke war nur bis zur Eröffnung des Tunnels ausgestellt worden.[55] Selbst für die optimistischsten Geldgeber musste daher jederzeit klar gewesen sein, dass es sich bei dieser Unternehmung um ein finanziell hochriskantes Projekt handelte, das trotz jährlicher Gewinne die Baukosten wohl kaum einspielen würde können. Dass die Eisenbahn dennoch finanziert und gebaut wurde, ist im Wesentlichen auf das Wirken überregionaler

52 *Ransom*, Fell Railway, 57; *Peters*, Building, 157.
53 *O.A.*, Illustrated London News vom 10. Februar 1866, 146.
54 *Ransom*, Fell Railway, 62.
55 *O.A.*, British Association, 216.

Strukturen zurückzuführen. Der Mont Cenis trennte eben nicht nur Savoyen vom Piemont oder später Frankreich von Italien. Aus verkehrstechnischer und damit auch aus britisch-imperialer Sicht trennte er auch Europa von Asien. Hier bildeten die Alpen natürlich nur eines von vielen formidablen Hindernissen. Von England aus betrachtet schoben sich – wenn man an die schnellstmögliche Route denkt – der Ärmelkanal, das europäische Festland (mit den Alpen), das Mittelmeer, die Landenge in Ägypten, das Rote Meer und schließlich das Arabische Meer zwischen das Mutterland und die wichtigste Kolonie Indien. Die meisten dieser Kommunikations- und Transporthindernisse waren aber im Laufe des 19. Jahrhunderts auf die eine oder andere Art überwunden worden. Eisenbahnen durchmaßen in regelmäßigem Takt und unabhängig von tierischer Energie den Kontinent. Dampfschiffe kreuzten unabhängig von Wind, Wetter oder Strömungen die Meere und machten pünktliche, planbare Abfahrten und Ankünfte im maritimen Langstreckenverkehr möglich. Der Bau des Suezkanals versprach, alsbald auch die ägyptische Wüste ohne Umstieg durchqueren zu können. Züge und Schiffe konnten dank der Dampfkraft nach regelmäßigen, aufeinander abgestimmten Fahrplänen verkehren. Auf der Route nach Indien – ebenso wie auf vielen anderen wichtigen Strecken – bildete sich im Laufe des 19. Jahrhunderts eine integrierte Transport- und Kommunikationskette. Ab der Mitte des Jahrhunderts wurde deutlich, dass die Alpen bald das letzte verbleibende Großhindernis auf dieser Route sein würden. Die Unberechenbarkeit der Alpenquerung (besonders im Winter) beeinflusste die logistische Abstimmung der gesamten Kette. Der Mont Cenis wurde so zum sprichwörtlichen schwächsten Glied, das es zu stärken galt.

Weit entfernte Entwicklungen in der ägyptischen Wüste oder im Hafen von Brindisi, an Orten, die normalerweise wenig Bezug zu den schneebedeckten Alpengipfeln hatten, wirkten strukturell zurück und brachten Akteure in ganz unterschiedlichen Regionen und Kontexten in direkten Bezug zueinander. In der Passeisenbahn manifestiert sich diese strukturelle Verflechtung angesichts des provisorischen Charakters der Strecke ganz besonders deutlich. Aber auch den Bau des Tunnels – immerhin ein europäisches Großprojekt bisher nicht gekannten Ausmaßes – können wir hinsichtlich der damit verbundenen Entscheidungsprozesse nur eingebettet in einen größeren strukturellen Kontext verstehen. Die Pläne und Handlungen ganz unterschiedlicher, zumeist voneinander unabhängiger Akteure wirkten aufeinander. So kam der erste Vorschlag für den Bau eines Tunnels durch den Mont Cenis von Joseph Médail, einem Bauunternehmer. Die Idee wurde im durch die Alpen geteilten Königreich Sardinien-Piemont vom König und einigen einflussreichen Politikern, darunter auch Camillo Benso di Cavour, interessiert aufgenommen. Erster Schwung kam durch die Planung einer Eisenbahnlinie von Genua nach Turin und vor allem durch den belgischen Eisenbahningenieur Jean-Marie Henri Maus in das Projekt.[56] Bis die Idee eines 12 Kilometer langen Tunnels tatsächlich realisierbar war, brauchte es noch die Expertise vieler europäischer Erfinder und Ingenieure. Unter anderem brachte sich der französische Eisenbahnpionier Paulin Talabot, eine zentrale Figur beim Bau des Suezkanals, direkt mit Vorschlägen ein.[57] Schon diese wenigen Beispiele zeigen, dass die Handlungen und Entscheidungen, die schließlich zum Bau des Tunnels führten, von Beginn an mit anderen Schauplätzen und Aktionen eng verwoben waren. Ganz Ähnliches gilt auch für die Passeisenbahn. Hier kam die Initiative zum Bau vor allem von britischen Eisenbahningenieuren, die in ganz Europa – unter anderem auch in Savoyen und Norditalien – an der Errichtung neuer Eisenbahnlinien beteiligt waren. Thomas Brassey, John Barraclough Fell und andere Ingenieure, die vor Ort Erfahrungen gesammelt hatten, brachten den Vorschlag zum Bau der Bahn über den Mont Cenis ein.[58] Klarer als die meisten anderen Menschen spürten sie wohl die Schmerzhaftigkeit der Lücke zwischen den cis- und transalpinen Eisenbahnsystemen. Ihr Vorhaben wäre aber

56 *Peters*, Building, 134–136.
57 Ebd., 143.
58 *Ransom*, Fell Railway, 12–22.

ohne die Kooperation der italienischen Regierung, die Abstimmung mit den Tunnelbauern oder die Unterstützung durch Henry Tylers Berichte so nicht denkbar gewesen.

Die Pläne und Handlungen all dieser und vieler anderer Akteure waren über eine größere Struktur miteinander verwoben – oft ohne dass es den Handelnden selbst in dieser Form bewusst war. Und gleichzeitig schufen sie mit ihren Entscheidungen, Investments, Bauten und Abstimmungen diese Struktur und speisten sozusagen eine Menge an Handlungskapazität ein, die in der Struktur auf eine bestimmte Weise kombiniert und gebündelt wurde. Dadurch erlangte die Struktur selbst – im vorliegenden Fall der Verkehrsweg nach Indien mit all seinen Teilstücken – eine Art von Handlungsmacht. Bei genauerer, analytischer Betrachtung entpuppt sich diese zwar als nichts anderes als die gebündelte, vielleicht reorganisierte *agency* der verwickelten Akteure, das war für selbige in der Situation allerdings kaum zu erkennen. Die Struktur entwickelte ein Eigenleben, leitete menschliche Handlungen.

Redux: Strukturen in der Globalgeschichte

Das Beispiel der Überwindung des Mont Cenis wirft zusätzliches Licht auf globalhistorische Probleme und Fragestellungen. Es macht deutlich, wie transregionale Verbindungen und die daraus gebildeten Strukturen sich auf das lokale Denken und Handeln von Akteuren auswirken können und selbst gleichzeitig Ergebnisse desselben sind. Zwar spielen für den Bau des Tunnels wie auch der Passeisenbahn regionale und nationale Überlegungen eine wichtige Rolle. So sollten nicht nur Savoyen und das Piemont miteinander verbunden werden, sondern später aus dem Projekt auch ein wichtiger Schub für das neugegründete Italien und seine wirtschaftliche und politische Position in Europa hervorgehen. Vollends zu verstehen sind die Handlungen der beteiligten Akteure aber nur, wenn man deren transnationales Wissen ebenso wie ihre überregionalen Interessen im Auge behält. Das beginnt bei den britischen Eisenbahningenieuren, die sich mit zunehmender Verdichtung des heimischen Eisenbahnnetzes nach neuen Auftraggebern auf dem Kontinent umsehen mussten und endet beim Ausbau der Transport- und Kommunikationsroute zwischen England und Indien. Eingebettet in einen solchen globalen Strukturkontext trafen die beteiligten Akteure Entscheidungen, deren Folgen sich lokal in mehreren kleinen Alpendörfern alsbald manifestierten. Nicht nur, dass der Bau des Tunnels und der Passeisenbahn ganz deutliche materielle Spuren in der Region hinterließ: Schienen, Bahnhöfe, Lawinenschutzbauten, ein Loch im Berg. Die Bauarbeiten brachten auch rapiden sozialen Wandel. Hunderte Fremdarbeiter kamen oft für viele Jahre in die Dörfer um das nördliche und südliche Tunnelportal und interagierten mit der ansässigen Bevölkerung. Nach der Fertigstellung des Tunnels lag die Region an einer zentralen europäischen Verkehrsachse, die zum einen ein erhebliches Transitaufkommen, zum anderen aber auch ausländische Gäste in die Gegend brachte.

Im hier diskutierten Beispiel werden weit voneinander entfernte Regionen und ihre jeweiligen Herausforderungen durch die Handlungen von Menschen miteinander verbunden. Diese Handlungen folgen dabei einem bestimmten, immer wieder replizierten Muster. Dadurch entstehen aus den einzelnen Handlungen – zum Beispiel aus den Reisegewohnheiten von Menschen – verfestigte Strukturen, die immer weitere Handlungen nach sich ziehen. Reisende nehmen den Weg, den andere schon genommen haben. Andere Akteure bieten dafür Dienstleistungen an. Sie stellen Fortbewegungsmittel, bieten Unterkünfte oder leisten sonstige Hilfestellungen. All diese und viele andere Einzelhandlungen kommen so zusammen, dass sich für die historischen Akteure Vorteile ergeben, wenn sie nach einem bestimmten Muster handeln. In besonders ausgeprägten Fällen kann daraus sogar ein Handlungszwang hervorgehen. Die Art des Vorteils oder auch des Zwangs kann dabei unterschiedlich sein, zum Beispiel sozial, kulturell oder ökonomisch. Hinsichtlich des Tunnelbaus am Mont Cenis herrschen ökonomische Anreize vor. Das Beispiel ist geprägt von der Suche nach der schnellsten und effizientesten Reise- und Postroute zwischen Europa und Asien. Es ist dieses Streben nach Optimierung, das die Ausbauarbeiten entlang dieser Route aufeinander wirken lässt. Das Potential einzelner Verbesserungen kann nicht voll ausgeschöpft werden, wenn andere Projekte nicht auch realisiert werden. Es entsteht vor allem in ökonomischer Hinsicht ein struktureller Druck, bestimmte Handlungen zu setzen. Verschiedene Schauplätze und Akteure sind durch diesen Druck miteinander verbunden. Strukturen spielen demnach eine substantielle Rolle in der Mechanik globaler Vernetzung.

Das lässt sich auch an anderen in diesem Band besprochenen Fallstudien zeigen. Das vor allem in den Kapiteln zu Raum und Zeit ausführlich besprochene weltweite Telegrafennetzwerk des 19. und frühen 20. Jahrhunderts kann ebenfalls als Beispiel dienen. Auch die telegrafische Kommunikation baut auf einer Infrastruktur auf. Das heißt sie beruht nicht nur auf bestimmten Praktiken, sondern zumindest zum Teil auch auf verfestigten materiellen Grundlagen – in diesem konkreten Fall auf einem globalen Netzwerk von Überlandlinien, Unterwasserkabeln und den dazugehörenden Apparaten und Stationen. Wie bereits geschildert, bot die Telegrafie eine neue Methode der Kommunikation, die auf der Dematerialisierung von Informationsflüssen beruhte und dadurch ihren Nutzern einige Vorteile bot. Die meisten dieser Vorteile waren ökonomischer Natur wie zum Beispiel der schnelle Zugang zu wirtschaftlich relevanten Informationen oder die bessere Kontrolle über Verkehrsmittel wie die Eisenbahn oder das Dampfschiff. Der Telegraf erwies sich aber auch aus militärischer oder administrativer Sicht als hilfreich. Für die Realisierung kommunikativer Vorteile nahmen die Nutzer nun auch viele Nachteile in Kauf. Ein Handeln außerhalb der handlungsleitenden Struktur wurde aus ökonomischer Hinsicht bald schwierig. Die durch die kollektive Nutzung der neuen Technologie geschaffene Struktur entfaltete bald ein scheinbares Eigenleben.

Aber auch jenseits solcher infrastruktureller Beispiele werden in diesem Band an unzähligen Stellen handlungsleitende Strukturen sichtbar, die ganz unterschiedlicher Natur sein können. Die in der Fallstudie über die Fahrt der *Bounty* diskutierten Verflechtungen zwischen der Karibik und dem kolonialen Mutterland beruhen auf verfestigten administrativen Strukturen. Der Mondschwindel baute auf einem strukturellen Wissensfluss zwischen Europa und den Vereinigten Staaten von Amerika auf. Und auch die im anschließenden Kapitel vorgestellte Jagd auf Dr. Crippen fand in einem größeren Rahmen kolonialer Verwaltungsstrukturen statt. In all diesen Fallstudien ist ein Verständnis dieser Strukturen wichtig, um zu verstehen, welche Möglichkeiten historische Akteure in globalen Verflechtungszusammenhängen hatten, wie frei sie in ihren Handlungen tatsächlich waren und welche strukturellen Zwänge sie erlebten. Globale Verflechtungen bilden eine Art von Struktur – nicht nur metaphorisch. Die Frage nach dem Verhältnis von Verflechtungsmustern und globalen Akteuren ist eine ganz zentrale für die Globalgeschichte und führt in analytischer Hinsicht letztlich auf das Verhältnis zwischen Strukturen und Akteuren zurück.

Transit

Die Flucht von Dr. Crippen

Transit in der Globalgeschichte

Globale Verbindungen sind die Grundbeobachtungselemente der Globalgeschichte. Der Begriff der Verbindung wird aber dennoch zumeist deskriptiv und ohne große Reflexion gebraucht und kann daher sein konzeptuelles Potential zu wenig entfalten. In der ersten vorgestellten Fallstudie zum großen Mondschwindel habe ich bereits dargelegt, wie in diesem Zusammenhang die Pluralität von Verbindungen zu berücksichtigen ist und sich aus der Betrachtung des Zusammenspiels bzw. des Spannungsverhältnisses zwischen verschiedenen Verbindungen neue Einsichten über Globalisierungsprozesse gewinnen lassen. Darüber hinaus sollte ein analytisch brauchbares Konzept von Verbindungen aber auch deren Rolle als eigenständige historische Phänomene mit eigenen räumlichen und zeitlichen Ausprägungen adäquat berücksichtigen. Üblicherweise werden Verbindungen von ihren Enden her gedacht. Das heißt, dass das Hauptaugenmerk der Forschung gewöhnlich auf den Akteuren, Orten oder Objekten liegt, die miteinander in Kontakt und Austausch treten. Diese verändern und beeinflussen sich durch die transregionalen Verbindungen, die sie zueinander unterhalten. In dieser Sichtweise sind die Verbindungen selbst dabei nichts anderes als Zwischenglieder (*intermediaries*), wie sie zum Beispiel auch im Rahmen der Akteur-Netzwerk-Theorie beschrieben werden. Sie bringen zwar ihre Endpunkte in Kontakt, wirken dabei aber nur als praktisch neutrale Überträger. Die Verbindungen helfen dabei, die Beziehungen zwischen dem Verbundenen zu rekonfigurieren und entsprechend deren Bedeutung zu verändern, sie schaffen in diesem Zusammenhang selbst aber keine Bedeutung.[1]

1 Vgl. z.B. *Bruno Latour*, Reassembling the Social. An Introduction to Actor-Network-Theory. (Clarendon Lectures in Management Studies.)

Die globalhistorische Forschung mit ihrem zentralen Interesse an der Wirkmächtigkeit von Verbindungen sollte diese aber eben nicht als mehr oder weniger neutrale Zwischenglieder verstehen, sondern eher als Mediatoren (*mediators*), um in der Terminologie der Akteur-Netzwerk-Theorie zu bleiben. Bruno Latour fasst die Funktion von Mediatoren folgendermaßen zusammen: „Mediators transform, translate, distort, and modify the meaning or the elements they are supposed to carry."[2] Das heißt, Mediatoren gestalten das Verhältnis zwischen den verbundenen Elementen entscheidend mit. Aus der Perspektive der Globalgeschichte gilt dies für jede Art von globaler oder transregionaler Verbindung. Solche Verbindungen bringen eben nicht ihre Endpunkte in direkten, unverfälschten Kontakt, sondern schalten sich selbst als Mediatoren dazwischen und haben dadurch erheblichen Einfluss auf die Art und Weise des Kontakts und damit letztlich auf das Verbundene selbst. Wenn man Verbindungen – und im Fall der Globalgeschichte globale oder transregionale Verbindungen – als Mediatoren versteht, so macht dies eine Rekalibrierung des analytischen Fokus globalhistorischer Untersuchungen nötig. Die Verbindung und das Verbundene müssen gleichzeitig und in gegenseitiger Bezugnahme betrachtet werden. Der Transit als distinkte Phase rückt ins analytische Rampenlicht.[3]

Verbindungen verbinden nicht nur, sie sind auch selbst historische Schauplätze. Sie haben eine Dauer, eine zeitliche Dimension. Und sie haben einen eigenen Raum. Verbindungen haben daher immer eine manchmal deutlicher, manchmal weniger deutlich ausgeprägte Phase des Transits, die sich vom Verbundenen abhebt und nach eigenen Regeln funktioniert. Denkt man an den Begriff Transit, so denkt man zumeist an verschiedene Arten von Transitzonen oder Transitgebieten, also an bestimmte Territorien, die

---

Oxford 2005, 39.

2 Ebd.

3 *Martin Dusinberre/Roland Wenzlhuemer,* Editorial – Being in Transit. Ships and Global Incompatibilities, in: Journal of Global History 11/2, 2016, 155–162.

einen hohen Durchgang von Menschen oder Waren erleben und davon bis zu einem gewissen Grad geprägt werden. Als eingängige Beispiele dafür können etwa verschiedene Gebiete in den Alpen oder auch das Gebiet um den Suezkanal dienen, wie auch im Kapitel zu den Strukturen deutlich wurde. Bei diesen und vielen anderen Beispielen liegt der Fokus vor allem auf dem Transitgebiet, also auf dem Ruhenden, und auf den Auswirkungen, die der Durchzug von Menschen oder Waren diesbezüglich hat. Für die Globalgeschichte ist es wichtig, diesen Fokus zu erweitern und auch den Transit selbst in den Blick zu bekommen, also die Phase dieser Bewegung aus der Perspektive des Durchgehenden.

Transit bezeichnet die Zeit und den Raum des Dazwischen. Er ist damit ein eigener historischer Schauplatz, in dem historische Akteure denken, fühlen und handeln; in dem sie prägende Erfahrungen machen; in dem sich Bedeutungen verändern; kurz, in dem das Leben weitergeht – allerdings unter erheblich anderen Bedingungen als an den Endpunkten einer Verbindung. Transit bedeutet nicht Transition. Transit ist kein Übergang im eigentlichen Sinn, keine schrittweise Abwendung vom Ausgangspunkt bei gleichzeitig zunehmender Annäherung an ein Ziel. Vielmehr bezeichnet er einen eigenen Abschnitt, der für seine Akteure und Objekte gekennzeichnet ist durch eine eigentümliche Kombination von Verbindung und Nicht-Verbindung, und der weit über die eigentliche Verbindungsphase hinaus wichtig und prägend sein kann. Die Bedingungen des Transits sind besondere. Sie wirken auf die Verbindung zurück und prägen deren vermittelnde Qualitäten. In welcher Weise eine Verbindung als Mediator funktioniert, ist daher hauptsächlich von den Bedingungen des Transits abhängig. Jede Verbindung hat eine Transitphase – gleich ob es sich um eine globale oder eine lokale, eine lange oder eine kurze, eine langsame oder eine schnelle Verbindung handelt. Man kann das Prinzip auch bei immateriellen, scheinbar fast unmittelbaren Verbindungsarten wie zum Beispiel der Telegrafie erläutern. Nur bestimmte Arten von Informationen eignen sich überhaupt für die telegrafische Übermittlung, andere werden ausgeschlossen.

Oft geht im telegrafischen Transit Kontext verloren. Nachrichten werden verfälscht, verändern sich oder bleiben hängen. Die Transitphase hat also selbst bei scheinbar instantanem Austausch eine Bedeutung als Mediator.

Besonders deutlich und untersuchbar aber wird die Rolle des Transits bei Verbindungen über größere Distanzen, die zudem auf dem materiellen Transport von Menschen oder Dingen aufbauen. Solche Verbindungen verfügen über ausgeprägte räumliche und zeitliche Dimensionen, die einen größeren und unmittelbareren Beobachtungsrahmen eröffnen. So können gehandelte Waren im Transit verderben oder in dieser Phase ihre soziokulturelle Bedeutung grundlegend verändern, wie zum Beispiel im Kapitel über Akteure anhand des Transfers der Brotfrucht von der Südsee in die Karibik deutlich wird. Und auch Reisende verbringen lange Zeit im Transit, zum Beispiel in Zügen oder an Bord eines Schiffes. Sie leben in eng abgegrenzten Räumen, haben nur limitierte Handlungsmöglichkeiten und sind mit einer außergewöhnlichen sozialen Situation konfrontiert.[4] Der Transit wird für solche historischen Akteure damit zu einem distinkten Abschnitt ihres Lebens, der nach ganz eigenen Regeln funktioniert und dadurch auch das Verhältnis zwischen Ausgangs- und Endpunkt, zwischen den Enden der Verbindung nachhaltig beeinflusst.

Schiffspassagen

Inwiefern der Transit seine Akteure und seine Ausgangs- wie Endpunkte beeinflusst, versuche ich im Folgenden mit Hilfe einer außergewöhnlich prägnanten Fallstudie herauszuarbeiten. Die

4 Vgl. *Roland Wenzlhuemer/Michael Offermann*, Ship Newspapers and Passenger Life aboard Transoceanic Steamships in the Late Nineteenth Century, in: Transcultural Studies 8/1, 2012, 79–80; *Johanna de Schmidt*, This Strange Little Floating World of Ours. Shipboard Periodicals and Community-Building in the ‚Global' Nineteenth Century, in: Journal of Global History 11/2, 2016, 229–250.

Hauptprotagonisten befanden sich dabei im Transit auf einem interkontinental verkehrenden Dampfschiff. Das Beispiel stammt somit aus dem größeren Bereich der maritimen Geschichte. Durch seinen starken Fokus auf maritimen Handel und Kommunikation spielt dieses Feld eine wichtige Rolle in der Globalgeschichte. Regionale und transregionale Verbindungen, etwa in der Form von Schiffspassagen, sind zentrale Untersuchungsgegenstände für die maritime Geschichte. Auch dort verweilt der analytische Blick aber häufig auf den Enden dieser Passagen und man setzt sich eher mit dem Verbundenen als mit der Verbindung selbst auseinander. Als Beispiel kann hier das ausgeprägte Interesse des Feldes an Hafenstädten[5] als archetypischen Kontaktzonen und Schmelztiegeln dienen. Häfen sind wichtige Portale für transregionalen Handel, Mobilität und intellektuellen Austausch und damit nahezu ideale Orte, um zu untersuchen, was passiert, wenn verschiedene Kulturen miteinander in Kontakt treten. Das Interesse der maritimen Geschichtsforschung ist aber nicht exklusiv auf die Häfen gerichtet geblieben. Um den analytischen Horizont zu erweitern und Hafenstädte in einen breiteren regionalen Kontext einzubetten, hat man sich dem Konzept der *seascape*[6] zugewandt, das im Kern

5 Vgl. z.B. *Dilip K. Basu* (Hrsg.), The Rise and Growth of the Colonial Port Cities in Asia. (Monograph Series/Center for South and Southeast Asia Studies, Bd. 25.) Lanham 1985; *Frank Broeze* (Hrsg.), Brides of the Sea. Port Cities of Asia from the 16th-20th Centuries. Honolulu 1989; *Ders.* (Hrsg.), Gateways of Asia. Port Cities of Asia in the 13th-20th Centuries. London 1997; *Gordon Jackson/Lewis R. Fischer/Adrian Jarvis* (Hrsg.), Harbours and Havens. Essays in Port History in Honour of Gordon Jackson. (Research in Maritime History, Bd. 16.) St. John's 1999; *Sandip Hazareesingh*, Interconnected Synchronicities. The Production of Bombay and Glasgow as Modern Global Ports c. 1850-1880, in: Journal of Global History 1/4, 2009, 7–31.

6 *Brigitte Reinwald/Jan-Georg Deutsch* (Hrsg.), Space on the Move. Transformations of the Indian Ocean Seascape in the Nineteenth and Twentieth Centuries. (Arbeitshefte Zentrum Moderner Orient, Bd. 20.) Berlin 2002; *Jeremy H. Bentley/Renate Bridenthal/Kären Wigen* (Hrsg.), Seascapes. Maritime Histories, Littoral Cultures, and Transoceanic Exchanges. (Perspectives on the Global Past.) Honolulu 2007.

auf eine durch das Meer verbundene Region verweist. Fernand Braudels Idee einer durch das Mittelmeer verbundenen mediterranen Welt diente dabei als Inspiration.[7] In den letzten Jahrzehnten hat man das Konzept aber beispielsweise auch auf die Küsten des Atlantischen[8] und des Indischen Ozeans[9] übertragen. Sowohl Häfen wie auch die *seascapes*, zu denen sie gehören, sind eingebettet in ein dichtes Netz von transregionalen Verbindungen, die dort beginnen oder enden. Diesem Umstand trägt die maritime Forschung natürlich auch Rechnung.[10] Dennoch hat ihr analytischer Fokus lange Zeit auf den Küsten gelegen, auf den Kontaktzonen, die von diesen transozeanischen Verbindungen hervorgebracht werden. Schiffspassagen sind in diesem Zusammenhang häufig nur als Zwischenglieder betrachtet worden, die A und B in Kontakt bringen. Sie sind kaum als eigene historische Schauplätze gesehen worden. Trotz der wichtigen Rolle von globalen Verbindungen für das Feld, hat auch die maritime Geschichte ihr Erkenntnisinte-

---

7 *Fernand Braudel*, La Méditerranée et le Monde Méditerranéen à l'Époque de Philippe II. Paris 1949.

8 *Kevin O'Rourke/Jeffrey Williamson*, Globalization and History. The Evolution of a Nineteenth Century Atlantic Economy. Cambridge 1999; *Peter Linebaugh/Marcus Rediker*, The Many-Headed Hydra. Sailors, Slaves, Commoners, and the Hidden History of the Revolutionary Atlantic. Boston 2000; *David Armitage/Michael Braddick* (Hrsg.), The British Atlantic World, 1500-1800. Basingstoke 2002; *Paul Gilroy*, The Black Atlantic. Modernity and Double-Consciousness. 3. Aufl. London 2002; *Marcus Rediker*, Villains of all Nations. Atlantic Pirates in the Golden Age. Boston 2004.

9 *Kenneth McPherson*, The Indian Ocean. A History of People and the Sea. Oxford 1993; *Michael Pearson*, The Indian Ocean. London 2003; *Sugata Bose*, A Hundred Horizons. The Indian Ocean in the Age of Global Empire. Cambridge 2006; *Himanshu Ray/Edward Alpers* (Hrsg.), Cross Currents and Community Networks. The History of the Indian Ocean World. Oxford 2007; *Markus Vink*, Indian Ocean Studies and the New ‚Thalassology', in: Journal of Global History 2/1, 2007, 41–62; *Pier Larson*, Ocean of Letters. Language and Creolization in an Indian Ocean Diaspora. Cambridge 2009.

10 Zuletzt etwa *Michael B. Miller*, Europe and the Maritime World. A Twentieth Century History. Cambridge 2012.

resse lange hauptsächlich auf Ausgangs- und Zielpunkt, auf Anfang und Ende einer Verbindung konzentriert. Erst in den letzten Jahrzehnten hat es die ersten Versuche einer Rekalibrierung dieser Perspektive gegeben. In verschiedenen Untersuchungszusammenhängen und insbesondere im Kontext von Studien über den maritimen Sklavenhandel hat man begonnen, dem Schiff und der Passage selbst mehr Aufmerksamkeit zu widmen. Die historischen Akteure auf Schiffen – Seemänner, Piraten oder Sklaven – und ihr Leben an Bord sind dabei zunehmend in den Vordergrund gerückt.[11] Viele dieser Untersuchungen haben das Schiff als eigenständigen historischen Schauplatz und die Schiffspassage als prägenden Abschnitt im Leben der Akteure identifiziert.

Schiffspassagen haben eine ausgeprägte räumliche und zeitliche Dimension, die durch den Raum des Schiffs und die Dauer der Passage definiert wird. Das macht es einfacher zu erkennen, dass

---

11 Die meisten dieser Studien beschäftigen sich entweder mit dem professionellen Leben der Crew, mit Piraten oder mit der Bedeutung der sogenannten *middle passage* im interkontinentalen Sklavenhandel. Vgl. z.B. *Linebaugh/Rediker*, Many-Headed Hydra; *Jonathan Hyslop*, Steamship Empire. Asian, African and British Sailors in the Merchant Marine c. 1880–1945, in: Journal of Asian and African Studies 44/1, 2009, 49–67; *Frances Steel*, Oceania under Steam. Sea Transport and the Cultures of Colonialism, c. 1870–1914. Manchester 2011; *Marcus Rediker*, Between the Devil and the Deep Blue Sea. Merchant Seamen, Pirates and the Anglo-American Maritime World, 1700–1750. Cambridge 1993; *Ders.*, Villains of all Nations; *Michael Kempe*, Fluch der Weltmeere. Piraterie, Völkerrecht und Internationale Beziehungen, 1500-1900. Frankfurt am Main 2010; *Ders.*, ‚Even in the Remotest Corners of the World'. Globalized Piracy and International Law, 1500–1900, in: Journal of Global History 5/3, 2010, 353–372; *Emma Christopher/Cassandra Pybus/Marcus Rediker* (Hrsg.), Many Middle Passages. Forced Migration and the Making of the Modern World. Berkeley 2007; *Maria Diedrich/Henry L. Gates/Carl Pedersen* (Hrsg.), Black Imagination and the Middle Passage. Oxford 1999; *Marcus Rediker*, The Slave Ship. A Human History. London 2007; *Stephanie E. Smallwood*, Saltwater Slavery. A Middle Passage from Africa to American Diaspora. Cambridge 2007; *Paul Ashmore*, Slowing Down Mobilities. Passengering on an Inter-War Ocean Liner, in: Mobilities 8/4, 2013, 595–611.

die Verbindung nicht mit dem Verbundenen verwechselt oder zusammengefasst werden darf. Selbst zur Blütezeit der Dampfschifffahrt brauchten interkontinentale Überfahrten ihre Zeit. Im späten 19. Jahrhundert hatte ein ganzes Bündel technischer Innovationen die durchschnittliche Dauer solcher Schiffspassagen dramatisch verkürzt. Und dennoch mussten Passagiere und Besatzung zum Beispiel auf der Reise von Europa nach Indien zumindest drei bis vier Wochen zusammen an Bord verbringen. Selbst auf der vielbefahrenen Route über den Nordatlantik dauerte eine Überfahrt von Europa nach Amerika um die zehn Tage. Diese Zeit an Bord war keine „tote Zeit". Die Passagiere gingen während der Passage nicht in den Standby-Modus.[12] Im Gegenteil, das Leben ging weiter. Passagiere und Besatzung teilten im Transit für geraume Zeit den abgegrenzten Raum des Schiffs. Interaktion und Austausch waren praktisch unvermeidbar. Ganz unabhängig von persönlichem Hintergrund oder sozialem Status waren die Menschen an Bord neuen, oft unangenehmen körperlichen Erfahrungen ausgesetzt.[13] Neue soziale Netzwerke entstanden auf dem Schiff,[14] die in vielen Fällen die Zeit der Überfahrt lange überdauerten. Vom Land abgeschnitten, wurden Schiffe zu Räumen mit eigenen Regeln, zu Räumen der Grenzüberschreitung ebenso wie der Konformität.[15] Im Transit der Schiffspassage können wir daher die Rolle von Verbindungen als Mediatoren besonders deutlich untersuchen.

Wie alle Verbindungen existieren aber auch Schiffspassagen in Referenz oder Differenz zu anderen Formen globaler Verbindungen, wie ich dies bereits im Kapitel über den Mondschwindel anhand der Pluralität von Verbindungen dargelegt habe. So wurden Telegrafenkabel häufig entlang von wichtigen Schiffsrouten

12 *Wenzlhuemer/Offermann*, Ship Newspapers and Passenger Life.

13 *Tamson Pietsch*, Bodies at Sea. Travelling to Australia in the Age of Sail, in: Journal of Global History 11/2, 2016, 209–228.

14 *Leonard Woolf*, Growing. An Autobiography of the Years 1904 to 1911. London 1961, 12.

15 Vgl. dazu u.a. *de Schmidt*, This Strange Little Floating World of Ours.

verlegt. Eisenbahnen verbanden Hafenstädte mit dem Hinterland. Oder aber Funksignale „flüsterten“[16] wie im hier diskutierten Fallbeispiel über die Weltmeere. Schiffspassagen waren in eine Vielzahl von verschiedenen Verbindungen eingebettet und die besondere Qualität des Transits entstand aus deren Zusammenspiel. Das wird besonders deutlich, wenn man sich ansieht, auf welch unterschiedliche, scheinbar paradoxe Weise die Menschen an Bord zum Rest der Welt in Beziehung standen. Auf der einen Seite schuf das Schiff dadurch, dass es Menschen, Waren, Tiere oder Ideen durch die Welt transportierte, selbst globale Verbindungen. Schiffspassagen waren und sind demnach grundlegende Bausteine von Globalität und Globalisierung. Auf der anderen Seite aber war das Schiff während der Überfahrt auf offener See in vielerlei Hinsicht ein geschlossener Raum. Seine Verbindung zum Rest der Welt war dünn, fragil. Bevor die Funktechnologie Anfang des 20. Jahrhunderts auf den großen Dampfern verfügbar wurde, bestand der einzige Kontakt, den ein Schiff auf hoher See mit der Außenwelt hatte, aus kurzen Unterhaltungen mit eventuell vorbeifahrenden Schiffen. Selbst mit einem Funktelegrafen an Bord stellte sich die Verbindung zur Welt, wie in der Folge zu sehen sein wird, als von geringer Kapazität und in so mancher Hinsicht störungsanfällig heraus. Passagiere und Besatzung auf solchen interkontinentalen Passagen schufen daher einerseits globale Verbindungen, während ihr eigener Kontakt zur Außenwelt gleichzeitig von einer fragilen, schnell changierenden Kombination aus Verbindung und Nicht-Verbindung abhing.

Schiffspassagen sind daher gute Fallbeispiele, um der soziokulturellen Bedeutung des Transits nachzuspüren. Sie haben eine ausgeprägte räumliche und zeitliche Dimension und eignen sich daher gut als Untersuchungsrahmen. Und es wird deutlich, wie ihre Einbettung in eine Vielzahl unterschiedlicher Verbindungen die Bedingungen des Transits schafft. Im Folgenden soll ein berühmt-berüchtigter Mordfall, der sich Anfang des 20. Jahrhunderts in

16 *O.A.*, Daily Mirror vom 27. Juli 1910, 7.

London ereignet hat, als Brennglas dienen. Dabei verschiebt sich die Perspektive auf das Verbrechen von der britischen Hauptstadt heraus auf ein Dampfschiff mitten auf dem Atlantik und damit auf die in diesem Fall besonders spezielle Situation des Transits. Räumlichkeit und Zeitlichkeit des Transits werden in diesem Beispiel unmittelbar spürbar, ebenso wie die wechselhafte, manipulierbare Verbindung zwischen dem Schiff und der Welt.

Der Crippen-Fall

Im Sommer des Jahres 1910 hielt ein außergewöhnlicher Mordfall London in Atem.[17] Cora Crippen, eine ehrgeizige, aber weitgehend erfolglose Sängerin, die unter dem Künstlernamen Belle Elmore in *music halls* auftrat, wurde seit Anfang des Jahres vermisst. Schließlich wurde ihre Leiche vergraben im Kohlenkeller ihres Hauses in Nordlondon gefunden. Cora war die zweite Frau von Hawley Harvey Crippen, eines homöopathischen Arztes aus New York. Nachdem dieser seine dortige Praxis hatte schließen müssen, nahm er eine Stelle bei der Firma *Munyon's* an. *Munyon's* stellte homöopathische Arzneimittel her und schickte Dr. Crippen 1897

17 Wenn nicht anders vermerkt, so basiert die Rekonstruktion von Crippens Biografie und die Schilderung des Mordfalls auf *Filson Young*, The Trial of Hawley Harvey Crippen. Edinburgh 1950; *Julie English Early*, Technology, Modernity and ‚The Little Man'. Crippen's Capture by Wireless, in: Victorian Studies 39/3, 1996, 309–337; *Jonathan Goodman*, The Crippen File. London 1985; *Nicolas Connell*, Walter Dew. The Man who Caught Crippen. Stroud 2005; *Ders.*, Dr. Crippen. The Infamous London Cellar Murder of 1910. Stroud 2013; *Martin Fido*, Crippen, Hawley Harvey (1862–1910), in: Oxford Dictionary of National Biography 2004. Version Januar 2011, in: URL = <http://www.oxforddnb.com/view/article/39420> (letzter Zugriff: 21.06.2016); *Tom Cullen*, Crippen. The Mild Murderer. London 1977; *Erik Larson*, Thunderstruck. New York 2007; *O.A.*, Trial of Crippen, Hawley Harvey. October 1910, in: Old Bailey Proceedings Online. Version 7.2, in: URL = <http://www.oldbaileyonline.org/browse.jsp?id=def1-74-19101011&div=t19101011-74> (letzter Zugriff: 21.06.2016).

nach London, um dort eine neue Zweigstelle aufzubauen. Cora begleitete ihren Mann nach Europa und begann dort, an ihrer Karriere als Sängerin zu arbeiten. Der Doktor unterstützte seine Frau dabei nach Kräften und vernachlässigte dafür seinen eigenen Beruf, sodass er 1899 *Munyon's* verlassen musste. Zwei Jahre später fand er eine neue Stelle beim zweifelhaften *Drouet's Institute for the Deaf*, das dubiose Wundermittel an Gehörlose verkaufte. Dort lernte Dr. Crippen die Stenotypistin Ethel Le Neve kennen. Die beiden verliebten sich und begannen eine Beziehung.

Die Ehe der Crippens funktionierte zu diesem Zeitpunkt schon länger nicht mehr. Die beiden waren in vielerlei Hinsicht ein ungleiches Paar. Selbst das ehrwürdige *Oxford Dictionary of National Biography* scheut nicht davor zurück, Cora Crippen in klaren Worten als „tipsy, plump, and unfaithful shrew with inordinate vanity and a miserly streak" zu bezeichnen. „Her docile and submissive husband chafed at her dominion."[18] Das mag eine ungewöhnlich wertende Einschätzung sein. Jedenfalls aber tobte Cora als sie schließlich von der bereits seit einigen Jahren andauernden Beziehung zwischen ihrem Mann und Ethel Le Neve erfuhr. Sie drohte damit, die Affäre öffentlich zu machen. Dann, im Januar 1910, nach einem Abendessen mit Freunden in ihrem Haus, verschwand Cora Crippen spurlos. Als ihre Freunde nach einiger Zeit nach ihr fragten, erklärte der Doktor, sie wäre aus gesundheitlichen Gründen zurück nach Amerika gegangen. Später fügte er hinzu, dass sie dort leider verstorben sei. Coras Freunden kam die ganze Angelegenheit nach einer Weile recht seltsam vor. Daher wandten sie sich schließlich an Scotland Yard.

Am 8. Juli 1910, mehr als fünf Monate nach Coras Verschwinden, klopfte Chief Inspector Walter Dew an Crippens Tür in 39 Hilldrop Crescent in Nordlondon. Dew befragte Crippen über Coras Verbleib und der Doktor verwickelte sich in Widersprüche. Schließlich musste dieser zugeben, dass er sich die ganze Geschichte nur ausgedacht hatte. Cora hätte ihn verlassen, so Crippen, und

---

18 *Fido*, Crippen.

ihm sei das so peinlich gewesen, dass er lieber eine andere Geschichte erzählt habe. Der Inspektor gab sich für den Moment mit dieser Erklärung zufrieden. Crippen selbst aber war wohl von der Befragung verunsichert und flüchtete daraufhin mit Ethel Le Neve aus London. Als die Polizei von seiner Flucht erfuhr, durchsuchte sie das Haus der Crippens und fand vergraben im Kohlenkeller schließlich eine verstümmelte Leiche. Diese konnte nur anhand einer Narbe als Cora Crippen identifiziert werden. Die Tote war mit Hyoscin vergiftet worden, einem Beruhigungsmittel, das in höheren Dosen tödlich wirkt. Dr. Crippen, so stellte man später fest, hatte kurz vor Coras Verschwinden größere Mengen des Medikaments gekauft.

Scotland Yard veranlasste eine internationale Fahndung nach Crippen und Le Neve. Steckbriefe von den beiden Flüchtigen wurden in Zeitungen in ganz Europa abgedruckt – zuerst aber ohne Erfolg. Der Doktor und seine Geliebte, die scheinbar nichts vom Verdacht gegen ihren Liebhaber wusste, waren über den Kanal nach Antwerpen geflohen. Dort buchten sie eine Passage nach Montreal in Kanada auf dem Dampfschiff *Montrose*. Die *Montrose* wurde 1897 für *Elder Dempster and Company* gebaut. Der Dampfer war 136 Meter lang und hatte eine Bruttotonnage von 5440 Tonnen. Er hatte einen Schlot, vier Masten, und wurde von einer einzelnen Schraube angetrieben. Nach seiner Fertigstellung wurde er als Passagierliner zwischen Großbritannien und seinem kanadischen Dominion eingesetzt. Nach der Nutzung als Truppentransporter im Burenkrieg wurde die *Montrose* umgebaut und ihre Kapazität vergrößert. Im Jahr 1903 wurde sie an die *Canadian Pacific Steamship Company* verkauft und für den Transport von 70 Passagieren in der 2. Klasse und 1800 Passagieren in der 3. Klasse ausgestattet. Die nächsten Jahre war die *Montrose* auf wechselnden Routen über den Nordatlantik unterwegs – hauptsächlich zwischen Großbritannien, Belgien und Kanada.[19]

19 *O.A.*, Ship Descriptions – M, in: The Ships List. Version 25. September 2008, in: URL = <http://www.theshipslist.com/ships/descriptions/ShipsMM.shtml> (letzter Zugriff: 21.06.2016).

Am 20. Juli 1910 lief die *Montrose* aus dem Hafen von Antwerpen Richtung Montreal aus. Auf der Passagierliste standen unter anderem ein Mr. John Robinson und sein Sohn, die ihre Passage in der 2. Klasse weniger als drei Stunden vor Abfahrt gebucht hatten.[20] Crippen und Le Neve kamen also verkleidet als Vater und Sohn an Bord des Dampfers. Der Doktor hatte seinen Bart abrasiert. Le Neve trug ihre Haare kurz und steckte in einem schlechtsitzenden Anzug. Nur wenige Stunden nach dem Ablegen fiel dem Kapitän des Schiffs, Henry Kendall, das eigenartige Paar auf. Etwas am Verhalten der beiden kam ihm seltsam vor. Kendall wurde misstrauisch. Der Mord an Cora Crippen war in den Nachrichten ein großes Thema gewesen. Der Kapitän schaute die in Antwerpen frisch an Bord genommenen Zeitungen durch und suchte nach einem Fahndungsfoto der beiden. Angeblich löschte er darauf mit weißer Kreide den Schnurrbart von Dr. Crippen aus und verglich dann das Foto mit seinem Passagier.[21] In seinem Verdacht bestätigt, entschloss sich Kendall, die *Canadian Pacific Steamship Company* in Liverpool per Funktelegraf zu informieren.

Die Funktelegrafie war zu dieser Zeit noch eine relativ neuartige Technologie. Das ausgehende 19. Jahrhundert sah unzählige Experimente mit der Übertragung von Funksignalen. Der Italiener Guglielmo Marconi war einer unter mehreren Erfindern und Ingenieuren, die zur Ausreifung der Technologie beitrugen und schließlich ein Patent dafür anmeldeten.[22] Als Geschäftsmann aber stach Marconi heraus. Im Jahr 1901 begann er mit *Lloyd's*, dem wichtigsten Schiffsversicherer der Zeit, zusammenzuarbeiten. *Lloyd's* versicherte nun nur noch Schiffe, die mit einem Marconi-

---

20 *O.A.*, Daily Telegraph vom 25. Juli 1910; *Goodman*, Crippen File, 28.

21 Das ist die am weitesten verbreitete Version der Enttarnung Crippens. Es gibt aber auch andere Varianten. Das *Berliner Tageblatt* behauptete zum Beispiel, dass sein Schiffssteward, der in London in Crippens Nachbarschaft gewohnt hätte, den Doktor erkannt hätte. *O.A.*, Berliner Tageblatt vom 30. Juli 1910, 5.

22 Für eine kurze Beschreibung der Funktelegrafie aus technikhistorischer Perspektive vgl. *Anton A. Huurdeman*, The Worldwide History of Telecommunications. Hoboken 2003, 199–216.

Funktelegrafen ausgerüstet waren. Aus dieser Zusammenarbeit folgte ein großer Wettbewerbsvorteil für Marconis Unternehmen, und auch die Verbreitung funktelegrafischer Apparate im Schiffswesen insgesamt nahm nun schnell zu.[23] In den frühen Jahren des 20. Jahrhunderts war Marconis Apparat der am weitesten verbreitete. Auch die *Montrose* war mit einem Marconi-Funktelegrafen ausgerüstet. Mit dessen Hilfe informierte Kapitän Kendall seinen Arbeitgeber in Liverpool über seine Entdeckung:

> 3 PM GMT Friday 130 miles west Lizard have strong suspicion that Crippen London Cellar Murderer and accomplice are among saloon passengers. Mustache taken off growing beard. Accomplice dressed as boy. Voice manner and build undoubtedly a girl. Both traveling as Mr. and Master Robinson. Kendall.[24]

Die Reederei wiederum verständigte Scotland Yard über Crippens Aufenthaltsort. Die Polizeibehörde hatte einiges an Kritik einstecken müssen, nachdem Crippens Flucht aus London bekannt geworden war. Selbst in einer Parlamentsdebatte hatte man sich mit dem Versagen der Polizei auseinandergesetzt.[25] Um diesen Fehler schnellstmöglich wiedergutzumachen, wurde Scotland Yard nun sofort aktiv. Chief Inspector Dew schiffte sich auf der *Laurentic* ein, einem brandneuen Dampfer, der die langsamere *Montrose* noch vor ihrer Ankunft an der kanadischen Küste abfangen konnte. Während Dew die Flüchtigen quer über den Atlantik verfolgte, stimmte sich Scotland Yard mit der *Canadian Dominion Police* ab, um alles für Crippens Verhaftung vorzubereiten. Diese sollte stattfinden, noch bevor der Mordverdächtige einen Fuß auf kanadischen Boden setzen konnte. Ehe das Dampfschiff in den Sankt-Lorenz-Strom einfuhr, sollte Dew als

23 *Peter J. Hugill*, Global Communications since 1844. Geopolitics and Technology. Baltimore 1999, 93–94.

24 *Goodman*, Crippen File, 28.

25 *Hansard*, HC Deb, Bd. 19, CC1240-1 vom 20. Juli 1910.

Lotse verkleidet an Bord kommen und die Verhaftung durchführen.

Aber nicht nur die Polizei war Crippen auf den Fersen. In den frühen Jahren der Funktelegrafie war deren Reichweite vergleichsweise beschränkt. Kendall hatte seine erste Nachricht nach Liverpool abgesetzt, kurz bevor die *Montrose* außer Funkreichweite der Küste kam. Jede weitere Kommunikation zwischen dem Dampfer und den britischen Inseln aber musste der gängigen Praxis folgend von anderen Schiffen weitergeleitet werden. Angesichts einer solchen Kommunikationskette ist es nicht weiter erstaunlich, dass die Nachricht über Crippens Entdeckung recht bald an die Presse durchsickerte. Zeitungsredakteure auf der ganzen Welt waren nun über Crippens Verbleib im Bilde und begleiteten die Jagd auf den Flüchtigen mit einer flächendeckenden und teilweise erheblich dramatisierenden Berichterstattung. Eines von vielen Beispielen dafür findet sich etwa in der *Daily Mail* vom 25. Juli:

> Friday afternoon must have been a dramatic time on board the ship. Ireland was a hundred and fifty miles astern, and Canada lay in front. The captain […] sent a message – reaching Scotland Yard on Friday night – that he believed he had Dr. Crippen and Miss Le Neve on board. From the time that message was despatched a ceaseless, unobtrusive scrutiny must have been directed towards the couple, for a few hours later another message arrived from the captain to the effect that it was now known with certainty that „Master Robinson" was in reality a woman.[26]

Durch diesen und unzählige andere Zeitungsberichte über die *Montrose* konnte eine in der Entstehung befindliche Weltöffentlichkeit den dramatischen Ereignissen um den Doktor und seine Geliebte fast schon aus der Nähe folgen, während die beiden

26 *O.A.*, Daily Mail vom 25. Juli 1910, 7.

Flüchtigen selbst – obwohl unter „ceaseless, unobtrusive scrutiny“ – bis zur Verhaftung am 31. Juli nichts ahnten. In dieser außergewöhnlichen Situation wird die Rolle von Transitphasen ganz deutlich. Crippen und Le Neve waren im Transit auf dem Schiff eingebettet in ein eigentümliches Gewebe von Verbindungen und Nicht-Verbindungen. Jede dieser Verbindungen brachte das Schiff und die Welt auf seine Weise in Kontakt und trug in Kombination zur Entstehung einer ganz eigenen Transitsituation bei.

Weltinteresse

Die Flucht von Hawley Harvey Crippen und Ethel Le Neve trug sich demnach in einem ungewöhnlichen Spannungsfeld zwischen globaler Anbindung und Isolation zu, die in mancherlei Hinsicht mit den Fallbeispielen aus dem Raumkapitel vergleichbar ist. Per Funktelegraf erhaltene Informationen erlaubten der Polizei ebenso wie der Öffentlichkeit, den Verbleib des Paares zu erfahren. Zeitungen auf der ganzen Welt stürzten sich mit frischem Interesse auf den Londoner Mordfall.[27] Sie verfolgten nicht nur die Fahrt der *Montrose* und den Abfangkurs der *Laurentic* im Detail (Abb. 18 und 19),[28] sondern rollten den gesamten Fall neu auf. Journalisten sprachen mit früheren Nachbarn der Crippens, gruben neue

27 Dieses Kapitel stützt sich hauptsächlich auf Auszüge und Zitate aus britischen und amerikanischen Zeitungen, die das unmittelbarste Interesse und den besten Zugang zum Geschehen hatten. Zu nennen sind insbesondere die *Daily Mail*, der *Daily Mirror*, die *Times of London* und die *New York Times*. Die Berichterstattung über den Crippen-Fall beschränkte sich aber nicht auf diese Regionen. Zeitungen aus der ganzen Welt berichteten intensiv – in Europa z.B. *Le Matin, Die Neue Zeitung* oder das *Berliner Tageblatt;* an der amerikanischen Westküste die *Los Angeles Times*; in Asien z.B. die *Times of India*; und in Australien etwa der *Sydney Morning Herald*, um nur einige Beispiele zu nennen.

28 Viele Zeitungen druckten in der Folge Karten, die die Kurse der *Montrose* und der *Laurentic* zeigten. Vgl. z.B. *o.A.,* Daily Mirror vom 27. Juli 1910, 3; *Dies.* vom 26. Juli 1910, 7.

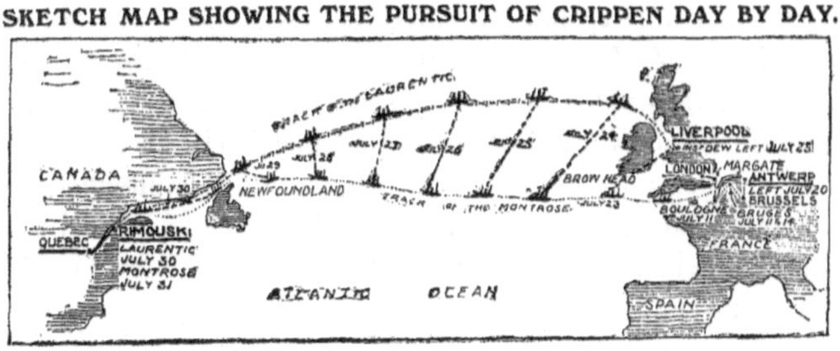

Abbildung 18: Kurse der Montrose und der Laurentic. Daily Mail, 26. Juli 1910, S. 7.

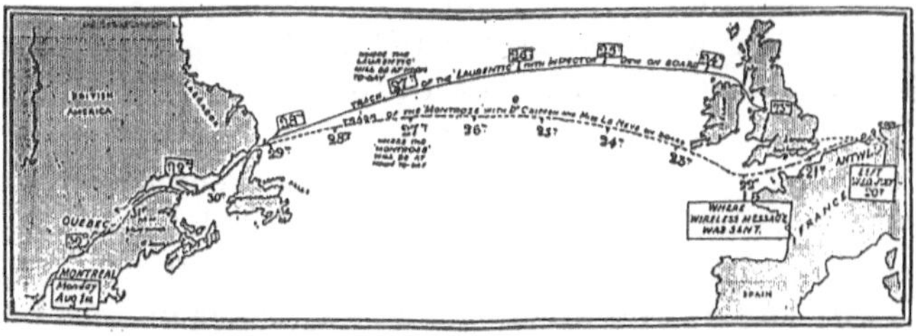

Abbildung 19: Kurse der Montrose und der Laurentic. Daily Mirror, 27. Juli 1910, S. 3.

Informationen über Le Neve aus und versuchten Cora Crippens missglückte Karriere als Sängerin neu auszuleuchten. Der zentrale Fokus der Medien aber ruhte auf dem Schiff selbst, auf dem Crippen und Le Neve von ihrer globalen Medienpräsenz nichts ahnten und langsam in die Falle der Polizei schipperten. Das war eine eigentümliche, ganz neuartige Situation. Angeregt durch die Berichterstattung in Zeitungen weltweit, begann eine globale Öffentlichkeit großes Interesse an dem Fall zu entwickeln und richtete ihre Aufmerksamkeit alsbald auf ein kleines Schiff mitten auf dem Atlantik, auf welchem der Doktor langsam „into [the] clutch of the law"[29] steuerte. Die transatlantische Jagd auf Crippen wur-

29 *O.A.*, Los Angeles Times vom 29. Juli 1910, 1.

de zu einer Angelegenheit von Weltinteresse.[30] Oder wie John B. Priestley in *The Edwardians*, einem Buch zum Zeitgeist der Ära, anmerkte: „It was hot news indeed, something was happening for the first time in world history."[31] Zunehmende globale Konnektivität stieß unmittelbar mit der maritimen Abgeschnittenheit der Flüchtigen zusammen und schuf so eine ungewöhnliche Beobachtungskonstellation. Die Medien selbst verwiesen immer wieder auf die Eigentümlichkeit und Absurdität der Situation. Schon am 26. Juli, lange vor der Verhaftung Crippens, informierte die *New York Times* ihre Leser über die außergewöhnlichen Umstände dieses Falls: „[Crippen and Le Neve are] steaming in almost pathetic helplessness towards the St. Lawrence and capture."[32]

Am nächsten Tag spekulierte der *Daily Mirror* auf der anderen Seite des Atlantiks über die „sensations of the hunted Crippen and his companion caged in a floating trap."[33] Die Zeitung präsentierte ihren erwartungsfrohen Lesern sogar einen fiktionalen inneren Monolog, wie Crippen ihn auf dem Schiff gehabt haben könnte:

> A harbour is the first place watched. One thirsts, one longs, when something is behind one, to get on to the sea. There's a sense of escape in the very wash of the environing waters! But the clever criminal resists the sea. Mysterious voices nowadays whisper across it; invisible hands stretch out upon it; viewless fingers draw near and clutch and hold there. Better a minor lodging in some big city. For I begin to see that the Captain has an odd look in his face.[34]

Ein paar Tage später, am 30. Juli, zitierte die *Daily Mail* aus der Pariser *Liberté*: „It is admirable and it is terrible. […] [F]rom one

30 *O.A.*, Daily Mail vom 30. Juli 1910, 6.
31 *John B. Priestley*, The Edwardians. New York 1970, 197.
32 *O.A.*, New York Times vom 26. Juli 1910, 6; *Goodman*, Crippen File, 33.
33 *O.A.*, Daily Mirror vom 27. Juli 1910, 7.
34 Ebd.

side of the Atlantic to the other a criminal lives in a cage of glass [...] exposed to the eye of the public."[35] Und ebenfalls an diesem Tag versuchte die *New York Times* das überbordende mediale und öffentliche Interesse an dem Fall und der transatlantischen Verfolgungsjagd zu erklären. Der Autor verglich dabei die Situation mit einem Theaterstück. Er meinte, dass das Schicksal die Szenerie und die Umstände entlang einer Regel eingerichtet habe, an der sich ansonsten oft auch Theaterautoren orientieren würden:

> That rule is to let the audience or the spectators know exactly what is going to happen, while the people on the stage, or those of them upon whom interest is fastened, move forward to their predestined sorrow or joy in complete ignorance of coming events. The theory is that this gives to the observers a pleasant sense of superiority – of ability to see things hidden from others. That must be at least an approximation to the truth.[36]

Auch Priestley, selbst Autor und Dramatiker, entdeckte eine deutliche Analogie zur Theaterwelt. Er schrieb:

> The people, who have a sure instinct in these matters, knew they had seats in a gallery five hundred miles long for a new, exciting, entirely original drama: *Trapped by Wireless!* There were Crippen and his mistress, arriving with a smile at the captain's table, holding hands on the boat deck, entirely unaware of the fact that Inspector Dew [...] was on his way to arrest them. While they were looking at the menu, several million readers were seeing their names again in the largest type.[37]

---

35 *O.A.*, Daily Mail vom 30. Juli 1910, 6.

36 *O.A.*, New York Times vom 30. Juli 1910, 6; *Goodman*, Crippen File, 37.

37 *Priestley*, Edwardians, 200.

Diese Vergleiche mit Theaterproduktionen weisen auf einen zentralen Aspekt des Falles hin. Die Beobachtung des ahnungslosen Paares aus der Distanz, ausgestattet mit Hintergrundwissen, das den beiden fehlte, war ein grundlegendes Element der weltweiten Rezeption. Sowohl eine problemlose Verhaftung wie auch diese spezifische Art der Beobachtung hingen von der Geheimhaltung der ganzen Angelegenheit ab. Keine Nachrichten über die Entdeckung Crippens und die Jagd auf ihn durften die *Montrose* erreichen. Die *Daily Mail* führte in diesem Zusammenhang aus:

> Wireless messages are being flashed to and fro between the detective and the captain of the ship ahead. The tension in the Montrose must be extreme. How difficult it must be to keep the secret that a couple of passengers are suspect can only be realised by those who have made long voyages. If they are still at liberty life must be a tragic farce. In some mysterious way there may have crept among the passengers an indication that something is wrong.[38]

Diese Auszüge aus der zeitgenössischen Berichterstattung zeigen, dass sich die Aufmerksamkeit von Presse und Öffentlichkeit sehr bald nach Crippens Entdeckung auf die Bühne des Schiffs zu konzentrieren begann. Allerdings hatten die Medien zu diesem Zeitpunkt keinen direkten Zugriff auf die *Montrose*. Sie konnten sich lediglich mögliche innere Monologe des Doktors ausdenken oder anderweitig über die Situation an Bord spekulieren. Die *Illustrated London News* hat uns in diesem Zusammenhang ein besonders schönes Beispiel dafür geschenkt, wie man versuchte, irgendwie an das Geschehen an Bord heranzukommen. Sie druckte eine Reihe von Fotografien (Abb. 20), die zeigen sollten, wie Willy Clarkson, ein bekannter Kostümbildner seiner Zeit, eine junge Frau überzeugend als Jungen verkleiden würde.[39] Das ganze wurde spöttisch als Ratschlag an Ethel Le Neve verpackt, deren schlechte Verklei-

38 *O.A.*, Daily Mail vom 25. Juli 1910, 7; *Goodman*, Crippen File, 29.
39 *Goodman*, Crippen File, 34.

Abbildung 20: Fotoserie, die darstellt, wie der bekannte Kostümbildner Willy Clarkson eine junge Frau in einen Jungen verwandeln würde.

dung allzu leicht zu durchschauen gewesen sei. Bald aber mussten Medien und Weltöffentlichkeit nicht mehr nur über die Ereignisse an Bord der *Montrose* spekulieren. Mit Hilfe des Funktelegrafen und dank der freundlichen Unterstützung von Kapitän Kendall gelang es den Journalisten schließlich tatsächlich, direkten Zugriff auf den abgegrenzten Raum des Schiffs zu bekommen.

Gefangen im Transit

Am 28. November 1965 verstarb Henry George Kendall im 92. Lebensjahr in einem Pflegeheim in London. Kendall hatte ein ereignisreiches Leben hinter sich. Er hatte seine Karriere in der Seefahrt als Jugendlicher begonnen und in diesem Zusammenhang Gewalt und Missbrauch erleben müssen.[40] Im Mai 1914 hatte er das Kommando über die RMS *Empress of Ireland* erhalten. Noch im selben Monat war das Schiff mit einem norwegischen Frachter kollidiert und an der Mündung des Sankt-Lorenz-Stroms gesunken – unweit von der Stelle, an der vier Jahre zuvor Crippen verhaftet worden war. Mehr als tausend Menschen hatten bei dem Unglück ihr Leben verloren.[41] Kendall selbst war von Bord geschleudert worden und hatte überlebt. Sein Nachruf in der *Times* erwähnte aber nichts von alledem.

> CAPTAIN HENRY GEORGE KENDALL, who in 1910 as master of the liner Montrose radioed to Scotland Yard that the murderer Crippen was on board, died in a London nursing home yesterday. He was 91.[42]

Diese wenigen Zeilen zeigen, wie sehr Kendall sein ganzes Leben lang und auch darüber hinaus vor allem mit dem Crippen-Fall in Verbindung gebracht wurde. Der Untergang der *Empress of Ireland*

40 *Larson*, Thunderstruck, 1–2.
41 *O.A.*, Times of London vom 1. Juni 1914, 8.
42 *O.A.*, Times of London vom 29. November 1965, 12.

konnte da nicht mithalten. Der Vorfall wurde im Nachruf nicht mit einem Wort erwähnt. Tatsächlich spielte Kendall eine zentrale Rolle in der Gefangennahme von Dr. Crippen und erhielt dafür auch die ausgesetzte Belohnung von 250 Pfund Sterling. Allerdings sagt man, dass er den Scheck nie eingelöst habe, sondern ihn als Erinnerung einrahmen ließ.[43] Daraus lässt sich ableiten, dass auch für Kendall selbst der Crippen-Fall eine wichtige Wegmarke in seinem Leben war.

Kapitän Kendall tat alles, um die Passagiere auf der *Montrose* in Unkenntnis der Enttarnung Crippens und der sich entspinnenden Jagd zu lassen. Er trug ganz wesentlich zur Konstruktion des vielzitierten „gläsernen Käfigs" für die beiden Flüchtigen bei. Nachdem Kendall kurz nach dem Auslaufen die Verkleidung der beiden durchschaut hatte, begann er sofort den Informationsfluss zwischen dem Schiff und dem Rest der Welt zu kontrollieren. Er stellte sicher, dass keine Nachrichten über den Crippen-Fall oder die Verfolgungsjagd per Funktelegraf auf die *Montrose* gelangen konnten. Kendall instruierte den Marconi-Telegrafisten auf dem Schiff in einem Memo auf unmissverständliche Weise: „[…] all message re Dr. Crippen to any person or persons on board the above ship are to be filed, but not delivered, at the same time notifying me of their contents."[44] Und er sorgte auch dafür, dass die anderen Passagiere Crippen nicht auf dieselbe Weise enttarnen würden, wie er es getan hatte, und damit unter Umständen die ganze Sache auffliegen lassen würden. So erklärte Kendall später in einem seiner Telegramme:

> When my suspicions were aroused as to Crippen's identity I quietly collected all the English papers on the ship which mentioned anything of the murder, and I warned the chief officer to collect any he might see. This being done, I considered the road was clear.[45]

43 *Larson*, Thunderstruck, 376.

44 *Goodman*, Crippen File, 30.

45 *O.A.*, Daily Mail Sonderausgabe vom 31. Juli 1910 und *o.A.*, Daily Mail

Der Kapitän informierte nur eine Handvoll ausgewählter Crewmitglieder. Alle anderen Menschen auf dem Dampfer, und natürlich auch Crippen und Le Neve selbst, wussten die gesamte Überfahrt lang nichts über die Situation. So wurde Kendall zum zentralen Gatekeeper, der alle Kanäle zwischen dem Schiff und der Welt kontrollierte. Anfangs schottete er die *Montrose*, was die Kommunikation anging, einfach ab – und zwar in beide Richtungen. Es kamen keine potentiell kompromittierenden Nachrichten über Crippen an Bord und genauso ging nichts raus. Nach ein paar Tagen aber begann sich dieses Verhältnis zu verschieben. In dieser Zeit ging den Medien an Land langsam der Stoff aus. Die detaillierte Berichterstattung über das transatlantische Rennen zwischen der *Montrose* und der *Laurentic* gab nicht mehr genug her, um die Aufmerksamkeit der Weltöffentlichkeit weiter zu binden. Viele Tage lang hatte man jedes Detail der Jagd beleuchtet, den Mordfall neu aufgerollt, einem erstaunten Publikum das Wunder der Funktelegrafie erklärt oder auch Kapitän Kendall ausführlichst vorgestellt. Nun aber wurde langsam das frische Material knapp. Und über das wirklich Spannende, nämlich das Geschehen an Bord, konnten die Medien nur spekulieren.

In dieser Situation wandten sich nun einige Reporter per Funktelegramm direkt an Kendall auf der *Montrose* und versuchten von ihm einen Bericht über die Lage an Bord zu bekommen. Überraschenderweise gab Kendall bereitwillig Auskunft. Schon in den ersten Tagen hatte sich der Kapitän auch als Privatdetektiv versucht. Er hatte Crippen und Le Neve observieren lassen. Er hatte die beiden unter einem Vorwand zum Abendessen an den Kapitänstisch eingeladen, um sie besser im Auge zu haben.[46] Nach einer Weile hatte er sogar heimlich Fotos von ihnen machen lassen. Einer dieser Schnappschüsse (Abb. 21) ist besonders interessant, weil er zeigt, wie sich die Auseinandersetzung mit dem Mordfall im Transit langsam veränderte. Das Bild ist heimlich durch ein Bullauge aufgenommen worden. Es zeigt Crippen und Le Neve

vom 1. August 1910, 5.

46 Ebd.

Abbildung 21: Crippen und Le Neve an Bord der Montrose, heimlich durch ein Bullauge fotografiert.

von hinten, letztere in ihrem schlecht sitzenden Jungenanzug, bei einem Spaziergang auf Deck. Weder ihre Gesichter noch irgendein anderes Kennzeichen, das zu ihrer Identifizierung hätte beitragen können, sind auf dem Foto erkennbar. Für die Aufklärung des Falls oder für das Gelingen der Verhaftung spielte dieses Bild keine Rolle. Für die Medien aber war es natürlich hochinteressant. Daher sagt das Foto viel mehr über Kendalls Selbstverständnis und Rolle in dieser Situation aus als über die beiden Abgelichteten. Diese wurden im Transit mehr und mehr zu passiven Objekten, während Kendall und andere die Handlungsmacht übernahmen.

Dann, ein paar Tage vor dem geplanten Arrest, begann Kapitän Kendall seine Rolle als Gatekeeper nochmals radikal neu zu interpretieren. Auf Bitten der Reporter fing er nun an, selbst telegrafische Berichte an die Medien zu senden. In diesen Funktelegrammen beschrieb er, wie er die beiden Flüchtigen entdeckt hatte, wie er seinen Verdacht bestätigen hatte können und wie er es schaffte, die beiden unwissend zu halten. Kendall verwandte viele Zeilen auf die detailreiche Beschreibung seiner diversen Beobachtungen. Und unzählige Zeitungen zitierten dankbar aus Kendalls Nachrichten oder druckten sie zum Teil im vollen Wortlaut ab. Am 30. Juli reproduzierte die *Times* ein ursprünglich an die *Daily Mail* gesandtes Telegramm von Kendall:

> I am still confident Crippen and Le Neve on board. Crippen has shaved his moustache, and is growing a beard. He has no suspicion that he has been discovered. Passengers are also ignorant of the identity of the couple. Le Neve refrains from talking. They have no baggage. They are always together and very reticent with other passengers. Crippen has stated that he is a great traveller and has been many times in the United States. They spend most of their time reading books obtained from the ship's library. They are very sleepless at night. [...] They spend much time in their cabin. Both appear bright in presence of other passengers, but show signs of worry when alone together. [...] This is the first account that has been transmitted from this ship to any paper.[47]

In diesem Telegramm ging es Kendall hauptsächlich um eine faktische Beschreibung der Lebensumstände und des Verhaltens der Flüchtigen. Nur an manchen Stellen brachen dramatisierende, emotionale Elemente durch. So deutete er mit der Schlaflosigkeit und den Zeichen von Sorge ein möglicherweise schlechtes Gewissen an. Alles in allem aber konzentrierte er sich auf einen Tatsachenbericht. Schon in Kendalls nächster Nachricht aber veränderten sich Ansatz und Ton. Nur einen Tag später druckte die *Daily Mail* ein Telegramm, das vor reißerischen Details nur so strotzte:

> I warned [my chief officer] that it must be kept absolutely quiet, as it was too good a thing to lose, so we

47 *O.A.*, Times of London vom 30. Juli 1910, 6.

> made a lot of them, and kept them smiling. […] Le Neve has the manner and appearance of a very refined, modest girl. […] Her suit is anything but a good fit. Her trousers are very tight about the hips. […] They have been under strict observation all the voyage, as if they smelt a rat, he might do something rash. I have not noticed a revolver in his hip pocket. [Crippen] continually shaves his upper lip, and his beard is growing nicely. I often see him stroking it and seeming pleased, looking more like a farmer every day. […] He sits about on the deck reading, or pretending to read, and both seem to be thoroughly enjoying all their meals […]. [Crippen] is now busy reading „The Four Just Men", which is all about a murder in London and £1000 reward.[48]

Kendall hatte die Ebene der nüchternen Beobachtung nun endgültig verlassen. Er erzeugte absichtlich Spannung, verwies auf seine eigene Rolle in der Sache, bediente sich insgesamt einer sehr kolloquialen Ausdrucksweise. Indirekt brachte er sogar ins Spiel, dass Crippen bewaffnet sein könnte – obwohl die eigentliche Beobachtung etwas anderes sagte. Der Höhepunkt kam mit dem Verweis auf Crippens Leseliste und der Bemerkung über *The Four Just Men*, mit der Kendall auf Crippens eigene Situation anspielte. In einem weiteren Telegramm schilderte der Kapitän außerdem, wie er heimlich die Kabine der beiden Flüchtigen untersucht und dabei herausgefunden hatte, dass Le Neve morgens ihr Gesicht mit einem Stück ihrer Unterwäsche reinigte.[49] In diesen Nachrichten wird sehr deutlich, dass Kendall mittlerweile seine Rolle als Kapitän und Gatekeeper neu interpretiert hatte. Er mühte sich nach Kräften, die Außenwelt mit allen möglichen Informationen über den Fall zu versorgen – unabhängig davon wie trivial und boulevardesk sie auch sein mochten – und sich selbst eine möglichst zentrale Rolle in dem Fall zuzuweisen.

48 *O.A.*, Daily Mail vom 1. August 1910, 5.

49 *Cullen*, Mild Murderer, 126.

Die Verhaftung

Kendall, unterstützt von einzelnen Besatzungsmitgliedern und dem Funktelegrafisten, war aber nicht der einzige Gatekeeper. Er war nicht der einzige, der die Weltöffentlichkeit mit Informationen über Crippen und Le Neve fütterte. Nachdem Crippen aus London geflohen war, hatte Scotland Yard einiges an Spott und Hohn für seine angebliche Inkompetenz einstecken müssen. Nun bot sich der Behörde die Chance, die eigene Reputation wiederherzustellen und dafür genau jene Medien zu nutzen, die sich zuvor über die Polizei lustig gemacht hatten. Angeheizt von der Boulevardpresse erwartete die Öffentlichkeit den Tag der Verhaftung Crippens mit großer Spannung. Schon Tage vorher waren die Unterkünfte in der Region um die Mündung des Sankt-Lorenz-Stroms, wo die Verhaftung stattfinden sollte, vollständig durch Journalisten und Schaulustige ausgebucht.[50] Scotland Yard plante den großen Showdown im Detail und überließ nichts dem Zufall – und zwar nicht nur was den Zugriff selbst anging, sondern vor allem auch hinsichtlich der medialen Berichterstattung darüber. Die Arbeit der Polizei sollte ins rechte Licht gerückt werden. Für den Tag der Verhaftung organsierte man daher ein Dampfboot für etwa fünfzig Journalisten. Die *Eureka* sollte außer Sicht der *Montrose* warten, bis die Verhaftung durchgeführt sein würde. Dann würde sie längsseits kommen, um die Journalisten auf die *Montrose* zu lassen, damit sie ihre Arbeit machen könnten.

Der Hauptprotagonist auf Seiten des Gesetzes war Chief Inspector Walter Dew, derselbe Polizist, der schon das Verschwinden von Cora Crippen in London untersucht hatte.[51] Nach Crippens Entdeckung auf der *Montrose*, hatte Dew in Liverpool die *Laurentic* bestiegen, um den Flüchtigen abzufangen, bevor dieser einen Fuß auf kanadischen Boden setzen konnte. Dew war für diese Aufgabe ausgewählt worden, weil er den Doktor als einziger bereits

50 *O.A.*, Daily Mail vom 27. Juli 1910, 7; *Goodman*, Crippen File, 35.

51 Mehr Hintergrund über Dews Leben und Karriere findet sich bei *Connell*, Walter Dew.

getroffen hatte und ihn daher zweifelsfrei identifizieren konnte. Während der Atlantiküberfahrt und dem anschließenden Warten auf die *Montrose* an der Mündung des Sankt-Lorenz-Stroms waren Dew und Kapitän Kendall in stetigem Kontakt über Funktelegraf. Dew war in der ganzen Angelegenheit der Hauptverantwortliche – ein Umstand, der auch von Presse und Öffentlichkeit durchaus wahrgenommen wurde.

> Captain Kendall, of the Montrose, kept Inspector Dew thoroughly informed of his disguised passengers' movements during Friday afternoon and Saturday, and the detective despatched instructions to guard against the possible use of poison or other means of suicide. This news and a hundred alarmist rumours intensified curiosity and induced the Press correspondents to sit up all Saturday night at Father Point with a special watchman placed over Inspector Dew![52]

Als die *Montrose* schließlich die Einfahrt in den Sankt-Lorenz-Strom erreichte, wurden Dew und seine kanadischen Kollegen aktiv. Sie ließen sich zum Dampfer rudern und gingen als Lotsen verkleidet an Bord. Die *Times* beschreibt die nun folgende Verhaftung detailfreudig. Crippen war mit Le Neve und dem Schiffsarzt Dr. Stuart an Deck und wunderte sich scheinbar über die große Zahl an Lotsen, die gerade zur *Montrose* gerudert wurden. Als diese an Bord gekommen waren, gingen sie langsam und scheinbar zufällig auf Crippen und Le Neve zu. „Then as Inspector Dew got a good, quick look at Crippen and the girl he gave the preconcerted signal, and the constables made the arrest […].“[53] Unmittelbar im Anschluss wurde die *Eureka* längsseits geordert, und die Presseleute durften an Bord kommen, um Interviews und Fotografien zu machen.[54] Diese nahmen sogleich für mehrere Stunden

52 *O.A.,* Times of London vom 1. August 1910, 7.
53 Ebd.
54 *O.A.,* Lloyd's Weekly News vom 31. Juli 1910, 1.

den Telegrafenraum der *Montrose* in Beschlag, um schnellstmöglich die Kunde von der Verhaftung Crippens an ihre jeweiligen Arbeitgeber auf der ganzen Welt zu übermitteln. Die Nachricht wurde mittels Funktelegrafie so schnell verbreitet, dass selbst die Zeitungen in Australien, das zeitlich immerhin einen halben Tag voraus war, die Geschichte noch in den Ausgaben vom 1. August bringen konnten.[55]

Nach seiner Festsetzung wurde Crippen ins Gefängnis von Quebec gebracht, wo er auf seine Auslieferung nach Großbritannien unter dem *Fugitive Offenders Act of 1881* warten musste. Mitte August wurden Crippen und Le Neve schließlich auf der SS *Megantic* über den Atlantik rücküberführt. In London kamen sie in separaten Verfahren vor Gericht. Nach einem langen und ausführlichen Prozess[56] wurde Hawley Harvey Crippen als des Mordes an seiner Frau Cora schuldig befunden. Er wurde zum Tode durch den Strang verurteilt[57] und am 23. November 1910 im Londoner Pentonville-Gefängnis gehängt. Ethel Le Neve auf der anderen Seite wurde freigesprochen und emigrierte just am Tag von Crippens Hinrichtung nach Nordamerika.

Ein paar Tage vorher erschien aber noch ein großformatiges Foto von Ethel Le Neve im *Daily Mirror*[58] und in *Lloyd's Weekly News*.[59] Das Bild zeigte Le Neve in ihrem schlecht sitzenden Anzug (Abb. 22). Allerdings handelte es sich dabei nicht um eine von Kendalls heimlichen Fotografien von der *Montrose*. Es war eine sorgfältig inszenierte Studioaufnahme. Man sagt, dass Le Neve nach ihrem Freispruch in die Polizeiwache in der Bow Street gekommen sei und gefragt habe, ob sie den Anzug, den sie auf der Überfahrt getragen hatte, ausleihen könne. Scheinbar hatte man ihr ein schönes Sümmchen Geld dafür geboten, wenn sie

55 Z.B. *o.A.*, Sydney Morning Herald vom 1. August 1910, 9.

56 *Young*, Trial of Crippen.

57 *Old Bailey Proceedings*, Trial of CRIPPEN, Hawley Harvey.

58 *O.A.*, Daily Mirror vom 21. November 1910, 15.

59 *O.A.*, Lloyd's Weekly News vom 20. November 1910; *Goodman*, Crippen File, 74.

Abbildung 22: Ethel Le Neve posiert als Master Robinson für die Studiokamera.

sich nochmals als Master Robinson verkleiden und Szenen von der *Montrose* für einen Fotografen nachstellen würde.[60] Die abgedruckte Fotografie zeigt eine androgyne Ethel Le Neve auf einem Stuhl, den Blick in die Ferne gerichtet. Der *Daily Mirror* scheute nicht einmal davor zurück, in der Bildunterschrift eine (sehr weit hergeholte) Ähnlichkeit zwischen Le Neve und ihrem Liebhaber festzustellen: „It will be noticed that she bears a strong likeness to Dr. Crippen".[61]

60 *Goodman*, Crippen File, 74.

61 *O.A.*, Daily Mirror vom 21. November 1910, 15.

Redux: Transit in der Globalgeschichte

Dieses fotografische *reenactment* von Le Neves Zeit auf der *Montrose* verweist ganz deutlich auf die Spannung zwischen Verbindung und Nicht-Verbindung im Transit auf dem Schiff. Die Funktechnologie und Kapitän Kendalls aktives Eingreifen machten es möglich, dass eine entstehende Weltöffentlichkeit den Vorgängen auf dem Schiff fast unmittelbar folgen konnte. Dieser Kontakt war aber in vielerlei Hinsicht fragil und von geringer Belastbarkeit. Der Funktelegraf verfügte nur über begrenzte Reichweite und Übermittlungskapazität. Als Gatekeeper konnte der Kapitän diese Verbindung mit der Außenwelt problemlos kontrollieren. Die Integration des Schiffs in eine globalisierte Welt war daher unausgewogen und inkomplett. Sie funktionierte nur in eine Richtung. Crippen, Le Neve, die anderen Passagiere und selbst der Großteil der Besatzung bekamen vom medialen Spektakel um die Fahrt der *Montrose* nichts mit. Kendall fütterte die Medien mit Einblicken in die Situation an Bord und regte dadurch deren Appetit auf Neuigkeiten und Sensationen erst recht an – einen Appetit, der mit Kendalls funktelegrafischen Happen und den verwackelten Fotografien nicht gestillt werden konnte. Erst durch die rückwirkende Inszenierung im Fotostudio erlangte man in der Retrospektive schließlich vollen medialen Zugang zum Transitbereich.

Die Geschichte von Dr. Crippens Flucht und schließlicher Gefangennahme ist eine außergewöhnliche historische Episode. Dennoch leistet sie uns auch in geschichtswissenschaftlicher Hinsicht gute Dienste, indem sie auf die Bedeutung von Schiffspassagen als prägende, transformative Transitschauplätze hinweist. Das Schiff auf hoher See ist demnach keine von der restlichen Welt, von Raum und Zeit, völlig abgeschlossene Einheit, wie das etwa Michel Foucaults berühmter Satz vom Schiff als „heterotopia *par excellence*" suggeriert.[62] Vielmehr erlauben es uns die ausgeprägten räumlichen und zeitlichen Dimensionen der Schiffspassage, den

62 *Michel Foucault/Jay Miskowiec*, Of Other Spaces, in: Diacritics 16/1, 1986, 22–27, 27.

vermittelnden Charakter der durch die Passage geschaffenen Verbindung zu studieren und ihre Bedeutung für die verbundenen Menschen und Orte auszuloten. Die Passage auf der *Montrose* war ein langer, distinkter Abschnitt im Leben der betroffenen Menschen, deren Denken und Handeln in einem physisch und sozial engen Raum stattfand. In dieser Hinsicht waren die Passagiere vom Rest der Welt abgeschnitten, gleichzeitig aber in ein Gewebe unterschiedlichster globaler Verbindungen eingebettet. Auch hier wird wieder die bereits ausführlich diskutierte Pluralität von transregionalen Verbindungen sichtbar, die in diesem konkreten Fall eine ganz besondere Transitsituation schuf.

Der Crippen-Fall illustriert, wie und warum die Geschichtswissenschaft, insbesondere aber die Globalgeschichte, transregionale Verbindungen als Mediatoren betrachten sollte. Der Schauplatz des Verbrechens, um das es eigentlich ging, war London. Der Hauptverdächtige war gebürtiger Amerikaner und versuchte, über den Atlantik nach Nordamerika zu fliehen. Typischerweise würde man die Dampfpassage in diesem Zusammenhang einfach als Zwischenglied verstehen, das diese Orte des Geschehens in Verbindung bringt. Im vorliegenden Fall aber wurde sehr deutlich, welch entscheidender Teil der Geschichte sich im Transit abgespielt hat und wie die spezielle Konfiguration dieser Transitphase das auf diese Weise erst möglich machte. Vor allem dank der Dramatik der Geschichte und ihrer daraus resultierenden dichten Dokumentation können wir detailliert die Bedeutung der Transitphase rekonstruieren und die Verbindung dadurch als eigenständigen historischen Schauplatz lebendig werden lassen. Ebenso wie manch andere aktuelle Forschungsbeiträge[63] aus diesem Bereich

63 Vgl. z.B. die Beiträge im Sonderheft des Journal of Global History 11/2, 2016; *Tamson Pietsch*, A British Sea. Making Sense of Global Space in the Late Nineteenth Century, in: Journal of Global History 5/3, 2010, 423–446; *Michael Pesek*, Von Europa nach Afrika. Deutsche Passagiere auf der Dampferpassage in die Kolonie Deutsch-Ostafrika, in: Werkstatt Geschichte 53, 2009, 68–88; *James R. Ryan*, ‚Our Home on the Ocean'. Lady Brassey and the Voyages of the Sunbeam, 1874-1887, in: Journal of Historical Geography 32, 2006, 579–604; *Wenzlhuemer/Offermann*,

kann die Analyse dieses Fallbeispiels zeigen, dass Schiffspassagen als geschichtliche Orte und Zeiten gedacht werden müssen, die einen entscheidenden Einfluss auf das Leben der Menschen an Bord hatten. Rekalibriert man dabei den analytischen Fokus dergestalt, dass sowohl das Schiff wie auch die Welt, also die Verbindung und das Verbundene, gleichzeitig in den Blick geraten, so wird die globalhistorische Bedeutung des Transits überdeutlich. Wie gesagt, eignen sich Schiffspassagen als Beispiele für eine solche integrierte Betrachtungsweise und für eine Studie der Transitphase aufgrund ihrer ausgeprägten räumlichen und zeitlichen Dimensionen in besonderem Maße. Das wird unter anderem auch im vorangehenden Abschnitt über die Meuterei auf der *Bounty*, anhand derer zunächst die Rolle der historischen Akteure diskutiert worden ist, deutlich. Nicht umsonst hat Greg Dening die Meuterei als performativen Akt und die *Bounty* als Bühne dargestellt.[64] Allerdings haben die hier gewonnen Einsichten auch über das Schiff und die Seefahrt hinaus Relevanz und können zu einem differenzierten Verständnis von globalen Verbindungen in ganz allgemeiner Hinsicht beitragen.

Während nicht alle Arten von Verbindungen eine ähnlich markante Raum-Zeit-Ausprägung haben wie eine interkontinentale Schiffspassage, so verfügen sie dennoch allesamt über räumliche und zeitliche Charakteristika, die eine eigene Form des Transits schaffen und damit ihre Rolle als Mediatoren maßgeblich beeinflussen. Prozesse des Kontakts und Austauschs haben auch jenseits des Dampfschiffs immer ihren Raum und ihre Zeit. Der Raum einer bestimmten Verbindung hat in diesem Zusammenhang große Bedeutung für die Art und Weise, wie bestimmte Orte oder Menschen verbunden werden können, was kommuniziert werden kann und was nicht oder wie stabil eine Verbindung ist. Die Zeit einer Verbindung ist entscheidend für Fragen der Synchronizität und das Zusammenspiel mit anderen Verbindungsarten.

Ship Newspapers and Passenger Life.

64 *Greg Dening*, Mr Bligh's Bad Language. Passion, Power, and Theatre on the Bounty. Cambridge/New York 1992.

Was damit gemeint ist, lässt sich ein weiteres Mal am Beispiel von telegrafischen Verbindungen illustrieren. Während im Fall einer mehrwöchigen Überfahrt an Bord eines über hundert Meter langen Schiffs die räumlichen und zeitlichen Komponenten des Transits unschwer vorstellbar sind, liegen diese bei der Telegrafie erst einmal wenig auf der Hand. Aber auch telegrafische Verbindungen haben ihre räumlichen und zeitlichen Ausprägungen (was nicht mit ihrem Verhältnis zu Raum und Zeit, das in manchen vorhergehenden Kapiteln ausführlich diskutiert worden ist, verwechselt werden sollte). Erstens kann man argumentieren, dass eine telegrafische Verbindung in materieller Hinsicht nicht nur aus Drähten und Elektrizität besteht, sondern genauso aus dem papiernen Telegramm oder aus dem Telegrafenbüro. Darüber hinaus haben aber eben auch fließende Elektronen einen eigenen Raum – in diesem Fall einen sehr beschränkten, der dafür sorgt, dass nur bestimmte Informationen übermittelt werden können und vieles andere, metaphorisch gesprochen, keinen Platz findet. Auch die zeitliche Dimension telegrafischer Verbindungen ist unübersehbar, wenn es etwa um Fragen des Verhältnisses zu anderen Verbindungsarten oder der gefühlten Unmittelbarkeit des Telegrafen geht, die im Kapitel über die Zeit eingehend diskutiert worden sind. Auch telegrafische Verbindungen haben daher eine distinkte Transitphase, die ihren vermittelnden Charakter bestimmt. Das Konzept des Transits kann also auch außerhalb von Schiffspassagen oder anderen Reise- und Transportzusammenhängen auf Verbindungen generell angewendet werden und verweist darauf, dass während einer Verbindung Wichtiges passiert: dass Verbindungen selbst historische Schauplätze sind und daher vor allem von der Globalgeschichte als Mediatoren wahrgenommen werden sollten und nicht nur als bloße Zwischenglieder.

... schreiben

Globalgeschichten

Die vorangegangenen sechs Abschnitte haben sich mit den Begriffen Verbindung, Raum, Zeit, Akteur, Struktur und Transit beschäftigt und anhand konkreter Fallbeispiele versucht zu zeigen, wie diese sechs Konzepte in der globalhistorischen Forschung so angewandt werden können, dass sie uns bei der Verfolgung der Leitfragen des Feldes voranbringen. Zweifellos könnte man diese kurze Liste von sechs globalhistorisch relevanten Begriffen jederzeit beliebig erweitern. Sofort einleuchtend wäre etwa die Frage nach dem Verhältnis von globalen Verbindungen und Kulturtransfers, die im Wesentlichen auf einen Wandel von Bedeutungszuweisungen verweist. Aber auch die Rolle von Medien und anderen Technologien in Globalisierungsprozessen, die hier zwar aus unterschiedlichen Richtungen immer wieder angeschnitten wurde, wäre noch ausführlich zu diskutieren. Ebenso lohnt sicherlich eine Auseinandersetzung mit Begriffen wie Information oder Wissen in diesem Zusammenhang. All diese und viele andere Ideen und Konzepte lassen sich erkenntnisfördernd auf globalhistorische Forschungszusammenhänge anwenden. Und dennoch glaube ich, dass die sechs an dieser Stelle besprochenen Begriffe nochmals von unmittelbarerer Bedeutung für die Globalgeschichte sind und es in besonderem Maße erlauben, die Leitfragen und das Erkenntnisinteresse des Feldes zu konkretisieren und zu operationalisieren.

Globale Verbindungen sind die Kernbeobachtungselemente der Globalgeschichte. Wie ich auf den einleitenden Seiten dieses Buches argumentiert habe, wurden sie bisher nicht zu sehr, sondern zu wenig in den analytischen Mittelpunkt globalhistorischer Untersuchungen gestellt. Über ein klares konzeptuelles Verständnis globaler Verbindungen zu verfügen ist daher eine Grundvoraussetzung für erkenntnisorientierte globalhistorische Forschung. Mit der Betrachtung der Begriffe Raum und Zeit erschließt man zum einen den Bezugsrahmen, in welchem Geschichte stattfindet. Zum anderen beleuchtet man aber gleichzeitig auch ihr Verhältnis zu globalen Verbindungen. Die beiden Abschnitte zu Raum und Zeit sind daher im Wesentlichen der Frage nachgegangen, wie aus globalhistorischer Perspektive globale Verbindungen ihre eigenen historischen Rahmenbedingungen beeinflussen. Interessant ist es diesbezüglich vor allem zu sehen, dass es weniger um die Veränderung von Räumen und Zeitebenen an sich geht als um sich verschiebende Verhältnisse zwischen Räumen oder Zeiten, die sich unterschiedlich stark verändern. Die genauere Betrachtung des Akteursbegriffs bringt die Einsicht, dass Verbindungen – egal ob es sich um lokale oder globale Verbindungen handelt – letztlich durch das Denken und Handeln von Menschen entstehen und im Gegenzug eben jenes beeinflussen. Die Globalgeschichte will genau dieses Zusammenspiel verstehen und interpretieren. Ein globalhistorisch angewandtes Akteurskonzept ist ein Schlüssel dafür. Ein globalhistorisch erweitertes Konzept von Strukturen wiederum erlaubt die Betrachtung der Verfestigung (und im Umkehrschluss auch der Verflüssigung) von globalen Verbindungen. Es lässt uns nach den Bedingungen für temporäre oder längerfristige Verfestigungen fragen, die aus dem Denken und Handeln historischer Akteure entstehen und gleichzeitig auf diese zurückwirken. Es geht also um das Wechselspiel zwischen Strukturen und Akteuren aus globalhistorischer Sicht. Die Idee des Transits schließlich ist nichts anderes als die nochmalige Aufnahme des Verbindungsbegriffs mit einem Fokus, der sich weg vom Verbundenen hin zur Verbindung selbst bewegt. Das Konzept betont die Substanz von Verbindungen, ihre räumliche und zeitliche Dimension und vor allem ihre lebensweltliche Eigenständigkeit, ihren Charakter als Mediatoren. In der Kombination erlauben diese Begriffe einen sehr unmittelbaren analytischen Zugriff auf die zentralen Fragen der Globalgeschichte.

Ich hoffe, dass dies in den einzelnen Fallstudien auch deutlich geworden ist. Wie auf den einleitenden Seiten dieses Buches bereits ausgeführt, folgt die Auswahl der Fallbeispiele selbst keinem inhaltlich zwingenden Muster. Vielmehr schöpft sie aus dem mir zur Verfügung stehenden Repertoire. Dass alle Fallstudien im sogenannten „langen 19. Jahrhundert" spielen, dass sie alle einen gewissen Schwerpunkt auf Europa oder den europäischen Kolonialismus haben, im engeren Sinn sogar auf das britische Weltreich fokussieren, das alles spiegelt lediglich meine eigenen Forschungsinteressen und -zugänge wider. Es folgt keinem fachwissenschaftlichen oder fachdidaktischen Konzept. Nicht einmal die Paarung der analytischen Begriffe und der Fallbeispiele ist zwingend. Jede Geschichte könnte zur Illustration mehrerer konzeptueller Ansätze dienen, ebenso wie jeder Begriff gewinnbringend auf die unterschiedlichsten Geschichten angewandt werden könnte. Das in diesem Buch vorgestellte Verständnis von Globalgeschichte sollte aber deshalb nicht als wahllos oder beliebig missverstanden werden. Vielmehr ist seine vielseitige Anwendbarkeit die Folge der zugrundeliegenden analytischen Zuspitzung.

Auch wenn die Auswahl der Fallbeispiele keinem bestimmten Muster folgt, so sind darin – ebenso wie in der Art und Weise ihrer Schilderung – zumindest zwei Dinge auffällig und bedürfen einer eingehenderen Betrachtung. Erstens bewegen sich viele der gewählten Beispiele in Auswahl und Darstellung auf der sogenannten „Mikroebene". Das heißt nicht unbedingt, dass sie aus der Warte zum Beispiel der klassischen Mikrogeschichte der 1970er- und 1980er-Jahre,[1] die in dieser Hinsicht stilprägend war, auch tatsächlich als echte Mikrogeschichte durchgehen würden. Es steht zu vermuten, dass die Geschichten dafür zu wenig

1 Zu den bekanntesten Beispielen zählen u.a. *Carlo Ginzburg*, Der Käse und die Würmer. Die Welt eines Müllers um 1600. Frankfurt am Main 1979; *Emmanuel Le Roy Ladurie*, Montaillou. Ein Dorf vor dem Inquisitor 1294-1324. Frankfurt am Main/Berlin/Wien 1980; *Natalie Zemon Davis*, The Return of Martin Guerre. Cambridge/London 1983; *Giovanni Levi*, Inheriting Power. The Story of an Exorcist. Chicago 1988.

in der Tiefe dargelegt werden und zu wenig auf die spezifischen soziokulturellen Umstände der jeweiligen Episode fokussieren. Zudem wurde Mikrogeschichte häufig als Alltagsgeschichte und Geschichte der „kleinen Leute" gedacht.[2] All dies spielt in den hier ausgewählten Fallbeispielen, wenn überhaupt, dann nur eine untergeordnete Rolle. In ihrer Reichweite sind sie allerdings durchaus mit mikrohistorischen Ansätzen vergleichbar, während sie gleichzeitig aber Anwendungsbeispiele für globalhistorische Fragestellungen sind – eine Praxis, die in der Globalgeschichte zurzeit recht weitverbreitet ist.[3] Daraus ergibt sich fast zwangsläufig die Frage nach dem Verhältnis bzw. der Vereinbarkeit von Mikrogeschichte und Globalgeschichte. Zweitens zelebrieren viele der hier gewählten Fallbeispiele das Außergewöhnliche oder erscheinen in ihren jeweiligen soziokulturellen Konfigurationen zumindest speziell. In den meisten Fällen handelt es sich um eingängige Geschichten, die zum Teil gerade wegen ihrer Außergewöhnlichkeit besonders anschaulich sind. Daraus ergibt sich wiederum die Frage nach der Repräsentativität und Generalisierbarkeit der gewonnenen Erkenntnisse, die natürlich auch ein steter Begleiter mikrohistorischer Untersuchungen ist. Inwieweit können wir also aus diesen feingliedrigen, besonderen Geschichten überhaupt etwas lernen?

Tatsächlich haben sich in den letzten Jahren viele Historikerinnen und Historiker die Frage gestellt,[4] ob mikrohistorische An-

---

2 Vgl. *Angelika Epple*, Globale Mikrogeschichte. Auf dem Weg zu einer Geschichte der Relationen, in: Ernst Langthaler/Ewald Hiebl (Hrsg.), Im Kleinen das Große suchen. Mikrogeschichte in Theorie und Praxis. Hanns Haas zum 70. Geburtstag. (Jahrbuch für Geschichte des ländlichen Raumes 2012.) Innsbruck 2012, 37–47, 38–39.

3 Vgl. z.B. *Angelika Epple*, Unternehmen Stollwerck. Eine Mikrogeschichte der Globalisierung. Frankfurt am Main/New York 2010; *Emma Rothschild*, Inner Life of Empires. An Eighteenth-Century History, Princeton, NJ 2011.

4 *Rebekka Habermas*, Der Kolonialskandal Atakpame – eine Mikrogeschichte des Globalen, in: Historische Anthropologie 17/3, 2009, 295–319; *Tonio Andrade*, A Chinese Farmer, Two African Boys, and a Warlord. Toward a Global Microhistory, in: Journal of World History 21/4, 2010, 573–591; *Matti Peltonen*, Clues, Margins, and Monads. The

sätze im „Zeitalter der Globalgeschichte“, wie es Francesca Trivellato in diesem Zusammenhang ausdrückt,[5] überhaupt noch eine Berechtigung hätten. Der Ausgangspunkt für diese Diskussion ist die scheinbare Unvereinbarkeit der namensgebenden Mikroperspektive mit der Makroperspektive der Globalgeschichte. In den allermeisten Fällen kommen die diskutierenden Autorinnen und Autoren zu dem Schluss, dass die Mikro- und die Makroperspektive gar nicht so inkompatibel sind, wie auf den ersten Blick angenommen. Es werden dann üblicherweise viele schlagende Argumente angeführt, die dies illustrieren sollen. Am substantiellsten in dieser Hinsicht ist Trivellatos kenntnisreicher Aufsatz, in dem sie zu folgendem, sicherlich zutreffenden Zwischenfazit kommt:

> Italian microhistory aimed to be „big history“ not because it sought to embrace 13 billion years of human life on earth, but because it wished to say something big about history. At a minimum, it aimed to raise big questions about how social and cultural systems emerge and evolve, as well as the methods humanists and social scientists adopt to interpret them.[6]

Auf diese Art und Weise möchten natürlich auch die Fallstudien in diesem Buch verstanden werden: als kleine, in die Tiefe recherchierte Geschichten, die vor allem in der Kombination mit ihren jeweiligen analytischen Begriffen eine größere Aussage treffen können. Daher habe ich hinsichtlich der interpretativen Reichweite der einzelnen Fallstudien genau diesen mikrohistorischen Anspruch ebenfalls. Oft sind es kleine, mitunter kleinteilige

---

Micro-Macro Link in Historical Research, in: History and Theory 40/3, 2001, 347–359; *Epple,* Globale Mikrogeschichte.

5 *Francesca Trivellato,* Is There a Future for Italian Microhistory in the Age of Global History?, in: California Italian Studies 2/1, 2011, unter: eScholarship. University of California, in: URL= <http://escholarship.org/uc/item/0z94n9hq> (letzter Zugriff: 23.6.2016).

6 *Trivellato,* Italian Microhistory, Kap. IX.

Geschichten, die ich hier erzählt habe. Es sind Geschichten von einem Schwindel mit großem Horizont aber kleiner Wirkung, von Telegrafisten auf winzigen Inseln, von kleinen Betrügereien bei Pferdewetten. Wenn die Geschichten bekannter werden, wenn es um die Meuterei auf der *Bounty* geht oder um den Bau des Tunnels durch den Mont Cenis, dann erzähle ich nur am Rande von deren historischer Bedeutung und versuche vielmehr die kleinteiligen Mechanismen hinter diesen Geschichten auszuleuchten. Am deutlichsten wird dies vielleicht im Transit von Dr. Crippen. Trotz dieses Fokus auf das Kleine, auf solche mikrohistorisch inspirierten Beobachtungsrahmen, leistet jedes der ausgewählten Beispiele einen Beitrag zur Globalgeschichte, also zur Untersuchung der Entstehung und Geschichtsmächtigkeit globaler Verbindungen. Mehr noch, bei genauerer Betrachtung löst sich der oft diagnostizierte Konflikt zwischen Mikro- und Globalgeschichte gänzlich auf. Aus der Warte einer Globalgeschichte, die sich – wie hier vorgestellt – als Verbindungsgeschichte betrachtet, gibt es keinen Widerspruch, da Globalgeschichte nicht automatisch Makrogeschichte bedeutet. Wie im Kapitel zum Raum umschrieben, ist das Globale zunächst einmal eine Möglichkeit und nicht der vorgegebene Beobachtungsrahmen der Globalgeschichte. Ein Ansatz, der sich für die Entstehung globaler Verbindungen und für deren Bedeutung für das Denken und Handeln von Menschen interessiert, nimmt nicht per definitionem eine Makroperspektive ein. Durch die oben bereits geschilderte affine Nähe zu den historischen Akteuren ist oftmals das Gegenteil der Fall. Damit ist das Verhältnis von Global- und Mikrogeschichte weder widersprüchlich noch schwierig oder anderweitig besonders.

Carlo Ginzburg, der sich kürzlich intensiv mit der Beziehung der beiden Felder beschäftigt hat, eröffnet seinen diesbezüglichen Aufsatz in der *Cambridge World History* mit der Bemerkung, dass die Mikrogeschichte für die Globalgeschichte ein „indispensable tool" sei.[7] So sehr ich dies für meine eigene Arbeitsweise unter-

7 *Carlo Ginzburg*, Microhistory and World History, in: Jerry H. Bentley et al. (Hrsg.), The Cambridge World History, Bd. 6. Cambridge 2015,

streichen möchte, muss ich aus der systematischen Sicht dieses Buches einschränken, dass die Mikrogeschichte ein wertvolles, aber kein zwingend notwendiges Werkzeug für die Globalgeschichte ist, wie es das Wort „indispensable" suggeriert. Die Mikrogeschichte ist letztlich eine Art Methode *deluxe*, ein Instrument, mit dessen Hilfe die Leitfragen der Globalgeschichte verfolgt werden können. Es ist dabei aber ein Instrument unter vielen und kann natürlich auch für ganz andere Zusammenhänge neben der Globalgeschichte verwendet werden.[8] Das heißt nicht, dass Fragen des *scalings*,[9] also des Variierens von Maßstäben, unproblematisch oder unwichtig wären. Es heißt nur, dass diese für die Globalgeschichte nicht unbedingt anders zu diskutieren sind als für andere historiografische Ansätze.

Wie aber verhält es sich mit der Episodenhaftigkeit der ausgewählten Fallbeispiele? Und vielleicht noch wichtiger: Wenn manche der Untersuchungszusammenhänge so außergewöhnlich anmuten, lassen sich daraus überhaupt tiefere Einsichten gewinnen? Die Jagd auf den flüchtigen Dr. Crippen ist ein gutes Beispiel für eine fast absurd anmutende soziokulturelle Konstellation. Hier kommen mehr oder weniger zufällig unzählige Faktoren – zum Beispiel eine entstehende Weltöffentlichkeit, die junge Funktechnologie oder der Transit auf einem Dampfschiff – zusammen, die in dieser Kombination nur in einem sehr kleinen historischen Zeitfenster überhaupt möglich waren und alles andere als den Regelfall darstellen. Ganz ähnlich verhält es sich mit dem Bau der Passeisenbahn über den Mont Cenis, einem wahrhaft außerge-

---

446–473, 446.

8 Dies hat die Mikrogeschichte übrigens auch mit der Methode des Vergleichs gemeinsam, dem in globalhistorischen Zusammenhängen implizit oder explizit gerne eine prominente Rolle eingeräumt wird.

9 Vgl. *Bernhard Struck/Kate Ferris/Jacques Revel*, Introduction. Space and Scale in Transnational History, in: International History Review 33/4, 2011, 573–584; insbesondere aber Martin Dusinberres Gedanken zu „Incompatibilities" in *Martin Dusinberre/Roland Wenzlhuemer*, Editorial – Being in Transit. Ships and Global Incompatibilities, in: Journal of Global History 11/2, 2016, 155–162, 161.

wöhnlichen Unterfangen, das einen ganz speziellen Impetus benötigte. Der große Mondschwindel ist eine nicht weniger ausgefallene Episode, während die Meuterei auf der *Bounty* schon von ihren Zeitgenossen als unerhörtes Ereignis wahrgenommen wurde. Zunächst einmal hat dies den Vorteil, dass die einzelnen Fälle und Studien dem geneigten Leser im Gedächtnis bleiben, so darf man es zumindest hoffen, oder sich in der Auseinandersetzung mit ihnen vielleicht manchmal sogar ein gewisses Vergnügen an der Ungewöhnlichkeit in die Ernsthaftigkeit der historischen Analyse mischt. Aus dieser Perspektive erfüllen die Episoden vor allem eine didaktische Funktion, die es etwas leichter und angenehmer macht, sich mit Geschichte zu beschäftigen.[10]

Dieser durchaus nicht unerwünschte Nebeneffekt ist aber nicht der Grund für die Auswahl so manch ungewöhnlicher Geschichte. In vielen Fällen hat das vor allem mit Fragen der Quellenlage und des Überlieferungskontexts zu tun. Globalen Phänomenen nachzuspüren heißt in der Praxis häufig, sich mit Archivalien und anderen Quellen aus den unterschiedlichsten nationalen und regionalen Kontexten zu beschäftigen. In der Forschungspraxis fällt es in diesem Zusammenhang oft schwer, eine Geschichte mehr oder weniger nahtlos durch diese Kontexte zu verfolgen. Man hat es letztlich mit Fragmenten zu tun. Dies ist in der Geschichtswissenschaft eher der Regelfall als die Ausnahme, macht es aber schwerer, die analytische Tragfähigkeit eines bestimmten Begriffs, einer Idee oder eines Konzeptes beispielhaft anzuwenden. Hier helfen Untersuchungszusammenhänge, die sich verhältnismäßig durchgehend über verschiedene Archiv- und Quellenkontexte verfolgen lassen. Und dies ist natürlich insbesondere bei ungewöhnlichen, um Aufmerksamkeit heischenden Geschichten der Fall, die schon unter den Zeitgenossen auf ein breites Interesse gestoßen sind und damit einhergehend einen deutlichen Abdruck in den Quellen hinterlassen haben.

10 Vgl. dazu auch die einleitenden Gedanken zum Kapitel *Narrating World History* bei *Patrick Manning*, Navigating World History. Historians Create a Global Past. New York 2003, 107.

Die klassische Mikrogeschichte, um nochmals auf sie zurückzukommen, kennt diesen Umstand. Eine Studie wie zum Beispiel Carlo Ginzburgs *Der Käse und die Würmer* lebt ebenfalls von der Außergewöhnlichkeit ihres Protagonisten und seiner Geschichte.[11] Denn wären Menocchio und sein Weltbild nicht schon seinen Zeitgenossen als eigenartig und untersuchungswürdig aufgefallen, so hätten wir wohl kaum die Quellenlage, die es benötigt, um seine Geschichte in mikrohistorischem Detail zu rekonstruieren. Die Mikrogeschichte argumentiert in diesem Zusammenhang mit dem Erklärungspotential des „außergewöhnlichen Normalen", also der Fähigkeit außergewöhnlicher Dokumente (oder Umstände) bei richtiger Interpretation generalisierbare Einsichten zu ermöglichen.[12] Dieser Argumentation schließe ich mich gerne an. In vielen der hier vorgestellten Beispiele sind es gerade die exzeptionellen Umstände und Konstellationen, die einen Mechanismus, einen bestimmten Zusammenhang oder eine Wirkweise besonders deutlich hervortreten lassen. Das Ungewöhnliche wird damit zu einem Verstärker und erleichtert uns das Lesen und Interpretieren einer Situation. Die jeweiligen Geschichten mögen außergewöhnlich sein, die in ihnen wirkenden, nun deutlich sichtbaren Kräfte und Zusammenhänge aber sind es nicht. Und damit sind es auch die in einer Betrachtung gewonnen Erkenntnisse nicht. Genau hier liegt auch der größere Sinn einer konzeptuellen Schärfung der globalhistorischen Analyse. Es geht darum, aus außergewöhnlichen (ebenso wie natürlich aus ganz gewöhnlichen) Geschichten jene Aspekte herauszuarbeiten, die für die Globalgeschichte hilfreiche Einsichten bereithalten und darum, diese dann an einen breiteren historischen Kontext zurückzubinden. Ein konzeptuelles Abstraktum mit der jeweiligen Fallstudie direkt korrespondieren zu lassen, soll genau das ermöglichen. Die Außergewöhnlichkeit der einzelnen Episoden tritt dadurch analytisch in den Hintergrund und es bleiben erweiterungsfähige Einsichten übrig, die durch ihre ungewöhnlichen Trägergeschichten aber ein größeres

11 *Ginzburg*, Käse und Würmer.

12 *Trivellato*, Italian Microhistory, Kap. II.

Maß an Eingängigkeit, vielleicht einen gewissen Wiedererkennungs- und sogar Unterhaltungswert haben.

Ob Historikerinnen und Historiker ihre Fragen im Rahmen ganz gewöhnlicher oder doch eher außergewöhnlicher Fallstudien stellen, hat – wenn sie ihr Handwerk verstehen – letztlich kaum einen Einfluss auf die Relevanz der gewonnenen Erkenntnisse. Das ist in der Globalgeschichte nicht anders als in der Geschichtswissenschaft insgesamt. Und dennoch muss man, wenn man sich mit dem Feld eingehender beschäftigt, feststellen, dass Globalhistorikerinnen und -historiker einen überdurchschnittlich ausgeprägten Hang zum Geschichtenerzählen haben. Es kann die fachliche Faszination für das Fremde sein, für die Grenzüberschreitung und den kulturellen Austausch, die sich auf diese Weise auch handwerklich Bahn bricht. Oder es ist das sublime Bedürfnis, einer komplexen globalisierten Welt mit Hilfe der eigenen Geschichten Herr zu werden. In jedem Fall aber ist es ein Wesenszug der Globalgeschichtsschreibung, der diese in besonderem Maße zugänglich macht. Das gilt es zu erhalten.

Redux: Was kann Globalgeschichte?

Globalgeschichte wird gemeinhin unterschätzt – und zwar in ihren Möglichkeiten. Mit dem schnell wachsenden Zuspruch, den die Globalgeschichte im breiteren Feld der historischen Forschung findet, haben sich auch ihre Interessen, ihre Ansätze und ihre methodischen Zugänge vervielfacht. Je mehr ihre Konturen verschwimmen, desto schwieriger wird es für die Globalhistorikerinnen und -historiker selbst, vor allem aber natürlich für Außenstehende, zu erkennen, welchen Beitrag die Globalgeschichte in der Gesamtschau der Geschichtswissenschaften eigentlich leisten kann und will. Deshalb habe ich in diesem Buch bei aller Sympathie für ein breites, vielfältiges Forschungsfeld, versucht, einige Leitfragen und zentrale Erkenntnisinteressen der Globalgeschichte zu benennen und gleichzeitig Wege aufzuzeigen, wie man diesen nachspüren kann. Meiner Meinung nach sollte die Aufmerksamkeit der Globalgeschichte den globalen Verbindungen gelten. Sie sollte fragen, wie solche Verbindungen entstehen und wie sie das Denken und Handeln der historischen Akteure beeinflussen. Um diesen Fragen nachgehen zu können, braucht die Globalgeschichte ein klares analytisches Verständnis davon, was globale Verbindungen überhaupt sind und – diese Frage wird viel zu selten gestellt – wie sie sich von anderen Verbindungsformen abheben.

Indem sie diese Fragen stellt, bildet die Globalgeschichte eine ergänzende Perspektive zu anderen Ansätzen, die zum Beispiel den Nationalstaat ins Zentrum der Betrachtung stellen. Sie erweitert bzw. vervollständigt solche Ansätze, sollte aber nicht versuchen sie zu überschreiben. Man kann sich die Globalgeschichte metaphorisch als sorgsam austariertes Gegengewicht vorstellen – und nicht als den Versuch, mit Hilfe einer neuen Meistererzählung neue Ungleichgewichte herzustellen. Letzten Endes muss die Globalgeschichte in diesem Zusammenhang danach streben, sich selbst obsolet zu machen. Das heißt, sie sollte andere Formen der Geschichtsschreibung eben nicht *über*schreiben, sondern sich in sie *ein*schreiben, so dass zukünftig jeder historische Deutungsversuch die Rolle globaler Verbindungen immer mitdenkt. Das bedeutet übrigens nicht diese zu priorisieren, sondern schlicht sie adäquat zu berücksichtigen.

In vielen Untersuchungszusammenhängen mag das auch heißen festzuhalten, dass globale Verbindungen keine wesentliche Rolle gespielt haben. Wer dieses Buch gelesen hat, wird unmittelbar gemerkt haben, dass ich selbst als praktizierender Globalhistoriker dem Feld zwar eine wichtige, aber keine herausragende Rolle im Ensemble der modernen Geschichtswissenschaft zuerkenne. Herauszuragen bedeutet immer auch andere zu überragen. Eine solche Einstellung aber verhindert im Normallfall den Dialog und die fruchtbare Auseinandersetzung miteinander. Für mich ist die Globalgeschichte ein Zugang, der die Geschichtswissenschaft gerade durch seine Komplementarität bereichert und nicht durch einen Alleinstellungsanspruch. Die in diesem Buch geschilderten konzeptuellen Ansätze spiegeln diese Überzeugung wider und wollen daher vor allem auch eines: anschlussfähig sein.

Am Ende bleibt die Frage, wozu es all diese Überlegungen und Ausführungen überhaupt braucht, wenn die Globalgeschichte sich ohnehin nur in das breitere Feld der Geschichtswissenschaft einordnen soll, um sich schließlich irgendwann selbst obsolet zu machen. Die Antwort darauf ist ebenso wichtig wie unspektakulär. Wie in den Geisteswissenschaften im Allgemeinen und der Geschichtswissenschaft im Speziellen, so geht es auch in der Globalgeschichte letztlich um die Schärfung unseres kritischen Urteilsvermögens – nur eben im Zusammenhang einer zutiefst verflochtenen Welt. Genau dazu will ich mit den in diesem Buch festgehaltenen Gedanken einen kleinen Beitrag leisten.

Nachweise

Quellen

Banks, Joseph, Eintrag vom 28. Mai 1769, in: ders: Endeavour Journal. Bd. 1: 25. August 1768 – 14. August 1769, State Library of New South Wales, ML Safe 1/12.

Banks, Joseph, Manners and Customs of the South Sea Islanders, in: ders., Endeavour Journal. Bd. 1: 25. August 1768 – 14. August 1769, State Library of New South Wales, ML Safe 1/12.

Barber, James, The Overland Guide-Book. A Complete Vade-Mecum for the Overland Traveller. London 1845.

Bennett, James Gordon, The Astronomical Hoax Explained, in: New York Herald vom 31. August 1835, 1.

Berliner Tageblatt.

Bligh, William, A Narrative of the Mutiny, on Board His Majesty's Ship Bounty; and the Subsequent Voyage of Part of the Crew, in the Ship's Boat from Tofoa, one of the Friendly Islands, to Timor, a Dutch Settlement in the East Indies. London 1790.

Bligh, William, An Answer to Certain Assertions Contained in the Appendix to a Pamphlet, Entitled Minutes of the Proceedings on the Court-Martial Held at Portsmouth, August 12th, 1792, on Ten Persons Charged with Mutiny on Board His Majesty's Ship the Bounty. London 1794.

Bligh, William, Brief an Elizabeth Bligh, Kupang, 1789. Mitchell Library of New South Wales, ZML Safe 1/45, 17–24.

Bligh, William, Brief an Joseph Banks. Anhang, Batavia, 13. Oktober 1789, Papers of Sir Joseph Banks. State Library of New South Wales, Series 46.27.

Bligh, William, Chapter IX, in: ders., A Voyage to the South Sea, Undertaken by Command of His Majesty, for the Purpose of Conveying the Bread-Fruit Tree to the West-Indies, in His Majesty's Ship the Bounty, Commanded by Lieutenant William Bligh. London 1792, 105–122.

Bligh, William, Extracts from Captain Bligh's Narrative, in: Times vom 7. September 1790, 3.

Bougainville, Louis Antoine de, Voyage autour du monde, par la frégate du Roi la Boudeuse, et la flûte l'étoile; en 1766, 1767, 1768 & 1769. Paris 1771.

British Library. Oriental Collections IOR/V/24/4284. Administration Report of the Indian Telegraph Department for 1862–1863, 1863.

Cable and Wireless Archive. British-Indian Submarine Telegraph Co Ltd DOC/BISTC/6/2. Souvenir of the Inaugural Fete to Celebrate the Opening of Direct Submarine Telegraphic Communication to India, 2. Juni 1870.

Cincinnati Mirror & Western Gazette of Literature and Science.

Christian, Edward, A Short Reply to Capt. William Bligh's Answer. London 1795.

Christian, Edward/ Barney, Stephen, Minutes of the Proceedings of the Court-Martial Held at Portsmouth, August 12, 1792. On Ten Persons Charged with Mutiny on Board His Majesty's Ship the Bounty. With an Appendix, Containing A Full Account of the Real Causes and Circumstances of that Unhappy Transaction, the Most Material of Which Have hitherto Been Withheld from the Public. London 1794.

Clauson-Thue, William, The ABC Universal Commercial Electric Telegraphic Code. 4. Aufl. London 1881.

Commemoration of the Opening of Direct Submarine Telegraph with India, *John Pender,* Souvenir of the Inaugural Fête held at the House of Mr. John Pender vom 23. Juni 1870.

Daily Mail

Daily Mirror

Daily News

Daily Telegraph

Die Gartenlaube

Dilke, Charles Wentworth, Extraordinary Discoveries by Sir John Herschel, in: Athenaeum 440 vom 2. April 1836, 244.

Ellis, John, A Description of the Mangostan and the Bread-Fruit: The First, Esteemed One of the Most Delicious; the Other, the Most Useful of All the Fruits in the EAST INDIES. London 1775.

Greene, Asa, A Glance at New York. The City Government, Theatres, Hotels, Churches, Mobs, Monopolies, Learned Professions, Newspapers, Rogues, Dandies, Fires and Firemen, Water and Other Liquids &C. &C. New York 1837.

Hansard, HC Deb, Bd. 19, CC1240-1 vom 20. Juli 1910.

Hawkesworth, John, An Account of the Voyages Undertaken by the Order of His Present Majesty for Making Discoveries in the Southern Hemisphere, and Successively Performed by Commodore Byron Captain Wallis, Captain Carteret, and Captain Cook, in the Dolphin, the Swallow, and the Endeavour Drawn Up from the Journals Which Were Kept by the Several Commanders, and from the Papers of Joseph Banks. (3 Bd.) London 1773.

Herschel, Sir John, Extracts of a Letter from Sir J. Herschel to M. Arago, in: Athenaeum 478, 24. Dezember 1836, 908.

House of Commons. Parliamentary Paper 466, Tyler, Eastern Mails. Copy of Report from Captain Tyler, R. E., to Her Majesty's Postmaster General, of His Recent Inspection of the Railways and Ports of Italy, with Reference to the Use of the Italian Route for the Conveyance of the Eastern Mails, 1866.

House of Commons. Parliamentary Papers C. 304. Telegraphs. Report by Mr. Scudamore on the Re-Organization of the Telegraph System of the United Kingdom. Presented to the House of Commons by Command of Her Majesty. London 1871.

Illustrated London News.

Jones, Thomas P. (Hrsg.), Journal of the Franklin Institute of the State of Pennsylvania and American Repertory of Mechanical and Physical Science, Civil Engineering, the Arts and Manufactures and of American and Other Patented Inventions. Philadelphia 1845, 203.

Kenyon, Eustace Alban, Brief an Tizie, Cambridge 1891, in: Cambridge South Asian Archive, Centre of South Asian Studies, University of Cambridge.

Library of Congress. Prints & Photographs Division, Reproduktion (LC-USZ62-61482) von *Charles Dana Gibson*, Mr. A. Merger Hogg is Taking a Much Needed Rest at His Country Home, Zeichnung, in: Life 41 vom 4. Juni 1903, 518–519.

Literatur- und Intelligenzblatt für Neu-Vorpommern und Rügen. Beilage zur Sundine.

Lloyd's Weekly London Newspaper.

Locke, Richard Adams, Celestial Discoveries, in: The Sun vom 21. August 1835, 2.

Locke, Richard Adams, Great Astronomical Discoveries. Lately Made By Sir John Herschel, L. L. D. F. R. S. &c. At the Cape of Good Hope [From Supplement to the Edinburgh Journal of Science.], in: The Sun vom 25. August 1835, 1.

Locke, Richard Adams, Great Astronomical Discoveries. Lately Made By Sir John Herschel, L. L. D. F. R. S. &c. At the Cape of Good Hope [From Supplement to the Edinburgh Journal of Science.] [continued from yesterday's Sun], in: The Sun vom 26. August 1835, 1.

Locke, Richard Adams, Great Astronomical Discoveries. Lately Made By Sir John Herschel, L. L. D. F. R. S. &c. At the Cape of Good Hope [From Supplement to the Edinburgh Journal of Science.] [continued from yesterday's Sun], in: The Sun vom 27. August 1835, 1.

Locke, Richard Adams, Great Astronomical Discoveries. Lately Made By Sir John Herschel, L. L. D. F. R. S. &c. At the Cape of Good Hope [From Supplement to the Edinburgh Journal of Science.] [continued from yesterday's Sun], in: The Sun vom 28. August 1835, 1.

Locke, Richard Adams, Great Astronomical Discoveries. Lately Made By Sir John Herschel, L. L. D. F. R. S. &c. At the Cape of Good Hope [From Supplement to the Edinburgh Journal of Science.] [continued from yesterday's Sun], in: The Sun vom 29. August 1835, 1.

Locke, Richard Adams, Great Astronomical Discoveries. Lately Made By Sir John Herschel, L. L. D. F. R. S. &c. At the Cape of Good Hope [From Supplement to the Edinburgh Journal of Science.] [concluded.], in: The Sun vom 31. August 1835, 1.

Locke, Richard Adams / Nicollet, Joseph Nicolas, The Moon Hoax; Or, a Discovery that the Moon Has a Vast Population of Human Beings. New York 1859.

Locke, Richard Adams, To the Editor of the Evening Star, in: New York Herald vom 1. September 1835, 1.

Los Angeles Times.

Martineau, Harriet, Retrospect of Western Travel, Bd. 3. London 1838.

Mücke, Hellmuth von, Ayesha. Berlin 1915.

New Anecdote Library (Hrsg.), The London Anecdotes. For All Readers. Part 1: Anecdotes of the Electric Telegraph. London 1848.

New York Times.

New Zealander.

New Zealand Spectator and Cook's Strait Guardian.

O.A., An Epistle from Mr. Banks, Voyager, Monster-Hunter, and Amoroso, to Oberea, Queen of Otaheite. London 1773.

O.A., An Epistle from Oberea, Queen of Otaheite, to Joseph Banks Esq. London 1774.

O.A., Report of the British Association of the Advancement of Science. London 1871.

O.A., Ship Descriptions – M, in: The Ships List. Version 25. September 2008, in: URL = <http://www.theshipslist.com/ships/descriptions/ShipsMM.shtml> (letzter Zugriff: 21.06.2016)

O.A., The Emden's Fatal Visit to Cocos, in: The Zodiac 8, 1915, 62–68.

O.A., Trial of Crippen, Hawley Harvey. October 1910, in: Old Bailey Proceedings Online. Version 7.2, in: URL = <http://www.oldbailey-online.org/browse.jsp?id=def1-74-19101011&div=t19101011-74> (letzter Zugriff: 21.06.2016).

O'Brien, Frank, The Story of the Sun. Part 2, in: Munsey's Magazine, Juni 1917, 99–115.

Occasional Papers of Bernice P. Bishop Museum 15/17, *Kenneth P. Emory*, Additional Notes on the Archaeology of Fanning Island, 1939, 179–189.

Original Theatrical Trailer, in: Warner Brothers, Mutiny on the Bounty (1962) Blu-Ray. Los Angeles 2011.

Paula Gruithuisen, Franz von / Olbers, Wilhelm / Gauss, Carl Friedrich, The Moon and Its Inhabitants, in: Edinburgh New Philosophical Journal 1, 1826, 389–390.

Poe, Edgar Allan, Richard Adams Locke, in: ders., The Literati of New York City. Some Honest Opinions At Random Respecting Their Autorial Merits, With Occasional Words Of Personality, Bd. 6. O.O. 1846, 159–161.

Porthcurno Telegraph Museum, DOC//5/107/1-3, Letters from the Fanning Islands.

Ross, Nelson E., How to Write Telegrams Properly. (Little Blue Book Bd. 459.) Girard 1928.

Siemens, Werner von, Brief an Carl von Siemens vom 12. April 1870, zitiert nach: *Hans Pieper / Kilian Kuenzi*, in: Museum für Kommunikation (Hrsg.), In 28 Minuten von London nach Kalkutta. Aufsätze zur Telegrafiegeschichte aus der Sammlung Dr. Hans Pieper im Museum für Kommunikation, Bern. (Schriftenreihe des Museums für Kommunikation, Bern.) Zürich 2000, 209.

Simpson, William, Meeting the Sun. A Journey all round the World through Egypt, China, Japan and California, Including an Account

of the Marriage Ceremonies of the Emperor of China. London u.a. 1874.
South Australian Register.
Sterne, Laurence, A Sentimental Journey through France and Italy. Basil 1792.
Sydney Morning Herald.
The Argus.
Times.
Times of London.
Whymper, Edward, Scrambles amongst the Alps in the Years 1860–69. London / Murray 1871.

Forschungsliteratur

Alexander, Caroline, The Bounty. The True Story of the Mutiny on the Bounty. New York 2004.
Andrade, Tonio, A Chinese Farmer, Two African Boys, and a Warlord. Toward a Global Microhistory, in: Journal of World History 21/4, 2010, 573–591.
Angster, Julia, Erdbeeren und Piraten. Die Royal Navy und die Ordnung der Welt 1770-1880. Göttingen 2012.
Antunes, Cátia / Fatah-Black, Karwan (Hrsg.), Explorations in History and Globalization. London 2016.
Armitage, David / Braddick, Michael (Hrsg.), The British Atlantic World, 1500–1800. Basingstoke / New York 2002.
Ashmore, Paul, Slowing Down Mobilities. Passengering on an Inter-War Ocean Liner, in: Mobilities 8/4, 2013, 595–611.
Assmann, Aleida, Ist die Zeit aus den Fugen? Aufstieg und Fall des Zeitregimes der Moderne. München 2013.
Barth, Boris / Gänger, Stefanie / Petersson, Niels P. (Hrsg.), Globalgeschichten. Bestandsaufnahme und Perspektiven. (Reihe „Globalgeschichte“, Bd. 17.) Frankfurt am Main 2014.
Barton, Roger N., Brief Lives. Three British Telegraph Companies 1850–56, in: The International Journal for the History of Engineering and Technology 80/2, 2012, 183–198.
Basu, Dilip K. (Hrsg.), The Rise and Growth of the Colonial Port Cities in Asia. (Monograph Series / Center for South and Southeast Asia Studies, Bd. 25.) Lanham 1985.

Bayly, Christopher A., ‚Archaic' and ‚Modern' Globalization in the Eurasian and African Arena, *c.* 1750-1850, in: Anthony G. Hopkins (Hrsg.), Globalization in World History. New York 2002, 47–73.
Bayly, Christopher A., The Birth of the Modern World, 1780–1914. Global Connections and Comparisons. Oxford 2004.
Beaglehole, John C., The Life of Captain James Cook. Stanford 1974.
Beck, Ulrich, Macht und Gegenmacht im globalen Zeitalter. Neue weltpolitische Ökonomie. (Edition Zweite Moderne.) Frankfurt am Main 2002.
Bentley, Jeremy H. / Bridenthal, Renate / Wigen, Kären (Hrsg.), Seascapes. Maritime Histories, Littoral Cultures, and Transoceanic Exchanges. (Perspectives on the Global Past.) Honolulu 2007.
Bergier, Jean-Francois, Pour une Histoire des Alpes, Moyen Age et Temps Modernes. (Collected Studies Series, Bd. 587.) Aldershot 1998, VII/39-49.
Bose, Sugata, A Hundred Horizons. The Indian Ocean in the Age of Global Empire. Cambridge 2006.
Bourdieu, Pierre, Entwurf einer Theorie der Praxis. Frankfurt am Main 1979.
Braudel, Fernand, Histoire et Sciences Sociales. La Longue Durée, in: Annales. Économies, Sociétés, Civilisations 4/13, 1958, 725–753.
Braudel, Fernand, La Méditerranée et le Monde Méditerranéen à l'Époque de Philippe II. Paris 1949.
Broeze, Frank (Hrsg.), Brides of the Sea. Port Cities of Asia from the 16th-20th Centuries. Honolulu 1989.
Broeze, Frank (Hrsg.), Gateways of Asia. Port Cities of Asia in the 13th-20th Centuries. London 1997.
Bruce, Julia, Banks and Breadfruit, in: RSA Journal 141, 1993, 817–820.
Burke, Peter, Reflections on the Cultural History of Time, in: Viator. Medieval and Renaissance Studies 35, 2004, 617–626.
Carey, James, Technology and Ideology. The Case of the Telegraph, in: ders., Communication as a Culture. Essays on Media and Society. Boston 1989, 201–230.
Carter, Harold B., Sir Joseph Banks, 1743–1820. London 1988.
Castagnaro, Mario, Lunar Fancies and Earthly Truths.The Moon Hoax of 1835 and the Penny Press, in: Nineteenth-Century Contexts. An Interdisciplinary Journal 34/3, 2012, 253–268.

Castells, Manuel, Informationalism, Networks, and the Network Society: A Theoretical Blueprint, in: ders. (Hrsg.), The Network Society. A Cross-Cultural Perspective. Cheltenham, Northampton 2004, 3–45.

Chaney, Edward, The Evolution of the Grand Tour. Anglo-Italian Cultural Relations since the Renaissance. London u.a. 1998.

Choudhury, Deep Kanta Lahiri, India's First Virtual Community and the Telegraph General Strike of 1908, in: Aad Blok / Greg Downey (Hrsg.), Uncovering Labour in Information Revolutions, 1750–2000. (IRSH. Supplements, Bd. 11.) Cambridge / New York / Melbourne 2003, 45–71.

Choudhury, Deep Kanta Lahiri, Treasons of the Clerks. Sedition and Representation in the Telegraph General Strike of 1908, in: Crispin Bates (Hrsg.), Beyond Representation. Colonial and Postcolonial Constructions of Indian Identity. Oxford 2006, 300–321.

Christopher, Emma / Pybus, Cassandra / Rediker, Marcus (Hrsg.), Many Middle Passages. Forced Migration and the Making of the Modern World. Berkeley 2007.

Connell, Nicolas, Dr. Crippen. The Infamous London Cellar Murder of 1910. Stroud 2013.

Connell, Nicolas, Walter Dew. The Man Who Caught Crippen. Stroud 2005.

Conrad, Sebastian, Globalgeschichte. Eine Einführung. (Beck'sche Reihe, Bd. 6079.) München 2013.

Conrad, Sebastian, What is Global History? Princeton / Oxford 2016.

Conrad, Sebastian / Eckert, Andreas, Globalgeschichte, Globalisierung, multiple Modernen. Zur Geschichtsschreibung der modernen Welt, in: dies. / Ulrike Freitag (Hrsg.), Globalgeschichte. Theorien, Ansätze, Themen. Frankfurt am Main 2007, 7–49.

Conrad, Sebastian / Eckert, Andreas / Freitag, Ulrike (Hrsg.), Globalgeschichte. Theorien, Ansätze, Themen. Frankfurt am Main 2007.

Conze, Werner, Die Stellung der Sozialgeschichte in Forschung und Unterricht, in: GWU 3, 1952, 648–657.

Conze, Werner, Die Strukturgeschichte des technisch-industriellen Zeitalters als Aufgabe für Forschung und Unterricht. (Arbeitsgemeinschaft für Forschung des Landes Nordrhein-Westfalen. Geisteswissenschaften, Bd. 66.) Köln u.a. 1957.

Crossley, Pamela Kyle, What is Global History? Cambridge 2008.

Crowe, Michael J., A History of the Extraterrestrial Life Debate, in: Zygon 32/2, 1997, 147–162.

Crowe, Michael J., The Extraterrestrial Life Debate 1750–1900. The Idea of a Plurality of Worlds from Kant to Lowell. Cambridge 1986.

Cullen, Tom F., Crippen. The Mild Murderer. London 1977.

Dening, Greg, Mr Bligh's Bad Language. Passion, Power and Theatre on the Bounty. Cambridge / New York 1992.

Diedrich, Maria / Gates, Henry L. / Pedersen, Carl (Hrsg.), Black Imagination and the Middle Passage. Oxford 1999.

Döring, Jörg / Thielmann, Tristan (Hrsg.), Spatial Turn. Das Raumparadigma in den Kultur- und Sozialwissenschaften. 2. Aufl. Bielefeld 2009.

Dressel, Gert, Historische Anthropologie. Eine Einführung. Wien / Köln / Weimar 1996.

Dülmen, Richard van, Historische Anthropologie. Entwicklung, Probleme, Aufgaben. 2. Aufl. Köln 2001.

Dusinberre, Martin, Japan, Global History, and the Great Silence, in: History Workshop Journal, im Druck 2017.

Dusinberre, Martin / Wenzlhuemer, Roland, Editorial – Being in Transit. Ships and Global Incompatibilities, in: Journal of Global History 11/2, 2016, 155–162.

Early, Julie English, Technology, Modernity and ‚The Little Man'. Crippen's Capture by Wireless, in: Victorian Studies 39/3, 1996, 309–337.

Eckert, Andreas, Globalgeschichte und Zeitgeschichte, in: APuZ 62/1–3, 2012, 28–32.

Edgerton, David, The Shock of the Old. Technology and Global History since 1900. Oxford u.a. 2007.

Epple, Angelika, Das Unternehmen Stollwerck. Eine Mikrogeschichte der Globalisierung, Frankfurt am Main / New York 2010.

Epple, Angelika, Globale Mikrogeschichte. Auf dem Weg zu einer Geschichte der Relationen, in: Ernst Langthaler / Ewald Hiebl (Hrsg.), Im Kleinen das Große suchen. Mikrogeschichte in Theorie und Praxis. Hanns Haas zum 70. Geburtstag. (Jahrbuch für Geschichte des ländlichen Raumes 2012.) Innsbruck 2012, 37–47.

Epple, Angelika / Kaltmeier, Olaf / Lindner, Ulrike (Hrsg.), Entangled Histories. Reflecting on Concepts of Coloniality and Postcoloniality. (Comparativ, Bd. 21/1.) Leipzig 2011.

Espagne, Michel / Werner, Michael (Hrsg.), Transferts. Les relations interculturelles dans l'espace franco-allemand (xviiie–xixe siècles). Paris 1988.

Evans, David S., Herschel at the Cape: Diaries and Correspondence of Sir John Herschel, 1834–1838. Cape Town 1969.

Fido, Martin, Crippen, Hawley Harvey (1862–1910), in: Oxford Dictionary of National Biography 2004. Version Januar 2011, in: URL = <http://www.oxforddnb.com/view/article/39420> (letzter Zugriff: 21.06.2016).

Fletcher, Paul, The Uses and Limitations of Telegrams in Official Correspondence between Ceylon's Governor General and the Secretary of State for the Colonies, circa 1870–1900, in: Roland Wenzlhuemer (Hrsg.), Global Communication. Telecommunication and Global Flows of Information in the Late 19th and Early 20th Century. (HSR 35/1. Special Issue: Global Communication.) Köln 2010, 90–107.

Flynn, Dennis O. / Giráldez, Arturo, Born Again: Globalization's Sixteenth Century Origins (Asian / Global Versus European Dynamics), in: Pacific Economic Review 13/3, 2008, 359–387.

Flynn, Dennis O. / Giráldez, Arturo, Born with a „Silver Spoon": The Origin of World Trade in 1571, in: Journal of World History 6/2, 1995, 201–221.

Foucault, Michel / Miskowiec, Jay, Of Other Spaces, in: Diacritics 16/1, 1986, 22–27.

Frost, Alan, Bligh, William (1754–1817), in: Oxford Dictionary of National Biography 2004. Version September 2013, in: URL= <http://www.oxforddnb.com/view/article/2650?docPos=1> (letzter Zugriff: 25.6.2016).

Frost, Alan, Sir Joseph Banks and the Transfer of Plants to and from the South Pacific, 1786–1798. Melbourne 1993.

Gagen, Wendy, Not Another Hero. The Eastern and Associated Telegraph Companies. Creation of the Heroic Company, in: Stephen McVeigh / Nicola Cooper (Hrsg.), Men After War. London 2013, 92–110.

Gagen, Wendy, The Manly Telegrapher. The Fashioning of a Gendered Company Culture in the Eastern and Associated Telegraph Companies, in: Michaela Hampf / Simone Müller-Pohl (Hrsg.), Global Communication Electric. Business, News and Politics in the World of Telegraphy. New York 2013, 170–196.

Gascoigne, John, Banks, Sir Joseph, baronet, in: Oxford Dictionary of National Biography 2004. Version September 2013, in: URL= <http://

www.oxforddnb.com/view/article/1300?docPos=1> (letzter Zugriff: 25.6.2016)

Gascoigne, John, Joseph Banks and the English Enlightenment. Useful Knowledge and polite Culture. Cambridge 1994.

Giddens, Anthony, A Contemporary Critique of Historical Materialism. Bd. 1: Power, Property and the State. London 1981.

Giddens, Anthony, The Consequences of Modernity. Stanford 1990.

Giddens, Anthony, The Constitution of Society. Outline of the Theory of Structuration. Cambridge 1984.

Gills, Barry K./Thompson, William R., Globalizations, Global Histories and Historical Globalities, in: dies. (Hrsg.), Globalization and Global History. New York/Abingdon 2006, 1–15.

Gilroy, Paul, The Black Atlantic: Modernity and Double-Consciousness. 3. Aufl. London 2002.

Ginzburg, Carlo, Der Käse und die Würmer. Die Welt eines Müllers um 1600. Frankfurt am Main 1979.

Ginzburg, Carlo, Microhistory and World History, in: Jerry H. Bentley et al. (Hrsg.), The Cambridge World History, Bd. 6. Cambridge: Cambridge University Press 2015, 446–473.

Goodman, Jonathan, The Crippen File. London 1985.

Goodman, Matthew, The Sun and the Moon. The Remarkable True Account of Hoaxers, Showmen, Dueling Journalists, and Lunar Man-Bats in Nineteenth-Century New York. New York 2008.

Grandner, Margarete/Rothermund, Dietmar/Schwentker, Wolfgang (Hrsg.), Globalisierung und Globalgeschichte. (Globalgeschichte und Entwicklungspolitik, Bd. 1.) Wien 2005.

Griggs, William, The Celebrated „Moon Story“, Its Orgins and Incidents. New York 1852.

Habermas, Rebekka, Der Kolonialskandal Atakpame – eine Mikrogeschichte des Globalen, in: Historische Anthropologie 17/3, 2009, 295–319.

Harvey, David, Between Space and Time. Reflections on the Geographical Imagination, in: Annals of the Association of American Geographers 80/3, 1990, 418–434.

Harvey, David, Social Justice and the City. London 1973.

Harvey, David, The Condition of Postmodernity. An Enquiry into the Origins of Cultural Change. Cambridge 1990.

Hazareesingh, Sandip, Interconnected Synchronicities. The Production of Bombay and Glasgow as Modern Global Ports c. 1850–1880, in: Journal of Global History 1/4, 2009, 7–31.

Headrick, Daniel R., The Invisible Weapon. Telecommunications and International Politics, 1851–1945. New York / Oxford 1991.

Hennessey, Roger, Worlds without End. Gloucestershire 1997.

Herold, Heiko, Reichsgewalt bedeutet Seegewalt. Die Kreuzergeschwader der Kaiserlichen Marine als Instrument der deutschen Kolonial- und Weltpolitik 1885 bis 1901. (Beiträge zur Militärgeschichte, Bd. 74, zugleich Phil. Diss. Heinrich-Heine-Universität Düsseldorf 2010.) München 2013.

Hochfelder, David, „Where the Common People Could Speculate": The Ticker, Bucket Shops, and the Origins of Popular Participation in Financial Markets, 1880–1920, in: JAH 93/2, 2006, 335–358.

Hochfelder, David, The Telegraph in America, 1832–1920. Baltimore 2012.

Holtorf, Christian, Der erste Draht zur Neuen Welt. Die Verlegung des transatlantischen Telegrafenkabels. Göttingen 2013.

Hopkins, Anthony G., Introduction: Globalization – An Agenda for Historians, in: ders. (Hrsg.), Globalization in World History. New York 2002, 1–10.

Hough, Richard, Captain James Cook. A Biography. New York / London 1997.

Hugill, Peter J., Global Communications since 1844. Geopolitics and Technology. Baltimore 1999.

Hunt, Lynn, Globalization and Time, in: Chris Lorenz / Berber Bevernage (Hrsg.), Breaking up Time: Negotiating the Borders between Present, Past and Future. (Schriftenreihe der FRIAS School of History, Bd. 7.) Göttingen 2013, 199–215.

Huurdeman, Anton A., The Worldwide History of Telecommunications. Hoboken 2003.

Hyslop, Jonathan, Steamship Empire. Asian, African and British Sailors in the Merchant Marine c. 1880–1945, in: Journal of Asian and African Studies 44/1, 2009, 49–67.

Jackson, Gordon / Fischer, Lewis R. / Jarvis, Adrian (Hrsg.), Harbours and Havens. Essays in Port History in Honour of Gordon Jackson. (Research in Maritime History, Bd. 16.) St. John's 1999.

Jäger, Friedrich / Rüsen, Jörn, Geschichte des Historismus. Eine Einführung. München 1992.

John, Richard, Network Nation. Inventing American Telecommunications. Cambridge u.a. 2010.

Kempe, Michael, ‚Even in the Remotest Corners of the World'. Globalized Piracy and International Law, 1500–1900, in: Journal of Global History 5/3, 2010, 353–372.

Kempe, Michael, Fluch der Weltmeere. Piraterie, Völkerrecht und Internationale Beziehungen, 1500–1900. Frankfurt am Main 2010.

Keohane, Robert O. / Nye, Joseph S., Globalization: What's New? What's Not? (And So What?), in: Foreign Policy 118/1, 2000, 104–119.

Kern, Stephen, The Culture of Time and Space, 1880–1918. With a New Preface. 2. Aufl. Cambridge / London 2003.

Kieve, Jeffrey, The Electric Telegraph. A Social and Economic History. New Abbot 1973.

Komlosy, Andrea, Globalgeschichte. Methoden und Theorien. (UTB Geschichte, Bd. 3564.) Wien / Köln / Weimar 2011.

Koselleck, Reinhart, Ereignis und Struktur, in: Reinhart Koselleck / Wolf-Dieter Stempel (Hrsg.), Geschichte, Ereignis und Erzählung. München 1973, 560–570.

Koselleck, Reinhart, Vergangene Zukunft. Zur Semantik geschichtlicher Zeiten. (Suhrkamp Taschenbuch Wissenschaft, Bd. 757.) 8. Aufl. Frankfurt am Main 2013.

Koselleck, Reinhart, Zeitschichten. Studien zur Historik. (Suhrkamp Taschenbuch Wissenschaft, Bd. 1656.) Frankfurt am Main 2003.

Ladurie, Emmanuel Le Roy, Montaillou. Ein Dorf vor dem Inquisitor 1294–1324. Frankfurt am Main / Berlin / Wien 1980.

Landwehr, Achim, Geburt der Gegenwart. Eine Geschichte der Zeit im 17. Jahrhundert. (S. Fischer Geschichte.) Frankfurt am Main 2014.

Larson, Erik, Thunderstruck. New York 2007.

Larson, Pier, Ocean of Letters. Language and Creolization in an Indian Ocean Diaspora. Cambridge 2009.

Latour, Bruno, Reassembling the Social. An Introduction to Actor-Network-Theory. (Clarendon Lectures in Management Studies.) Oxford 2005.

Lefebvre, Henri, La Production de l'Espace. Paris 1974.

Leipold, Andreas, Die deutsche Seekriegsführung im Pazifik in den Jahren 1914 und 1915. Wiesbaden 2012.

Levi, Giovanni, Inheriting Power. The Story of an Exorcist. Chicago 1988.

Linebaugh, Peter / Rediker, Marcus, The Many-Headed Hydra. Sailors, Slaves, Commoners, and the Hidden History of the Revolutionary Atlantic. Boston 2000.

Löhr, Isabella / Wenzlhuemer, Roland, Introduction. The Nation State and Beyond. Governing Globalization Processes in the Nineteenth and Early Twentieth Centuries, in: dies. (Hrsg.), The Nation Sate and Beyond. Governing Globalization Processes in the Nineteenth and Early Twentieth Centuries. Berlin / Heidelberg 2013, 1–26.

Lorenz, Chris / Bevernage, Berber (Hrsg.), Breaking up Time. Negotiating the Borders between Present, Past and Future. (Schriftenreihe der FRIAS School of History, Bd. 7.) Göttingen 2013.

Löw, Martina, Raumsoziologie. Frankfurt am Main 2001.

Lüdtke, Alf, Alltagsgeschichte, Mikro-Historie, historische Anthropologie, in: Hans-Jürgen Goertz (Hrsg.), Geschichte. Ein Grundkurs. Reinbek 1998, 565–567.

Lysaght, Averil M., Joseph Banks in Newfoundland and Labrador, 1766. His Diary, Manuscripts, and Collections. Berkeley 1971.

Mackay, David, Banks, Bligh and Breadfruit, in: New Zealand Journal of History 8/1, 1974, 61–77.

Maliszewski, Paul, Paper Moon, in: Wilson Quarterly 29/1, 2005, 26–34.

Manning, Patrick, Navigating World History. Historians Create a Global Past. New York 2003.

Marx, Karl, Ökonomische Manuskripte 1857/58 *(Grundrisse der Kritik der politischen Ökonomie).* (Marx-Engels-Gesamtausgabe [MEGA], Abt. 2 / Bd. 1.) 2. Aufl. Berlin 2006.

Massey, Doreen B., For Space. Los Angeles u.a. 2005.

Massey, Doreen B., Politics and Space-Time, in: New Left Review 196, 1992, 65–84.

Massey, Doreen B., Space, Place and Gender. Cambridge 1994.

Maurer, Michael, Historische Anthropologie, in: ders. (Hrsg.), Aufriss der Historischen Wissenschaften. Bd. 7: Neue Themen und Methoden der Geschichtswissenschaft. Stuttgart 2003, 294–387.

Maxton, Donald A., The Mutiny on HMS Bounty. A Guide to Non-Fiction, Fiction, Poetry, Film, Articles and Music. Jefferson / London 2008.

Mazlish, Bruce, The New Global History. New York / Abingdon 2006.

Mazlish, Bruce / Iriye, Akira, Introduction, in: dies. (Hrsg.), The Global History Reader. New York / Abingdon 2005, 1–15.

McPherson, Kenneth, The Indian Ocean. A History of People and the Sea. Oxford 1993.

Medick, Hans, Mikro-Historie, in: Winfried Schulze (Hrsg.): Sozialgeschichte, Alltagsgeschichte, Mikro-Historie. Eine Diskussion. Göttingen 1994, 40–53.

Meißner, Joachim, Mythos Südsee. Das Bild von der Südsee im Europa des 18. Jahrhunderts. Hildesheim 2006.

Middell, Matthias / Naumann, Katja, Global History and the Spatial Turn. From the Impact of Area Studies to the Study of Critical Junctures of Globalization, in: Journal of Global History 5/1, 2010, 149–170.

Miller, Michael B., Europe and the Maritime World. A Twentieth Century History. Cambridge 2012.

Morrison-Low, Alison D., Brewster, Sir David (1781–1868), in: Oxford Dictionary of National Biography 2004. Version Januar 2014, in: URL= <http://www.oxforddnb.com/view/article/3371> (letzter Zugriff: 15.06.2016).

Morus, Iwan R., The Nervous System of Britain. Space, Time and the Electric Telegraph in the Victorin Age, in: The British Journal for the History of Science 33/4, 2000, 455–475.

Müller-Pohl, Simone, The Transatlantic Telegraphs and the Class of 1866. Transnational Networks in Telegraphic Space, 1858–1884/89, in: Historical Social Research 35/1, 2010, 237–259.

Munn, Nancy D., The Cultural Anthropology of Time. A Critical Essay, in: Annual Review of Anthropology 21, 1992, 93–123.

Murray, Cara, Victorian Narrative Technologies in the Middle East. New York / Abingdon 2008.

O'Brian, Patrick, Joseph Banks. A Life. Chicago 1997.

O'Brien, Patrick, Historiographical Traditions and Modern Imperatives for the Restoration of Global History, in: Journal of Global History 1/1, 2006, 3–39.

O'Brien, Patty, The Pacific Muse. Exotic Femininity and the Colonial Pacific. London / Seattle 2006.

O'Rourke Kevin H. / Williamson, Jeffrey G., When Did Globalisation Begin?, in: European Review of Economic History 6/1, 2002, 23–50.

O'Rourke, Kevin H. / Williamson, Jeffrey G., Once more: When Did Globalisation Begin?, in: European Review of Economic History 8/1, 2004, 109–117.

O'Rourke, Kevin H. / Williamson, Jeffrey G., Globalization and History. The Evolution of a Nineteenth Century Atlantic Economy. Cambridge 1999.

Ortmayr, Norbert, Kulturpflanzen. Transfers und Ausarbeitungsprozesse im 18. Jahrhundert, in: Margarete Grandner / Andrea Komlosy (Hrsg.), Vom Weltgeist beseelt. Globalgeschichte 1700–1815. Wien 2004, 73–102.

Osterhammel, Jürgen / Petersson, Niels P., Geschichte der Globalisierung. Dimensionen, Prozesse, Epochen. (Beck'sche Reihe, Bd. 2320.) 4. Aufl. München 2007.

Pagden, Anthony, The Enlightenment and Why It Still Matters. Oxford 2013.

Paulmann, Johannes, Macht-Raum. Die Geschichte(n) von der Meuterei auf der Bounty, in: ders. (Hrsg.), Ritual – Macht – Natur. Europäisch-ozeanische Beziehungswelten in der Neuzeit. (TenDenZen Sonderband.) Bremen 2005, 53–74.

Paulmann, Johannes, Regionen und Welten. Arenen und Akteure regionaler Weltbeziehungen seit dem 19. Jahrhundert, in: HZ 296/3, 2013, 660–699.

Pearson, Michael, The Indian Ocean. London 2003.

Peltonen, Matti, Clues, Margins, and Monads. The Micro-Macro Link in Historical Research, in: History and Theory 40/3, 2001, 347–359.

Perry, Charles, The Rise and Fall of Government Telegraphy in Britain, in: Business and Economic History 26/2, 1997, 416–425.

Michael Pesek, Von Europa nach Afrika. Deutsche Passagiere auf der Dampferpassage in die Kolonie Deutsch-Ostafrika, in: Werkstatt Geschichte 53, 2009, 68–88.

Peters, Tom F., Building the Nineteenth Century. Cambridge 1996.

Pieper, Jan, Die Grand Tour in Moderne und Nachmoderne – Zur Einführung, in: ders. / Joseph Imorde (Hrsg.), Die Grand Tour in Moderne und Nachmoderne. Tübingen 2008, 3–8.

Pietsch, Tamson, A British Sea. Making Sense of Global Space in the Late Nineteenth Century, in: Journal of Global History 5/3, 2010, 423–446.

Pietsch, Tamson, Bodies at Sea. Travelling to Australia in the Age of Sail, in: Journal of Global History 11/2, 2016, 209–228.

Pohlmann, Markus, Die Meuterei auf der Bounty – Über Revolution und einige der Mythen, die sich um sie ranken, in: Ingrid Artus / Rainer Trinczek (Hrsg.), Über Arbeit, Interessen und andere Dinge. Phänomene, Strukuren und Akteure im modernen Kapitalismus. München / Mering 2004, 77–97.

Pratt, Mary Louise, Imperial Eyes. Travel Writing and Transculturation. London 1992.

Priestley, John B., The Edwardians. New York 1970.

Randeria, Shalini, Geteilte Geschichte und verwobene Moderne, in: Jörn Rüsen / Hanna Leitgeb / Norbert Jegelka (Hrsg.), Zukunftsentwürfe. Ideen für eine Kultur der Veränderung. Frankfurt am Main 1999.

Randeria, Shalini / Conrad, Sebastian, Geteilte Geschichten. Europa in einer postkolonialen Welt, in: dies. (Hrsg.), Jenseits des Eurozentrismus. Postkoloniale Perspektiven in den Geschichts- und Kulturwissenschaften. Frankfurt am Main 2002.

Ransom, Philip J. G., The Mont Cenis Fell Railway. Truro 1999.

Ray, Himanshu / Alpers, Edward (Hrsg.), Cross Currents and Community Networks. The History of the Indian Ocean World. Oxford 2007.

Rediker, Marcus, Between the Devil and the Deep Blue Sea. Merchant Seamen, Pirates and the Anglo-American Maritime World, 1700-1750. Cambridge 1993.

Rediker, Marcus, The Slave Ship. A Human History. London 2007.

Rediker, Marcus, Villains of all Nations. Atlantic Pirates in the Golden Age. Boston 2004.

Reinwald, Brigitte / Deutsch, Jan-Georg (Hrsg.), Space on the Move. Transformations of the Indian Ocean Seascape in the Nineteenth and Twentieth Centuries. Berlin 2002.

Roberts, Steven, Distant Writing. A History of the Telegraph Companies in Britain between 1836 and 1868. Version 2012, in: URL = <http://distantwriting.co.uk/index.htm> (letzter Zugriff: 23.06.2016).

Rosa, Hartmut, Beschleunigung. Die Veränderung der Zeitstrukturen in der Moderne. (Suhrkamp-Taschenbuch Wissenschaft, Bd. 1760.) 9. Aufl. Frankfurt am Main 2012.

Rothermund, Dietmar, Globalgeschichte und Geschichte der Globalisierung, in: ders. / Margarete Grandner / Wolfgang Schwentker (Hrsg.), Globalisierung und Globalgeschichte. (Globalgeschichte und Entwicklungspolitik, Bd. 1.) Wien 2005, 12–35.

Rothschild, Emma, The Inner Life of Empires. An Eighteenth-Century History, Princeton, NJ 2011.

Rüsen, Jörn, Einleitung. Zeit deuten – kulturwissenschaftliche Annäherungen an ein unerschöpfliches Thema, in: ders. (Hrsg.), Zeit deuten. Perspektiven, Epochen, Paradigmen. Bielefeld 2003, 11–22.

Ruskin, Steven, A Newly-Discovered Letter of J.F.W. Herschel Concerning the „Great Moon Hoax“, in: Journal for the History of Astronomy 33/1, 2002, 71–74.

Ryan, James R., ‚Our Home on the Ocean‘. Lady Brassey and the Voyages of the Sunbeam, 1874–1887, in: Journal of Historical Geography 32, 2006, 579–604.

Sachsenmaier, Dominic, Global Perspectives on Global History. Theories and Approaches in a Connected World. Cambridge 2011.

Salmond, Anne, Bligh. William Bligh in the South Seas. Berkeley 2011.

Schieder, Theodor / Berding, Helmut (Hrsg.), Leopold von Ranke. Über die Epochen der neueren Geschichte. Historisch-kritische Ausgabe. (Aus Werk und Nachlass, Bd. 2.) München 1971.

Schlögel, Karl, Im Raume lesen wir die Zeit. Über Zivilisationsgeschichte und Geopolitik. 3. Aufl. Frankfurt am Main 2009.

de Schmidt, Johanna, This Strange Little Floating World of Ours. Shipboard Periodicals and Community-Building in the ‚Global‘ Nineteenth Century, in: Journal of Global History 11/2, 2016, 229–250.

Scholte, Jan Aart, Globalization. A Critical Introduction. 2. Aufl. New York 2005.

Schwentker, Wolfgang, Globalisierung und Geschichtswissenschaft. Themen, Methoden und Kritik der Globalgeschichte, in: ders. / Margarete Grandner / Dietmar Rothermund (Hrsg.), Globalisierung und Globalgeschichte. (Globalgeschichte und Entwicklungspolitik, Bd. 1.) Wien 2005, 36–59.

Sheridan, Richard B., Captain Bligh, the Breadfruit, and the Botanic Gardens of Jamaica, in: Journal of Caribbean History 23/1, 1989, 28–50.

Smallwood, Stephanie E., Saltwater Slavery. A Middle Passage from Africa to American Diaspora. Cambridge 2007.

Soja, Edward W., Postmodern Geographies. The Reassertion of Space in Critical Social Theory. London / New York 1989.

Soja, Edward W., Thirdspace. Journeys to Los Angeles and Other Real and Imagined Places. 18. Aufl. Malden 2014.

Spary, Emma / White, Paul, Food of Paradise. Tahitian Breadfruit and the Autocritique of European Consumption, in: Endeavour 28/2, 2004, 75–80.

Sprenger, Florian, Between the Ends of a Wire. Electricity, Instantaneity and the Globe of Telegraphy, in: Michaela Hampf / Simone Müller-

Pohl (Hrsg.), Global Communication Electric. Actors of a Globalizing World. Frankfurt am Main 2013, 355–381.

Standage, Tom, The Victorian Internet. The Remarkable Story of the Telegraph and the Nineteenth Century's On-Line Pioneers. 2. Aufl. New York u.a. 2014.

Steel, Frances, Oceania under Steam. Sea Transport and the Cultures of Colonialism, c. 1870–1914. Manchester 2011.

Stein, Jeremy, Annihilating Space and Time. The Modernization of Fire-Fighting in Late Nineteenth-Century Cornwall, Ontario, in: Urban History Review 24/2, 1996, 3–11.

Stein, Jeremy, Reflections on Time. Time-Space Compression and Technology in the Nineteenth Century, in: Jon May / Nigel Thrift (Hrsg.), Timespace. Geographies of Temporality. (Critical Geographies, Bd. 13.) London / New York 2001, 106–119.

Struck, Bernhard / Ferris, Kate / Revel, Jacques, Introduction. Space and Scale in Transnational History, in: International History Review 33/4, 2011, 573–584.

Subrahmanyam, Sanjay, Connected Histories: Notes towards a Reconfiguration of Early Modern Eurasia, in: Modern Asian Studies 31/3, 1997, 735–762.

Tanner, Jakob, Historische Anthropologie zur Einführung. Hamburg 2004.

Trivellato, Francesca, Is There a Future for Italian Microhistory in the Age of Global History?, in: California Italian Studies 2/1, 2011, unter: eScholarship. University of California, in: URL= <http://escholarship.org/uc/item/0z94n9hq> (letzter Zugriff: 23.6.2016).

Vink, Markus, Indian Ocean Studies and the ‚New Thalassology', in: Journal of Global History 2/1, 2007, 41–62.

Walle, Heinrich, Deutschlands Flottenpräsenz in Ostasien 1897–1914. Das Streben um einen ‚Platz an der Sonne' vor dem Hintergrund wirtschaftlicher, machtpolitischer und kirchlicher Interessen. (Jahrbuch für europäische Überseegeschichte 9.) Wiesbaden 2009.

Welskopp, Thomas, Der Mensch und die Verhältnisse. ‚Handeln' und ‚Struktur' bei Max Weber und Anthony Giddens, in: ders. / Thomas Mergel (Hrsg.), Geschichte zwischen Kultur und Gesellschaft. Beiträge zur Theoriedebatte. München 1997, 39–70.

Welskopp, Thomas, Die Dualität von Struktur und Handeln. Anthony Giddens' Strukturierungstheorie als ‚praxeologischer' Ansatz in der Geschichtswissenschaft, in: Andreas Suter / Manfred Hettling

(Hrsg.), Struktur und Ereignis. (Geschichte und Gesellschaft, Sonderheft 19.) Göttingen 2001, 99–119.

Welskopp, Thomas / Mergel, Thomas (Hrsg.), Geschichte zwischen Kultur und Gesellschaft. Beiträge zur Theoriedebatte. München 1997.

Wenzlhuemer, Roland, „I had occasion to telegraph to Calcutta". Die Telegrafie und ihre Rolle in der Globalisierung im 19. Jahrhundert, in: Themenportal Europäische Geschichte. Version von 2011, in: URL= http://www.europa.clio-online.de/2011/Article=513 (letzter Zugriff: 23.6.2016).

Wenzlhuemer, Roland, Connecting the Nineteenth-Century World. The Telegraph and Globalization. Cambridge u.a. 2013.

Wenzlhuemer, Roland, Globalization, Communication and the Concept of Space in Global History, in: ders. (Hrsg.), Global Communication. Telecommunication and Global Flows of Information in the Late 19th and Early 20th Century. (HSR 35/1. Special Issue: Global Communication.) Köln 2010, 19–47.

Wenzlhuemer, Roland, Verbrechen, Verbrechensbekämpfung und Telegrafie. Kriminalhistorische Perspektiven auf die Entkoppelung von Transport und Kommunikation im langen 19. Jahrhundert, in: HZ 301/2, 2015, 347–374.

Wenzlhuemer, Roland / Offermann, Michael, Ship Newspapers and Passenger Life aboard Transoceanic Steamships in the Late Nineteenth Century, in: Transcultural Studies 8/1, 2012, 77–121.

Werner, Michael / Zimmermann, Bénédicte, Beyond Comparison. Histoire Croisée and the Challenge of Reflexivity, in: History and Theory 45/1, 2006, 30–50.

Winseck, Dwayne R. / Pike, Robert M., Communication and Empire. Media, Markets and Globalization, 1860–1930. Durham/London 2007.

Woolf, Leonard, Growing. An Autobiography of the Years 1904 to 1911. London 1961.

Young, Filson, The Trial of Hawley Harvey Crippen. Edinburgh 1950.

Zemon Davis, Natalie, Decentering History. Local Stories and Cultural Crossings in a Global World, in: History and Theory 50/2, 2011, 188–202.

Zemon Davis, Natalie, The Return of Martin Guerre. Cambridge/London 1983.

Abbildungen

Abb. 1: The Metropolitan Museum of Art 2013.1116.
Abb. 2: *Leopoldo Galluzzo*, Altre scoverte fatte nella luna dal Sigr. Herschel, Napoli 1836.
Abb. 3: *Leopoldo Galluzzo*, Altre scoverte fatte nella luna dal Sigr. Herschel, Napoli 1836.
Abb. 4: https://www.awm.gov.au/collection/P02564.002.
Abb. 5: https://www.awm.gov.au/collection/P02564.003
Abb. 6: Sea Power Center Australian Navy.
Abb. 7: Sea Power Center Australian Navy.
Abb. 8: Life 41, 4. 6. 1903, S. 518 f. Reproduziert aus Library of Congress, Prints and Photographs Division, LC-USZ62–61482.
Abb. 9: *William Bligh*, A Voyage to the South Sea, Undertaken by Command of His Majesty, for the Purpose of Conveying the Bread-Fruit Tree to the West-Indies, in His Majesty's Ship the Bounty, Commanded by Lieutenant William Bligh. London 1792, ausklappbar.
Abb. 10: Robert Dodd, The Mutineers turning Lieut. Bligh and part of the officers and crew adrift from his Majesty's Ship the Bounty 1790.
Abb. 11: *William Bligh*, A Voyage to the South Sea, Undertaken by Command of His Majesty, for the Purpose of Conveying the Bread-Fruit Tree to the West-Indies, in His Majesty's Ship the Bounty, Commanded by Lieutenant William Bligh. London 1792, ausklappbar S. 164-165.
Abb. 12: John Ellis, A Description of the Mangostan and the Bread-fruit: The first, esteemed one of the most delicious; the other, the most useful of all the Fruits in the EAST INDIES. London 1775, zwischen S. 10 und 11.
Abb. 13: Joshua Reynolds, Sir Joseph Banks, 1772.
Abb. 14: *William Bligh*, A Voyage to the South Sea, Undertaken by Command of His Majesty, for the Purpose of Conveying the Bread-Fruit Tree to the West-Indies, in His Majesty's Ship the Bounty, Commanded by Lieutenant William Bligh. London 1792.
Abb. 15: Illustrated London News, 1871.
Abb. 16: Route Mont Cenis. Philip J. G. Ransom, The Mont Cenis Fell Railway. Truro 1999, 15.

Abb.: 17: Die Gartenlaube 1866, 17, S. 269.
Abb. 18: Daily Mail, 26. Juli 1910, S. 7.
Abb. 19: Daily Mirror, 27. Juli 1910, S. 3.
Abb. 20: *Jonathan Goodman*, The Crippen File. London 1985, S. 34.
Abb. 21: *Jonathan Goodman*, The Crippen File. London 1985, S. 38.
Abb. 22: Daily Mirror, 21. November 1910, S. 15.

Personenregister

Sachregister